Thomas Bannenberg
Leitfaden für freie beratende, lehrende und
therapeutische Berufe in Deutschland
(2. Auflage)

Stand Februar 2005

© a & o medianetwork, Hamburg 2005
Alle Rechte vorbehalten

Umschlaggestaltung: Candy Karl, a & o medianetwork, Hamburg
Redaktion: Almut Schmitz
Satz: Candy Karl, a & o medianetwork, Hamburg
Belichtung: s + m Agenturservice, Hamburg
Druck und Bindung: Druckerei Sonnenschein GmbH, Hersbruck
Printed in Germany

ISBN 3-9808747-4-5

Thomas Bannenberg

Leitfaden für freie beratende, lehrende und therapeutische Berufe in Deutschland

2. erweiterte und aktualisierte Auflage

Inhaltsverzeichnis

10	**Vorwort**
12	**Zum Gebrauch dieses Leitfadens**
14	**Wie starte ich eine selbstständige Tätigkeit?**
14	Konzept der Tätigkeit entwickeln
16	Checkliste
19	Die eigene Qualifikation und Ausbildung
20	Exkurs zu Heilen, Therapie, Beratung
22	Behördlich anmelden, bevor man loslegen kann?
23	Namensgebung
24	Fördermittel zur Existenzgründung
26	In sieben Schritten durch das Finanzierungsgespräch
27	Auch das Arbeitsamt hilft bei der Existenzgründung
29	Beratung zum Start
30	Raumanmietung für die eigene Tätigkeit
31	Kann ich auch in der eigenen Wohnung unterrichten, therapieren oder beraten?
31	Und worauf muss ich bei eigenen Geschäftsräumen achten?
32	Übersicht: Kündigungszeiten bei gewerblichen Räumen
33	Allein anmieten oder mit jemand zusammen?
33	Als FreiberuflerIn gewerbliche Räume mieten?
34	Selbst-Test für GründerInnen
36	**Marketing und Werbung**
36	Marketing-Mix
37	Standort
37	Produktion
37	Preise
38	Verteilung
38	Kommunikation
38	1.) Werbung mit Heilung ist nicht erlaubt!
39	2.) Werbung ist erlaubt!
44	Zeitungsanzeigen?!
45	Lokale Monatshefte und Broschüren
45	Bessere Wirkung bei Printanzeigen und anderem Gedrucktem wie Flyer und Plakate
47	Besser mit Bild und Artikel in der Zeitung
48	www.ich-bin-jetzt-auch-im-Internet.de

Guerrilla- und Selbstmarketing	49
Empfehlung 1: Guerilla-Marketing	49
Empfehlung 2: Selbst-Marketing	55
Kursorganisation	55
Grundsätzliches zum Kursangebot	55
Ungewöhnliche Kurskonzepte	57

Grundkenntnisse für Selbstständige — 60

Rechtsform der Unternehmung	60
Einzelunternehmen	60
Büro- oder Praxisgemeinschaft	61
Die GbR oder BGB-Gesellschaft	61
Partnerschaftsgesellschaften	61
Kapitalgesellschaft	62
Verein	63
Scheinselbstständig?	64
Angestellte und sonstige MitarbeiterInnen	65
Freie Mitarbeiterin	66
Geringfügig Beschäftigte – »Mini Jobber«	66
Ehepartner oder eigene Kinder beschäftigen?	66
Festangestellte Teil-/Vollzeitkraft	66
Festanstellung gegen Rentenversicherungspflicht!	67
Betriebsnummer	67
Berufsgenossenschaft	67
Betriebswirtschaftliche Grundbegriffe	68
Regelkreis der Unternehmung	71
Controlling	71
ABC- und XYZ- Analyse	71
Marktanalyse	73
Erfolgsplanung	73
Kalkulation	74
1. Alle Zahlen aufschlüsseln	74
2. Erfassen der gesamten Ursache-Wirkungs-Kette	74
3. Erheben Sie laufend Ihre Zahlen	75
4. Alle Daten integrieren	75
5. Den Cash-Flow im Auge behalten	75
6. Renditefelder erkennen	75
7. Simulieren Sie alle Entscheidungen	75
8. Entwickeln Sie mehrere Szenarien	76
9. Rechnen Sie mit Personenstunden	76
Und wie kalkuliere ich nun mein Honorar?	76
Neun-Punkte-(Selbst-)Management	77
Punkt 1: Stärken erkennen	77
Punkt 2: Vision entwickeln	78
Punkt 3: Zahlen definieren	78
Punkt 4: Prioritäten setzen	78

LEITFADEN

78	Punkt 5: Sich (und andere) fordern
78	Punkt 6: Freiräume schaffen
79	Punkt 7: Orientieren Sie sich an der Kundschaft
79	Punkt 8: Intuition nutzen
79	Punkt 9: Selbstmotivation
79	Qualität feststellen, sichern und entwickeln
82	**Hilfe, ich mache Gewinn!**
83	Gewinnermittlung
84	Was sind Betriebseinnahmen und was sind Betriebsausgaben?
84	Buchführung mit amerikanischem Journal
86	Geringwertige Wirtschaftsgüter
86	Abnutzbares Anlagevermögen und Abschreibung
87	Ende der Abschreibung
87	Alternative Leasing?
88	Die Abschreibung monatsgenau berechnen
88	Bewirtungskosten und Geschenke separat auflisten
89	Muster einer Einnahme-Überschussrechnung
89	Absetzbare Betriebsausgaben
90	Arbeitszimmer
95	Ansparabschreibung
96	Sonderabschreibung
97	Ausbildungskosten
100	Beitrag Berufsverband
100	Bewirtung
101	Fachliteratur/Fachpresse
102	Nutzung eines eigenen Fahrzeugs für geschäftliche Fahrten
104	Fahrtkosten mit fremdem Fahrzeug oder öffentlichen Verkehrsmitteln
105	Fortbildung
105	Geschenke
106	Kleidung
107	Telefonkosten
108	Verlustvortrag
108	Verpflegungsmehraufwendungen
110	Unterbringung/Kurzurlaub und Reisebegleitung
111	Was ist zu tun, abhängig von der Höhe des erzielten Gewinns
111	Einnahmen bis 1.848 Euro p. a. und nur bei VHS und/oder Sportverein
111	Einnahmen höher als 1.848 Euro p. a. ausschließlich durch VHS- oder Sportvereinkurse
112	Einnahmen höher als 1.848 Euro p. a. durch VHS- oder Sportvereinkurse und/oder durch selbst organisierte Kurse bzw. Einnahmen aus selbst organisierter Tätigkeit
112	Umsatz größer als 17.500 Euro p. a.
112	Umsatzsteuer

Sind Lehrende, die »gesundheitsfördernde Techniken« unterrichten, nicht grundsätzlich umsatzsteuerbefreit?	114
Sie sind HeilpraktikerIn, Ärztin oder Arzt oder gehören einem anderen »Katalogberuf« des UStG an?	114
Wenn Freiberufler und/oder Heilpraktiker Waren verkaufen	114
Geschäftsbelege und Aufbewahrungspflicht	116
Vorsicht bei Thermobelegen!	117
Das muss auf eine Rechnung drauf …	117
Und wenn Rechnungen nicht bezahlt werden?	118
Zwei-Konten-Modell	119
Kontrollmitteilungen	119
»Liebhaberei«	119
Wenn der Betriebsprüfer kommt …	121
Steuerberatung	123

Versicherungen   126

Rentenversicherung und private Altersvorsorge	126
Rentenversicherungspflicht für selbstständig Lehrende	126
Private Altersvorsorge	129
Krankenversicherung	133
Privat oder gesetzlich krankenversichert?	133
Krankentagegeld	134
Auslandsreise-Krankenversicherung	134
Berufsunfähigkeitsversicherung	135
Unfallversicherung	136
Berufs-Haftpflichtversicherung	136
Betriebs-Haftpflichtversicherung	138
Betriebsversicherung	138
Rechtsschutzversicherung	139
Versicherungstipp für angemeldete TeilnehmerInnen	139

Frankfurter Gespräche   142

Adresseinträge   148

Anhang   150

Literatur und Adressen zu den einzelnen Kapiteln	150
Vorlage Bewirtungskosten	152
Musterrechnung	153
Formular EÜR des Finanzamtes	154
Arbeitsvertrag	159
Honorarvertrag	161
Auszug Teledienste-Gesetz	162

Über den Autor/Zum guten Schluss   164

Vorwort

Dieser »Leitfaden« erscheint bereits in der zweiten Auflage, die Sie jetzt gerade aktualisiert und erweitert in den Händen halten. Geschrieben ist er für alle, die sich selbstständig machen wollen im Bereich Unterricht, Therapie oder Beratung – oder dies schon gemacht haben.

Sie erhalten hier einen Überblick über alle relevanten Themen: vom Start einer Tätigkeit über Marketing und Werbung, Ausbau des Angebotes und mögliche Kooperationen bis zu steuerlichen Aspekten und einem Überblick über Versicherungen.

Alles nur ein Trend?!

Seit nunmehr zwanzig Jahren höre ich, dass zum Beispiel Yoga, Taijiquan oder Reiki »nur ein Trend« seien. Diese Äußerung kommt häufig von Menschen, die erst vor ein paar Jahren mit einer ganzheitlichen Methode begonnen haben. Aber wenn etwas hier bei uns seit so langer Zeit »im Trend« liegt, dann können Sie sicher sein, dass dieser »Trend« nicht plötzlich aufhört – im Gegenteil.
Bereits im Vorwort zur ersten Auflage habe ich einige Studienergebnisse zitiert, die allem, was sich unter dem Oberbegriff »Wellness« subsumieren lässt, beste Perspektiven versprochen haben. Heute erleben wir, dass der von Markt- und Trendforschern wahrgenommene Bewusstseinswandel tatsächlich anhaltend ist. Zwar finden wir den Begriff »Wellness« mittlerweile (fast) überall – und auch auf teilweise recht unpassenden Produkten, aber: Gesundheit hat einen weiterhin hohen Stellenwert in der Bevölkerung. Die vielfältigen Angebote, für sich und seinen Körper (und Geist) etwas zu machen, werden angenommen – mit gleich bleibend steigender Tendenz. Erfolg im Beruf ist nicht mehr die alleinige gesellschaftlich anerkannte Maxime. Vielmehr wird einer gesunden, entspannten Lebensführung ebenfalls ein hoher Stellenwert beigemessen. Gelassenheit und Harmonie werden angestrebt – auch als persönlicher Ausgleich zur Arbeitswelt und den komplexen Problemen in unseren Systemen und der Politik.

Dabei wird selten ein völliger Rückzug gewünscht, sondern vielmehr ganz praktische Hilfe für den Alltag. Und da kommen Sie mit Ihrem Angebot doch gerade richtig! Denn der Bedarf ist groß und die Menschen sind unterschiedlich. Deshalb brauchen Sie die Konkurrenz auch nicht zu fürchten – vielmehr sollten Sie sich klar für »Ihre Zielgruppe« entscheiden und sich ihr zeigen. Dann wird auch »Ihr Laden laufen« – egal ob nebenberuflich oder im selbstständigen Haupterwerb.

Dafür wünsche ich Ihnen viel Erfolg bei Ihrem Tun – und viel Spaß beim Lesen des »Leitfadens«

Thomas Bannenberg

www.leitfaden-online.de

Auf der Website zum Leitfaden informieren wir Sie laufend und aktuell über Änderungen bei Gesetzen und Vorschriften, die nach dem Redaktionsschluss im Februar 2005 erfolgen. Aber auch andere interessante Informationen für unterrichtende, beratende und therapeutisch Tätige können Sie dort finden. Sie können darüber auch einen Newsletter abonnieren. Dann erhalten Sie von uns immer direkt wichtige und interessante Informationen per E-Mail zugeschickt.

Haftungsausschluss

Alle Kapitel wurden nach bestem Wissen recherchiert und bearbeitet. Die Inhalte dieses Leitfadens können jedoch nicht die individuelle Beratung und Information durch Fachleute, insbesondere der Rechts- und Steuerberatung, ersetzen. Für den Inhalt übernehmen Herausgeber und Verlag keine Haftung. Bei Unklarheiten über die individuelle Situation in steuerlichen und rechtlichen Fragen wenden Sie sich bitte an entsprechende Fachkräfte.

Zum Gebrauch dieses Leitfadens

Wir wollen Ihnen die Übersicht beim Lesen und Nachschlagen im »Leitfaden« erleichtern. Die Erklärung der Symbole und einige Anmerkungen folgen hier.

»Lebenskunst«, »Angebot« oder »Dienstleistung« sind Ausdrücke, die Sie im Text häufig antreffen werden. Damit habe ich versucht, all die unterschiedlichen Techniken und Übungsweisen zusammenzufassen, die Sie im Unterricht, in der Beratung oder Therapie weitergeben, wie zum Beispiel Taijiquan, Qigong, Feldenkrais, Autogenes Training, Meditation, Rolfing, Yoga, Kunst-, Musik-, Mal-Therapie und die vielen anderen.
Alle in den Beispielen genannten Namen von Personen oder Einrichtungen sind absolut frei erfunden und dienen lediglich der Anschaulichkeit. Die Ortsbezeichnungen sind auf keinen Fall Ausdruck irgendwelcher negativer Vorurteile, im Gegenteil.
Die deutsche Sprache hat einen wunderbar großen Wortschatz, der hilfreich ist, um in einer schriftlichen Vermittlung Klarheit zu schaffen. Dazu gehört auch die Möglichkeit, Menschen nach ihrem Geschlecht unterschiedlich zu benennen. Manchmal habe ich darauf allerdings verzichtet. Dies geschah nicht in der Absicht oder mit dem Hintersinn, jemanden wegen des Geschlechts zu benachteiligen oder zu bevorzugen. Im Gegenteil ging es mir vor allem um eine flüssig lesbare Darstellung der manchmal recht komplexen Zusammenhänge. Speziell in zitierten Vorschriften oder Paragraphen habe ich die männliche Form belassen, auch wenn das Gesetz nicht als »wörtliches Zitat« gekennzeichnet ist. Ich finde, dass dadurch der »Charakter« oder treffender: der Zeitgeist des Gesetzes besser erkennbar wird. Ansonsten gilt ganz grundsätzlich: Frauen und Männer sind Menschen und als solche sehr unterschiedlich. Diese Unterschiede möchte ich respektieren und niemand sollte für Geschlecht, Rasse oder irgendeine andere Zugehörigkeit benachteiligt werden. Sollte sich beim Lesen trotzdem jemand so fühlen, so bitte ich hiermit um Verzeihung.
Natürlich kann der Leitfaden nicht den individuellen Rat der Fachleute aus Steuer-, Rechts- und Unternehmensberatung ersetzen. Wenden Sie sich deshalb mit Ihren speziellen Fragen an entsprechende Stellen. Einen Überblick über Kontaktmöglichkeiten finden Sie unter anderem im Anhang.

Piktogramme und Symbole

Anhand von Beispielen werden Vorschriften und Ähnliches erklärt.

Hier stehen Gesetze und Gerichtsurteile zum Abschnitt oder Kapitel.

Bei diesem Piktogramm erhalten Sie weiterführende Informationen.

Wichtige Informationen oder Hinweise finden Sie neben diesem Zeichen.

Die »Glühbirne« weist auf Tipps und Ideen hin.

Bei diesem Zeichen finden Sie eine Checkliste.

Den Randstreifen können Sie für eigene Notizen nutzen.

Neben dem Pfeil steht jeweils eine Zusammenfassung des Vorangegangenen.

Jeweils am Ende eines Kapitels finden Sie weiterführende Literatur, Adressen, AnsprechpartnerInnen, Internet-Adressen etc.

LEITFADEN

Wie starte ich eine selbstständige Tätigkeit als DozentIn, BeraterIn oder TherapeutIn?

In diesem Kapitel behandeln wir die Fragen, die sich am Anfang stellen: Wie entwickelt man ein Konzept der Tätigkeit (und für wen braucht man so etwas?), wie steht es um die eigene Qualifikation und Ausbildung, was muss wo angemeldet werden vor Aufnahme der Tätigkeit, was muss man bei der Namensgebung für das eigene Geschäft beachten und noch einiges mehr.

Konzept der Tätigkeit entwickeln

Natürlich können Sie »einfach« loslegen mit dem Unterrichten, aber es macht doch Sinn, wenn Sie zunächst einmal für sich folgende Punkte klären:

1. Was will ich?
Unterrichten, therapieren oder beraten, klar, aber mit welchem Ziel? Wollen Sie Ihre Dienstleistung nebenberuflich, also neben einem anderen (Haupt-)Beruf ausüben oder wollen Sie dies hauptberuflich und dann – in den allermeisten Fällen zwangsläufig – selbstständig tun?
Sicher wollen Sie kein kostenloses Angebot machen. Aber wie kalkulieren Sie dann die Höhe Ihres Honorars? Darauf gehen wir näher im Kapitel »Grundkenntnisse für Selbstständige« ein.
Wo stehen Sie in Ihrem privaten und beruflichen Umfeld?
Wie viel Zeit bleibt Ihnen neben Familie, Partnerschaft und Ihrer sonstigen beruflichen Tätigkeit?
Wie steht Ihre soziale Umgebung zu Ihrer Idee, selbstständig zu unterrichten, zu beraten oder eine therapeutische Praxis zu eröffnen?
Klären Sie diese Fragen für sich und besprechen Sie Ihr Vorhaben mit Ihrem Partner/Ihrer Partnerin beziehungsweise der Familie. Bedenken Sie, dass Sie gerade in der Anfangszeit in Ihrem privaten Umfeld Rückhalt und Unterstützung gut gebrauchen können. Und gegen familiäre Widerstände lässt es sich auf Dauer nicht erfolgreich arbeiten.

2. Ab wann wollen Sie wie viele Kurse, Seminare, Sitzungen oder Beratungen anbieten?
Auch wenn Sie vielleicht im Moment noch gar keine Kontakte geknüpft haben zu Veranstaltern wie der örtlichen Volkshochschule, einem Bildungswerk

oder therapeutischen Einrichtungen, erstellen Sie für sich einen Zeitplan. An welchen Tagen sind Sie vor- und/oder nachmittags, wann abends frei, um Kurse oder Beratungen geben zu können? In welchem Umfang wollen Sie Ihre Dienstleistung anbieten? Wollen Sie nur für Veranstalter tätig werden oder selbst Kurse organisieren?
Mehr dazu lesen Sie unter »Kursorganisation« im Kapitel »Marketing«.

Ihr erster Schritt in die Selbstständigkeit lautet also: Ziele klären und – am besten schriftlich – formulieren.

Erstellen Sie einen Terminplan für Ihre Aktivitäten, in dem Sie festhalten, wann Sie was erledigen beziehungsweise angehen wollen. Hier halten Sie auch Vorstellungstermine bei der örtlichen VHS, bei anderen Veranstaltern vor Ort und bei sonstigen Multiplikatoren fest.
Bis wann wollen Sie die einzelnen Schritte erledigt haben und wann sollen Ihr erster Kurs, Ihre erste Sitzung oder Beratung stattfinden?

Benutzen Sie dazu auch die Checkliste ab Seite 16. Dazu hier noch einige Erklärungen:
»Marktteilnehmer« sind Ihre potentiellen TeilnehmerInnen, KlientInnen und Interessierte am Angebot und andere, die die gleiche oder eine ähnliche Dienstleistung anbieten.
Grundsätzlich kann man sagen: Wo schon 99 Angebote sind, ist auch noch Platz für das hundertste. Aber ein Markt kann natürlich auch »übersättigt« sein, das heißt, zu viele gleiche oder sehr ähnliche Angebote konkurrieren um eine stagnierende Anzahl von Interessierten. In einer solchen Situation müssen Sie sich deutlich profilieren und das Besondere gerade Ihres Angebotes herausstellen. Wie Sie das machen können, lesen Sie im Kapitel über Marketing.
Wo Ihr Angebot (Technik, Lebenskunst, Therapieform oder sonstige Dienstleistung) noch gänzlich unbekannt ist, müssen Sie dagegen zuerst einmal aufklären, informieren und neugierig machen. Denn leider zieht nicht jedes Angebot auch gleich eine Nachfrage nach sich. Grundsätzlich ist es also gut, wenn Sie einige andere Anbieter am Ort haben, aber genügend Interessierte, so dass auch Ihr Angebot angenommen wird.
»Marktforschung« klingt nach großem Aufwand und teuren Spezialisten. Für unsere Belange geht es darum, dass Sie herausfinden, wer und wie viele insgesamt am Ort oder in der Region das Gleiche oder etwas Ähnliches wie Sie anbieten. Zu welchem Preis geschieht dies und in welchen Räumen? Wie wird dafür geworben und wie ist die Resonanz? Was schreibt die Presse darüber und was sagen »die Leute« dazu?
Wenn es kein vergleichbares Angebot zu dem Ihren gibt, müssen Sie versuchen, die Preise mittelbar festzustellen. Also: Was sind die Leute am Ort bereit für ähnliche Angebote zu zahlen? Das kann für Unterrichtsangebote bedeuten, dass Sie sich erkundigen, was privater Gesangsunterricht, Tanz-, Reit- oder Tennisunterricht kosten. Für Beratungs- und Therapieangebote gehen Sie entsprechend vor.

»Neugründungen/Schließungen« können ein Indikator sein, müssen es aber nicht. Wie ich oben schon sagte, können durchaus mehrere Angebote nebeneinander bestehen, wenn die Nachfrage groß genug ist. Hat eine Schule oder Beratungspraxis geschlossen, muss das nicht unbedingt bedeuten, dass dieses Angebot »nicht läuft« am Ort. Hier wäre es hilfreich, mehr über Art, Umfang und Stil des Anbieters zu erfahren. Wo wurden die Kurse oder Beratung angeboten? Ist die Schließung vielleicht nur deshalb geschehen, weil der/die InhaberIn weggezogen ist?
Versuchen Sie auch aus den Fehlern anderer zu lernen.

Mein Yoga-Lehrer hatte über viele Jahre am Ort nur drei Kurse angeboten. Als er sich zur Ruhe setzen wollte und mir die Kurse übergab, begannen im Einzugsgebiet unserer südwestdeutschen Kleinstadt mit etwa 34.000 EinwohnerInnen zeitgleich (!) mit mir noch vier andere Yoga-Lehrerinnen Kurse zu geben. Nach zwei Jahren gab es mit mir insgesamt acht Yoga-Lehrende, die Kurse und Seminare anboten. Allerdings klagte niemand über geringe Nachfrage. Im Gegenteil, da sich die einzelnen Stile und zeitlichen Angebote stark unterschieden, arbeiteten alle AnbieterInnen gleichermaßen erfolgreich mit vollen Kursen.
Konkurrenz belebt eben nicht nur das Geschäft, sondern kann eine latent vorhandene Nachfrage sogar noch steigern. Erreichte mein Yoga-Lehrer über Jahre nur jeweils circa vierzig Übende, kamen wir nach zwei Jahren in allen angebotenen Kursen am Ort bereits auf über vierhundert Übende!

Füllen Sie diese Checkliste nicht nur zu Beginn Ihrer selbstständigen Tätigkeit aus. Überprüfen Sie sich daran selbst immer mal wieder. Sind Sie auf dem geplanten Weg vorangekommen, wo müssen Sie korrigieren? Was hat sich an den Rahmenbedingungen im Laufe der Zeit geändert und konnten Sie reagieren?

Checkliste:

Skizzieren Sie die Grundgedanken Ihres Vorhabens in kurzer Form und geben Sie Ihre Hauptmotivation an, weshalb Sie sich selbstständig machen möchten:

1. Grundgedanken
(was ich will; zeitliche, finanzielle Perspektive; Sonstiges)

2. Hauptmotivation
(was mich bewegt diese Dienstleistung anzubieten)

3. Mit welcher persönlichen Arbeitszeit rechnen Sie pro Woche ?
▶ _____

4. In welcher Entfernung von Ihrem (vorgesehenen) Standort befinden sich

- Ihre KundInnen ▶ _____

- Verkehrsanbindungen (auch abends) ▶ _____

- Parkplätze ▶ _____

- Wettbewerber (gleiche oder ähnliche Angebote anderer) ▶ _____

5. Wie ist das Gebiet ausgewiesen, in dem der vorgesehene Standort liegt:

reines Wohngebiet ☐   Gewerbegebiet ☐   Mischgebiet ☐

6. Wie groß ist die zur Verfügung stehende Nutzfläche für

Unterricht/Beratung/Therapie ▶ _____

evtl. Umkleide ▶ _____

Toiletten ▶ _____

Büro ▶ _____

Sonstige Räume ▶ _____

7. Wie viele »Marktteilnehmer« (potentielle TeilnehmerInnen und andere Anbieter) erwarten Sie?

Teilnehmende:
Viele ☐   Wenige ☐   Einen ☐   Keinen ☐

Wettbewerber:
Viele ☐   Wenige ☐   Einen ☐   Keinen ☐

8. Haben Sie Marktforschung betrieben?
Beschreiben Sie kurz die erfolgten Maßnahmen und deren Ergebnisse.
▶ _____
_____

9. Wie viele Neugründungen/Schließungen hat es in Ihrem Marktgebiet an Schulen/Beratungs- oder Therapie-Praxen in den letzten Jahren gegeben?
▶ _____

LEITFADEN

10. Arbeiten Schulen und/oder Lehrende, BeraterInnen, TherapeutInnen an Ihrem Ort zusammen?

▶▶ _____

11. Streben Sie selbst eine Kooperation oder ein Netzwerk an?

▶▶ _____

12. Wie und in welchem Zeitraum werden Ihre Wettbewerber auf Ihren Markteintritt reagieren?

▶▶ _____

13. Erwarten Sie saisonale Einnahmeschwankungen?

Ja ☐   Nein ☐   Spitzen im   ▶▶ _____
                          Täler im   ▶▶ _____

14. Ihre Ausgleichsmaßnahmen:

▶▶ _____

15. Treffen Sie mit Ihrem Angebot auf eine »Marktnische«, das heißt, heben Sie sich deutlich vom Wettbewerb ab?

Ja ☐   Nein ☐

Falls »nein«, was gedenken Sie zu tun?

▶▶ _____

16. Was wird Interessierte veranlassen, zu Ihnen zu kommen?

Qualität ☐   Preis ☐

Standort ☐   Zahlungsbedingungen ☐

Werbung ☐   ▶▶ _____ ☐

17. Welches Hindernis steht der erfolgreichen Nachfrage nach Ihrem Angebot am meisten im Wege?

▶▶ _____

18. Wie können Sie es am ehesten überwinden?

▶▶ _____

19. Was wollen Sie bei Ihrer Werbung besonders herausstellen?

Qualität ☐   Preis ☐   Standort ☐

Service ☐   Zahlungsbedingungen ☐

Die eigene Qualifikation und Ausbildung

Eine solide und anerkannte Ausbildung sollte auf jeden Fall am Anfang einer selbstständigen Tätigkeit stehen. Zum einen gibt sie Ihnen selbst die nötige Sicherheit, um mit unterschiedlichen Menschen, ihren Bedürfnissen und Erwartungen zufriedenstellend arbeiten zu können. Zum anderen ist Ihre Ausbildung auch immer ein Teil Ihrer »Visitenkarte«.
Gerade im Bereich der staatlich nicht geregelten Berufsausbildungen ist dies ein wichtiges Entscheidungskriterium für Ihre zukünftige Kundschaft. Mit dem Nachweis einer fundierten Ausbildung grenzen Sie sich am besten ab gegen die so genannten »schwarzen Schafe«, die es in diesem Bereich leider immer noch gibt.

Der sicherlich sehr extreme Fall, von dem ich Ende der achtziger Jahre erfuhr, kam heraus, als mich der Geschäftsführer eines Bildungswerkes besonders intensiv nach meiner Ausbildung und meinen bisherigen Tätigkeiten als Yoga-Lehrer befragte. Nachdem ich ihm nachweisen konnte, wo, wie lange und bei wem ich meine Ausbildungen erhalten hatte, erklärte der Geschäftsführer, warum er so darauf insistiert habe. Ein halbes Jahr vorher hatte er nämlich schon ein Angebot von einem »Yoga-Lehrer« erhalten. Da das Bildungswerk in diesem Bereich gerade eine große Nachfrage festgestellt hatte, freute man sich, einen nach eigenen Angaben »erfahrenen Kursleiter« gefunden zu haben. Umso größer war das Entsetzen nach Beginn des ersten Kurses, als einige Teilnehmerinnen sich über den Stil des Unterrichts empörten. Aus einem Buch vorlesend (!) wurden die Übungen angesagt und zwei Frauen erkannten den »Kursleiter« dann außerdem als Teilnehmer eines Wochenendseminars für Yoga-Anfänger, das ein halbes Jahr vorher stattgefunden hatte. Dort hatte er sich vorgestellt als jemand, der »noch nie vorher Yoga oder Ähnliches« geübt habe. Auf Nachfrage durch den Geschäftsführer gestand er, dass er sich gedacht habe, es könne doch nicht so schwer sein, Yoga zu unterrichten ...

Für die meisten Einrichtungen der Erwachsenenbildung wie Volkshochschulen und Akademien ist der Nachweis einer Ausbildung, die vom jeweiligen Verband anerkannt ist, sogar Voraussetzung, um dort als Honorarkraft tätig werden zu können.
Auch die Teilnehmenden selbst erwarten eine kompetente, gut ausgebildete Kursleiterin und entscheiden sich bei unbekannten Namen eher für die besser ausgebildete Lehrerin. Der gute Ruf einer Ausbildungsschule überträgt sich in gewisser Weise auch auf Sie und das kann besonders in der Anfangsphase hilfreich sein.

Über die verschiedenen Möglichkeiten, die Kosten der Ausbildung steuerlich geltend zu machen, lesen Sie mehr im Kapitel »Hilfe, ich mache Gewinn!«.

LEITFADEN

Exkurs zu Heilen, Therapie, Beratung

Der gesamte Bereich der so genannten Heilkunde ist gesetzlich geregelt. Dies gilt im Wesentlichen auch für die Therapie. Im Paragraph 1, II des Heilpraktikergesetzes ist definiert, dass die Heilkunde durch »... jede berufs- oder gewerbsmäßig vorgenommene Tätigkeit zur Feststellung, Heilung oder Linderung von Krankheiten, Leiden oder Körperschäden bei Menschen ...« ausgeübt wird. Aus Paragraph 1, I ergibt sich, dass unter Heilkunde die Tätigkeit des Heilpraktikers, Arztes und des Zahnarztes fällt. Im Paragraph 5 ist schließlich festgelegt, dass das »unbefugte Ausüben der Heilkunde« strafbar ist.

Das bedeutet, dass Sie mindestens die Zulassung als HeilpraktikerIn haben müssen, um Dienstleistungen anbieten zu können, die heilen oder therapieren. Andere Berufsgruppen wie zum Beispiel Physiotherapeuten dürfen nur auf ärztliche Anweisung tätig werden.

Durch das Urteil des Bundesverfassungsgerichtes vom März 2004 gibt es ein wenig mehr Klarheit für die Bereiche des spirituellen bzw. geistigen Heilens sowie schamanischer oder anderer ritueller Anwendungen. Aus der Urteilsbegründung (Aktenzeichen: 1 BvR 784/03), die einem als Geistheiler Tätigen die Berufsausübung mittels Handauflegen erlaubt hat ohne eine Heilpraktikerzulassung erworben zu haben, können die folgenden Zitate für ähnliche Fälle hilfreich sein:

»... Ein Heiler, der spirituell wirkt und den religiösen Riten näher steht als der Medizin, weckt im Allgemeinen die Erwartung auf heilkundlichen Beistand schon gar nicht. Die Gefahr, notwendige ärztliche Hilfe zu versäumen, wird daher eher vergrößert, wenn geistiges Heilen als Teil der Berufsausübung von Heilpraktikern verstanden wird ...« Und weiter: »Jedenfalls zielen die Heilpraktikererlaubnis und die ärztliche Approbation nicht auf rituelle Heilung. Wer Letztere in Anspruch nimmt, geht einen dritten Weg, setzt sein Vertrauen nicht in die Heilkunde und wählt etwas von einer Heilbehandlung Verschiedenes, wenngleich auch von diesem Weg Genesung erhofft wird. Dies zu unterbinden ist nicht Sache des Heilpraktikergesetzes ...« Und weiter: »Je weiter sich das Erscheinungsbild des Heilers von medizinischer Behandlung entfernt, desto geringer wird das Gefährdungspotential, das im vorliegenden Zusammenhang allein geeignet ist, die Erlaubnispflicht nach dem Heilpraktikergesetz auszulösen ...« Weiter wird darauf hingewiesen, dass sichergestellt sein muss, dass ein Heiler nicht vom Arztbesuch abrät oder darauf hinwirkt. Dazu folgen konkrete Angaben: »Es muss gewährleistet sein, dass der Beschwerdeführer die Kranken zu Beginn des Besuchs ausdrücklich darauf hinweist, dass er eine ärztliche Behandlung nicht ersetzt. Das kann etwa durch einen gut sichtbaren Hinweis in seinen Räumen oder durch entsprechende Merkblätter, die zur Unterschrift vorgelegt werden, geschehen. Es ist Sache der Behörden, auf die Einhaltung derartiger Aufklärungsverpflichtungen hinzuwirken und sie durch Kontrollen der Gewerbeaufsicht durchzusetzen ...« Und den Status eines selbstständigen Heilers klärt das Gericht auch gleich mit: »Eine gewerberechtliche Anzeigepflicht vor

Aufnahme der Heilertätigkeit kann solche Kontrollen erleichtern ...« Es wird also vom Bundesverfassungsgericht im entschiedenen Fall davon ausgegangen, dass die Tätigkeit eines Heilers keine einem Arzt oder Heilpraktiker ähnliche Tätigkeit darstellt und deshalb gewerblich ist. Was in der Konsequenz bedeutet, dass Heiler sich als Gewerbetreibende beim zuständigen Gewerbeamt ihrer Gemeinde/ihres Landkreises anmelden müssen.

Für den Bereich anderer Therapieformen besteht jedoch weiterer Klärungsbedarf. Zwar sind im Psychotherapie-Gesetz und den Psychotherapie-Richtlinien die »klassischen« psychotherapeutischen Methoden und Ansätze aufgelistet und deren Anwendung und Abrechnung mit den Krankenkassen geregelt. Aber es bleibt ein weites Feld, das irgendwie auch zur Therapie gehört, aber nicht gesetzlich genau erfasst ist. Die Psychotherapie-Richtlinien schließen zum Beispiel einige Formen direkt aus. Dazu gehören unter anderen Psychodrama, Transaktionsanalyse und respiratorisches Biofeedback.

Vielleicht lässt sich dieser Bereich klären durch die Frage: Was ist schon Therapie, was ist noch Beratung? In der allgemeinen Rechtsauffassung geht man zum Beispiel davon aus, dass eine Therapie auf einen längeren Behandlungszeitraum angelegt ist. Damit ist eine Anzahl von zwanzig und mehr Sitzungen gemeint, die »TherapeutIn« und «PatientIn« miteinander vereinbaren. Nun wird dadurch nicht zwangsläufig jedes zeitlich kürzere Angebot zu einer »Beratung«. Aber: Die Dauer ist ein wichtiges Unterscheidungsmerkmal zwischen Beratung und Therapie.

Wenn Sie keine Zulassung zur Ausübung der Heilkunde erworben haben, sollten Sie auf jeden Fall in der Werbung und Außendarstellung Ihres Angebotes sehr vorsichtig mit den Begriffen »Behandlung, Heilen und Therapie« umgehen. Denn diese weisen in der so genannten »allgemeinen Verkehrsauffassung« auf eine heilkundliche Tätigkeit hin. Und wie bereits erwähnt, ist die unerlaubte Ausübung strafbar.

Um die ganze Problematik noch etwas »abzurunden«, sei erwähnt, dass Sie sich in Deutschland sehr wohl in einer Therapieform ausbilden lassen dürfen, auch eine Abschlussprüfung mit Zeugnisübergabe dürfen Sie ablegen, aber ohne Zulassung zur Heilkunde dürfen Sie nicht damit werben, dass Sie »TherapeutIn« sind.

Prüfen Sie also unbedingt Ihre Schriften, die Sie zur Werbung und Information in die Öffentlichkeit geben, damit Sie nicht gegen das Heilpraktikergesetz verstoßen. In der praktischen Ausübung ist sich die Rechtsprechung nämlich auch klar, dass es fast unmöglich ist, trennscharf zu unterscheiden zwischen Beratung und Therapie. Es liegt also im Wesentlichen an der Darstellung und Benennung Ihres Angebotes.

Behördlich anmelden, bevor man loslegen kann?

Nein, die Aufnahme Ihrer selbstständigen Unterrichts- oder Beratungstätigkeit müssen Sie nicht anmelden.
Bei Ihrem zuständigen Finanzamt können Sie dies tun. Dieser Weg ist insbesondere dann empfehlenswert, wenn Sie noch keine eigene Steuernummer haben. Das dafür zu verwendende Formblatt finden Sie mit einigen Erläuterungen im Anhang ab Seite 154.

Entgegen einer weit verbreiteten Meinung sind Sie als selbstständig tätigeR LehrerIn, TherapeutIn oder BeraterIn nicht verpflichtet, einen Gewerbeschein zu beantragen. Vielmehr haben diese Tätigkeiten den Status der freien Berufe. Im Paragraph 18, Absatz 1, Satz 1 des Einkommensteuergesetzes werden die freiberuflichen Tätigkeiten aufgeführt. Sie unterliegen nicht der Gewerbeordnung (GewO), was dort nochmals festgestellt wird im Paragraph 6. Das Bundesministerium für Wirtschaft hat in seinen »BMWI-Nachrichten: Gründerzeiten«, Heft 45 vom März 2002 aus dem Partnerschaftsgesellschaftsgesetz (PartGG) zitiert, wie sich ein freier Beruf definiert: »Die freien Berufe haben im Allgemeinen auf der Grundlage besonderer beruflicher Qualifikation oder schöpferischer Begabung die persönliche, eigenverantwortliche und fachlich unabhängige Erbringung von Dienstleistungen höherer Art im Interesse der Auftraggeber und der Allgemeinheit zum Inhalt.«
Hm, ist noch nicht so ganz eindeutig? Dann helfen vielleicht die Durchführungsbestimmungen zum Einkommensteuergesetz (EStG) weiter. Die sprechen nämlich von vier Möglichkeiten, um festzustellen, ob ein freier Beruf vorliegt. Es sind dies die so genannten »Katalogberufe« und die diesen ähnlichen Berufe. Diese sind allesamt im EStG aufgelistet. Dazu zählen unter anderem die Heilpraktiker, Diplom-Psychologen, Heilmasseure, Hebammen, die rechts-, steuer- und wirtschaftsberatenden Berufe. Es folgen die »Tätigkeitsberufe«, wo sich wohl die meisten wiederfinden werden. Denn hierunter wird über die ausgeübte Tätigkeit eine Zugehörigkeit zu den freien Berufen hergestellt. Als da sind »... die selbstständig ausgeübte wissenschaftliche, künstlerische, schriftstellerische, unterrichtende oder erzieherische Tätigkeit«.
Und dann gibt es noch die Auflistung der so genannten »neuen freien Berufe«, die sich in den letzten Jahren gebildet haben. Hierzu gehören neben vielen anderen die freien heilpädagogischen Berufe (Atem-, Sprech-, StimmlehrerIn, Logo- und MotopädIn und andere), die freien rechts- und wirtschaftsberatenden Berufe, die freien Medien-, Informations- und Kommunikationsberufe, die Kulturberufe und die Beratungen.

Eine genaue Auflistung finden Sie im Internet auf der Seite des Instituts für Freie Berufe an der Friedrich-Alexander-Universität Erlangen-Nürnberg unter http://www.ifb-gruendung.de.

Warum ist die Unterscheidung zwischen »gewerblicher« und »freiberuflicher« Tätigkeit so bedeutsam? Nun, für freiberuflich Tätige genügt eine einfache Buchführung. Dazu lesen Sie mehr im Kapitel »Hilfe, ich mache Gewinn«. Sie müssen keine Gewerbesteueranmeldung abgeben und keine Gewerbesteuer zahlen. Und sie sind kein Pflichtmitglied bei der Industrie- und Handelskammer (die einen nicht unerheblichen Jahresmitgliedsbeitrag einzieht).

Namensgebung

Hier geht es nicht um »Ihren guten Namen«, sondern um die Frage, wie Sie Ihr Geschäft, Ihre Schule, Ihre Praxis benennen und mit welchem Namen Sie nach außen werben wollen. Es wird Sie wohl nicht überraschen, dass auch diese Frage schon geregelt ist, oder?
Die Möglichkeiten der Namensgebung für Ihr Unternehmen sind zunächst abhängig von der von Ihnen gewählten Rechtsform. Dazu erfahren Sie mehr im Kapitel »Grundkenntnisse für Selbstständige«.
Wahrscheinlich starten Sie aber zunächst als so genannte »EinzelunternehmerIn«. So werden Sie bezeichnet, wenn Sie sich alleine selbstständig machen und dafür keine so genannte Kapitalgesellschaft gründen, also keine GmbH oder Aktiengesellschaft.
Im Auftritt nach außen, also bei der Werbung, beim Briefpapier und bei Flyern etc., müssen Sie auf Folgendes achten: Sie dürfen eine so genannte »Etablissement-Bezeichnung« verwenden, müssen dazu aber auch Ihren Nachnamen und einen ausgeschriebenen Vornamen angeben. Welchen Ihrer Vornamen Sie wählen ist egal, es muss also nicht zwingend der Rufname sein.

Unsere Beispielperson soll Lisa Amelie Müller heißen und den Rufnamen Lisa haben. Sie will sich selbstständig machen als Meditationslehrerin. Sie kann nun nach außen auftreten als »Lisa Müller, Meditationslehrerin«, »Meditations-Praxis Lisa Müller« oder auch: »Meditations-Praxis Amelie Müller«, aber auch: »OM – Meditations-Schule Lisa Müller« oder »Schwebende Wolke, Meditations-Studio Lisa Müller«.

Der Familienname, ein ausgeschriebener Vorname und eine frei gewählte Bezeichnung, die auf das hinweist, was Sie tun beziehungsweise anbieten, müssen nach außen immer gemeinsam angegeben werden.

Sie dürfen aber keine Firmenbezeichnungen verwenden, wenn Sie nicht im Handelsregister eingetragen sind. Die Bezeichnung »Die Meditationsfirma« wird wohl niemand verwenden wollen, aber auch schon die Benutzung des firmentypischen »&«-Zeichens fällt hierunter!

Vor einigen Jahren bekam eine Einzelunternehmerin ziemlichen Ärger mit der ortsansässigen Industrie- und Handelskammer, weil sie ihren Büro- und Kopierservice, den sie gerade eröffnet hatte, mit »Büro & Kopierservice

Elke Mahler« nach außen bewarb. Das Firmenlogo bestand zudem aus den farblich und grafisch gestalteten Buchstaben »B & K«, eben mit dem kaufmännischen »&« dazwischen. Sie wurde in einem außergerichtlichen Vergleich gezwungen, ihren gesamten Bestand an bedruckten Geschäftspapieren, die mit der beanstandeten Bezeichnung versehen waren, nicht mehr zu verwenden. Das Werbeschild am Haus musste sie ebenso ändern lassen wie die Aufkleber auf ihrem Auto.

Gleich, ob Sie beraten oder unterrichten wollen, eine »Praxis«, ein »Studio«, ein »Büro«, ja selbst eine »Schule« dürfen Sie ohne Beanstandung in Ihrer Bezeichnung führen. Bei einem »Institut« wird erwartet, dass Sie in irgendeiner Form auch wissenschaftlich tätig sind. Das können Erhebungen, Veröffentlichungen oder sonstige Forschungen sein. Bei einer »Akademie« wird ein größerer Lehrbetrieb erwartet mit meist mehreren Lehrenden, die allerdings nicht unbedingt fest angestellt sein müssen. Wird in einer »Akademie« geforscht, unterrichtet und ausgebildet, so entspricht dies voll der Erwartung.

Vorsicht ist geboten, wenn Sie zu Ihrer Etablissement-Bezeichnung den Namen Ihres Wohnortes hinzufügen. Denn dann wird eine gewisse Bedeutung und Größe Ihres Unternehmens in Relation zur Größe des genannten Ortes oder Stadtteils vorausgesetzt. Eine »Kölner Qigong-Schule Ludger Mamms« ist deshalb nicht verboten. Aber neben »Herrn Mamms« müssen noch einige andere unterrichten und diese Schule sollte außerdem entweder die älteste oder aber die größte Qigong-Schule in Köln sein. Wäre dies nämlich nicht der Fall, so könnte man von einem Verstoß gegen das Gesetz über unlauteren Wettbewerb ausgehen.
Entsprechend bedeutsamer wird dies noch bei regionalen Bezeichnungen wie zum Beispiel »Beratungs-Praxis Thüringen« oder »Niedersächsisches Institut für Kontemplation und Tiefenentspannung«. Und die Bezeichnung »Deutsches Institut für ...« oder »Gesellschaft für ... in Deutschland« sollten Sie Verbänden oder entsprechend großen Organisationen überlassen, die tatsächlich eine bundesweite Verbreitung haben oder auf absehbare Zeit anstreben.

Fördermittel zur Existenzgründung

Auch der sprichwörtliche gute Rat auf dem Weg zur Selbstständigkeit muss nicht teuer sein. Denn bereits die Beratungen, die erst zu einer Existenzgründung führen, können durch staatliche Fördermittel subventioniert werden. Wenn dann die Geschäftsidee gereift ist und es »ernst« werden soll, können weitere Fördertöpfe von Bund und Land, manchmal auch der Region oder Stadt, aber auch der Europäischen Union geöffnet werden. Wie Sie daran kommen?

Den Zuschuss für eine Existenzgründungsberatung beantragen Sie am besten schon mit Hilfe des/der von Ihnen gewählten Beraters/Beraterin. Der Antrag muss aber formal auf jeden Fall vor (!) Aufnahme der ersten Beratung eingereicht und bewilligt werden.
Wenn Sie nicht wissen, wo Sie in Ihrer Nähe eine fachkompetente Beratung bekommen können, so fragen Sie nach bei Ihrem Berufsverband, beim örtlichen oder regionalen Amt für Wirtschaftsförderung oder beim »Rationalisierungs- und Innovationszentrum der Deutschen Wirtschaft e. V. RKW« (im Internet unter: www.rkw.de), Telefon 06196/ 495-1.

Die »klassischen« Förderprogramme für Existenzgründungen sind:

ERP-Eigenkapitalhilfeprogramm:
zinsgünstige Darlehen zur Verbesserung der Eigenkapitalausstattung von Gründungsvorhaben bis maximal 500.000 Euro (neue Länder 1.000.000 Euro)

ERP-Existenzgründungsprogramm:
zinsgünstige Darlehen für Gründung und Existenzsicherung »junger Unternehmen« (bis fünf Jahre) bis maximal 500.000 Euro (neue Länder 1.000.000 Euro), gilt aber nicht für Heilberufe

Startgeld:
zinsgünstiges Darlehen für Gründungen speziell kleiner Personen- oder Kapitalgesellschaften, auch für Heilberufe, bis maximal 50.000 Euro

Mikro-Darlehen:
zinsgünstiges Darlehen »zur gezielten Förderung von Kleingründungen« so genannter »natürlicher Personen«, auch ohne deutsche Staatsangehörigkeit, auch für Heilberufe, Freie Berufe und für bereits bestehende Unternehmen (bis zu drei Jahre) bis maximal 25.000 Euro. Das Mikro-Darlehen ist nicht mit anderen Programmen kombinierbar.

Finanzierungs-Hotline des BMWi
Mit allen Fragen zur Finanzierung und Förderung von Beratung, Gründung oder Existenzsicherung können sich FreiberuflerInnen und kleinere Unternehmen an die Finanzierungshotline des Bundesministeriums für Wirtschaft wenden, die montags bis freitags in der Zeit von 9 bis 16 Uhr mit geschulten ExpertInnen besetzt ist: Telefon 01888/ 615-80 00.
Infocenter der KfW-Mittelstandsbank
Die bundeseigene KfW-Mittelstandsbank unterhält für potenzielle GründerInnen und junge Unternehmen ein telefonisch erreichbares »Infocenter«: zum Ortstarif unter 01801/ 24 11 24 (montags bis freitags von 7.30 bis 18.30 Uhr).

Alle finanziellen Förderprogramme müssen Sie über Ihre Hausbank (da, wo Sie Ihr Girokonto haben) beantragen. Dort können Sie sich auch beraten

lassen. Aber bedenken Sie dabei immer, dass die Hausbank lieber eigene Kredite vergibt als fremde. Denn damit verdient sie mehr und das ist nun mal das Geschäft einer Bank: mit Geld Geld zu verdienen.
Andererseits gibt es in manchen größeren Städten und Regionen vereinbarte Kooperationen zwischen Banken und dem Amt für Wirtschaftsförderung, die zusätzlich zu den oben genannten Programmen noch weitere, speziell auf die Region zugeschnittene Programme aufgelegt haben. Fragen Sie gezielt im Bank-Gespräch danach.

In sieben Schritten durch das Finanzierungsgespräch

oder: »Kommst Du zur Bank – vergiss den Businessplan nicht«

1. Vereinbaren Sie vorab einen Termin mit einer/einem der FirmenkundenberaterInnen Ihrer Bank oder Sparkasse. Gehen Sie von einem Zeitbedarf von mindestens einer Stunde aus.

2. Bereiten Sie sich gut auf das Gespräch vor. Dazu gehört vor allem Ihr Konzept, das Sie auch »Businessplan« nennen können. Es sollte anschaulich und verständlich geschrieben sein. Vor allem nicht zu lang, also maximal fünf, mit Grafiken oder Tabellen höchstens sieben Seiten.
Eine übliche Gliederung sieht wie folgt aus: lebenslaufartige Angaben zur Gründerperson, Darstellung der Geschäftsidee, Marktanalyse, Finanzplan mit Aufstellung der Kosten der privaten Lebensführung, der geschäftlichen Ausgaben und der Umsatz- und Renditevorausschau, gegebenenfalls Finanzierung und einer abschließenden Zusammenfassung.
Machen Sie möglichst genaue Angaben über beabsichtigte Investitionen, Rentabilität, Umsatz- und Gewinnvorausschau, beginnen Sie mit den Ist-Angaben und enden mit den Plandaten.

3. Sie können mit Ihrem Berater zum Bankgespräch gehen, aber tragen Sie selbst Ihren Plan vor. In manchen Fällen konnte ich als Berater hilfreich vermitteln zwischen Banker und GründerIn. Dennoch ist es wichtig, dass Sie sich in diesem Gespräch überzeugend präsentieren.

4. Treten Sie dementsprechend auf. Sie gehen nicht mit einer Bitte zur Bank. Sie sollten vielmehr ein Gespräch auf gleicher Augenhöhe führen, denn es treffen sich hier zwei zukünftige Geschäftspartner. Gehen Sie mit dieser Einstellung einer geschäftlichen Partnerschaft in das Gespräch, sind Sie bestens gerüstet.
Die Frage nach der Kleidung ist zwar nicht soo entscheidend, aber bedenken Sie die »Signale«, die Sie je nach Kleiderwahl setzen. In Bankkreisen sind Kostüm und Anzug nun mal Standard für die Angestellten. Inwieweit Sie sich diesem »Dress-Code« annähern, sollten Sie vor allem danach entscheiden, ob Sie sich in Ihrer Haut und Kleidung wohl fühlen.

5. Bestehen Sie auf Informationen zu den öffentlichen Förderprogrammen, aber lassen Sie sich auch über »hauseigene Kredite« beraten. Lassen Sie sich von der Beraterin die Vor- und Nachteile erklären und bestehen Sie auf individuellen Berechnungen für einen besseren Vergleich.

6. Es ist natürlich hilfreich für Sie, wenn Sie sich schon vorab informiert haben über die möglichen Programme. Bei Unklarheiten, unverständlichen Fremd- oder Fachwörtern fragen Sie nach.

7. Holen Sie sich auch von anderen Kreditinstituten Finanzierungsangebote, bevor Sie sich endgültig entscheiden.

Unbedingt beachten sollten Sie, dass die wichtigste Voraussetzung bei fast allen öffentlichen Förderprogrammen darin besteht, dass noch nicht »gegründet« wurde! Die Mittel müssen also »vor Aufnahme der selbstständigen Tätigkeit« beantragt und vorher bewilligt sein. Erst dann können Sie starten.
»Gegründet« haben Sie übrigens schon, wenn Sie auf dem Brief zusätzlich zu Ihrem Namen die Etablissement-Bezeichnung ergänzen oder einen Stempel mit dieser zusätzlichen Angabe haben anfertigen lassen!

Info-Telefon KfW-Mittelstandsbank: 01801/ 24 11 24
Kreditanstalt für Wiederaufbau, www.kfw-mittelstandsbank.de
Rationalisierungs- und Innovationszentrum der Deutschen Wirtschaft,
RKW: Telefon 06196/ 495-1, www.rkw.de
Förderdatenbank des Bundesministeriums für Wirtschaft und Arbeit,
www.bmwa.bund.de/Navigation/Unternehmer/foerderdatenbank.html

Auch das Arbeitsamt hilft bei der Existenzgründung

Gerade dann, wenn der Mensch viel Zeit zum Nachdenken und Austüfteln einer Geschäftsidee hat, fehlt dem Gründergeist oftmals das Geld, insbesondere in der Situation der Arbeitslosigkeit. Dass dies kein schlechter Startplatz in die Selbstständigkeit sein muss, belegen neue Erhebungen: Laut dem Wirtschaftsmagazin »impulse« hat sich die Zahl der ExistenzgründerInnen, die sich mit einer Starthilfe des Arbeitsamtes selbstständig gemacht haben, in den letzten zehn Jahren mehr als verdreifacht. Dass diese Steuergelder gut investiert sind, zeigt die Statistik: Am Ende der Förderung hatten sich neun von zehn Unternehmen erfolgreich am Markt behauptet und obendrein hatte im Schnitt jeder zweite Jungunternehmer noch einen zusätzlichen Arbeitsplatz geschaffen.

Welche Voraussetzungen müssen Sie nun erbringen, wenn Sie sich aus der Arbeitslosigkeit heraus selbstständig machen wollen?

Erstens müssen Sie bis zur Aufnahme der selbstständigen Tätigkeit arbeitslos gemeldet gewesen sein und mindestens vier Wochen Leistungen vom Arbeitsamt bezogen haben, oder Sie waren in einer Arbeitsbeschaffungsmaßnahme (ABM) beschäftigt.
Zweitens muss eine so genannte »fachkundige Stelle« bestätigen, dass Ihr Vorhaben Aussicht auf wirtschaftlichen Erfolg hat (»Tragfähigkeitsbescheinigung«). Das können eine Unternehmens- oder Steuerberaterin machen oder auch der eigene Berufsverband.
Stimmt danach die Arbeitsagentur dem Antrag zu und sind alle Unterlagen eingereicht, kann es »losgehen«: Entweder in der Form einer so genannten »Ich-AG« oder mit dem »Überbrückungsgeld«. Die »Ich-AG« ist eine Leistung zur sozialen Grundsicherung von ExistenzgründerInnen. Das »Überbrückungsgeld« dagegen eine Leistung zur wirtschaftlichen Sicherung während der Startphase einer Gründung.

Die »Ich-AG«
Zunächst: Eine Aktiengesellschaft wird hiermit nicht begründet. Es ist vielmehr die politisch-saloppe Bezeichnung, die sich gehalten hat als Synonym für die »kleine Existenzgründung« mit Förderung vom Arbeitsamt. Die soziale Absicherung der Gründungswilligen steht im Vordergrund. Die Leistungen setzen sich nämlich wie folgt zusammen:
600 Euro pro Monat im ersten Jahr,
360 Euro pro Monat im zweiten Jahr,
240 Euro pro Monat im dritten Jahr.

Der Zuschuss ist auf längstens drei Jahre begrenzt. Die Bewilligung des Zuschusses erfolgt jeweils für ein Jahr und wird bei Nachweis der Förderungsvoraussetzungen verlängert. Während des Bezugs des Existenzgründungszuschusses sind Existenzgründer in der gesetzlichen Rentenversicherung versicherungspflichtig (mit einem Mindestbeitrag von 78,- Euro pro Monat) und können auch an der gesetzlichen Kranken-, Pflege- und Unfallversicherung teilnehmen. Die Sozialversicherungsbeiträge müssen vom Existenzgründer selbst gezahlt werden.

Weitere Vorgaben:
Der Zuschuss ist eine steuerfreie Einnahme und wird nicht zur Ermittlung des Steuersatzes mit herangezogen.
Bei Überschreiten der Einkommensgrenze von 25.000 Euro pro Jahr entfällt der Existenzgründungszuschuss mit Wirkung für die Zukunft. Der für die zurückliegenden zwölf Monate gezahlte Zuschuss ist nicht zurückzuzahlen, auch wenn die Einkommensgrenze bereits im Laufe des Jahres überschritten wurde.
Weitere Beschäftigungen neben der hauptberuflichen selbstständigen Tätigkeit der Ich-AG werden für die Prüfung der Einkommenshöchstgrenze mit dem Einkommen der Haupttätigkeit zusammengerechnet.
Das bisherige Beschäftigungsverbot für Mitarbeiter wurde aufgehoben. Die Zahl von MitarbeiterInnen (Aushilfen) ist nicht begrenzt.

Bei Drucklegung stand im Paragraph 421l, Satz 5 SozialGesetzBuch III: »Vom 1. Januar 2006 an finden diese Regelungen nur noch Anwendung, wenn der Anspruch auf Förderung vor diesem Tag bestanden hat.« Wir werden Sie mit dem Newsletter zum Leitfaden auf dem Laufenden halten.

Überbrückungsgeld
Das so genannte »Überbrückungsgeld« wird als Zuschuss sechs Monate lang in Höhe des Betrages gewährt, der zuletzt als Arbeitslosengeld oder Arbeitslosenhilfe bezogen wurde. Zuschüsse zu Kranken- und Pflegeversicherung sowie zur Altersvorsorge werden bis zu einem Drittel des Überbrückungsgeldes gewährt. Während dieser Zeit ist der Antragsteller bereits nicht mehr arbeitslos gemeldet und braucht deshalb dem Arbeitsamt nicht mehr zur Verfügung zu stehen. So ist es möglich, sich ganz auf die neue Tätigkeit zu konzentrieren.

Hat die Existenzgründung Erfolg und der/die neue Selbstständige kann auf eigenen Füßen stehen und von den erzielten Einkünften leben, braucht das Überbrückungsgeld nicht zurückgezahlt zu werden. Hat es mit der Selbstständigkeit aber nicht geklappt, so kann nach Ablauf der Überbrückungszeit ein eventuell verbliebener Restanspruch auf Arbeitslosengeld beziehungsweise -hilfe immer noch wahrgenommen werden. Das Überbrückungsgeld wird auf das Arbeitslosengeld nicht angerechnet.

Tipp aus jahrelanger Beratungserfahrung:
Diese Förderung existenzgründungswilliger Arbeitsloser ist im Arbeitsförderungsgesetz festgeschrieben, aber nur als so genannte »Kann-Bestimmung«. Das heißt, in der Regel wird dieser »Haushaltstopf« am Anfang eines Jahres gefüllt und wenn er leer ist, kann kein Überbrückungsgeld mehr gezahlt werden, auch wenn die Geschäftsidee noch so prima wäre. Deshalb rate ich dazu, möglichst frühzeitig einen Termin mit dem für Sie zuständigen Arbeitsberater (nicht mit dem Arbeitsvermittler!) auszumachen und sich dort beraten zu lassen.

Beratung zum Start

Für alle Fragen, die sich für Sie auf dem Weg in die haupt- oder nebenberufliche Selbstständigkeit ergeben, gibt es Antworten. Sie müssen nur »den richtigen Leuten die richtigen Fragen« stellen. Scheuen Sie sich nicht zu fragen! Nutzen Sie die Möglichkeiten und wenden sich an Fachleute. Denn wer am Anfang der Selbstständigkeit damit beginnt, das sprichwörtliche Rad neu zu erfinden, verliert einfach zuviel Zeit und vor allem Energie, die nachher im eigenen »Geschäft« fehlt.

Berufsverband
Fragen Sie Ihren Verband nach Erfahrungswerten. Mancher Verband hat eigens beauftragte BeraterInnen dafür. Andere Verbände können an

Mitglieder vermitteln, die sich bereits erfolgreich selbstständig gemacht haben und gerne weiterhelfen.

Unternehmens-, Betriebs- oder GründungsberaterInnen
GründungsberaterInnen können Ihnen gerade am Anfang den Weg weisen. Fragen Sie aber bereits vor Aufnahme einer solchen Beratung nach den spezifischen Kenntnissen zu Ihrem Angebot. Viele GründungsberaterInnen sind nämlich auf einzelne Branchen oder Bereiche spezialisiert. Erkundigen Sie sich bei Unternehmens- und BetriebsberaterInnen, ob sie auch bei Gründungen weiterhelfen und ebenfalls nach den branchenspezifischen Kenntnissen beziehungsweise Erfahrungen.

Finanzberater der Bank oder Sparkasse
Nutzen Sie die (kostenlosen) Angebote der institutionellen BeraterInnen bei allen Fragen der Finanzierung. Dazu gehören nicht nur die weiter oben schon beschriebenen Förderangebote, sondern auch die Beratung zur Finanzplanung Ihrer selbstständigen Unternehmung.

Steuerberater
SteuerberaterInnen helfen nicht nur bei steuerlichen Fragen rund ums Finanzamt. Sie können Sie auch bei vielen Fragen der Betriebsführung, der Liquiditätssteuerung und dem Geschäftsaufbau beraten. Auch hier gilt: Fragen Sie bereits vor der Beratung nach branchenspezifischen Kenntnissen und nach Erfahrungen mit anderen MandantInnen, die sich in ähnlichen Bereichen wie dem Ihren selbstständig gemacht haben.

Rechtsanwalt
Juristische Beratung werden Sie meistens nicht benötigen. Aber insbesondere bei der Festlegung auf die Rechtsform der Unternehmung und bei Verträgen kann eine juristische Beratung hilfreich sein. Für solche Beratungen können Rechtsanwälte ein frei vereinbartes Honorar verlangen. Lassen Sie sich deshalb vor der Beratung den zu erwartenden Kostensatz nennen.

Raumanmietung für die eigene Tätigkeit

Nicht für jede selbstständige Tätigkeit sind gleich am Anfang eigene Räume wichtig. Für Gruppenangebote wie Kurse oder Seminare benötigen Sie natürlich geeignete Räume mit einer entsprechenden Ausstattung. Die meisten beginnen aber in fremdgemieteten Räumen, die sie nur stundenweise nutzen. Das hat den Vorteil, dass – je nach Vertrag – auch nur für die tatsächlich genutzte Zeit Kosten entstehen.
Räumlichkeiten für Kurse und Seminare vermieten auf Stundenbasis relativ günstig zum Beispiel Kirchengemeinden und Bürger- oder Familienzentren. Auch Beratungsstellen, Kindergärten und Schulen stellen mancherorts Räume zur Verfügung. Nun ist der »herbe Charme« eines Klassenzimmers eine zusätzliche atmosphärische Herausforderung für Ihr Angebot.

An wen kann man sich noch wenden? Nach dem Motto »Fragen kostet nichts« eigentlich an alle, die für ihre Arbeit Räume mit ansprechender Ausstattung nutzen. Manches Tanzstudio hat kursfreie Zeiten und ist vielleicht froh über eine Auslastung. Auch sich ergänzende Modelle können funktionieren. So habe ich vor Jahren einer Taijiquan-Lehrerin stundenweise meinen Yoga-Raum vermietet. Unsere Angebote machten sich keine Konkurrenz. Wir konnten im Gegenteil das Interesse unserer Teilnehmenden an der jeweils anderen Lebenskunst wecken, was alle als bereichernd empfanden. Ein Pantomime-Lehrer unterrichtete jahrelang in den Abendstunden in einer Kinder-Ballettschule, die selbst nur tagsüber geöffnet hatte.

In manchen Städten gibt es Zentren, die sich darauf spezialisiert haben Räume zur Verfügung zu stellen. Im Kleinanzeigenteil Ihres Stadtmagazins finden Sie nicht nur deren Adresse. Dort werden auch immer wieder Räume für eine stundenweise (Mit-)Nutzung angeboten.

Kann ich auch in der eigenen Wohnung unterrichten, therapieren oder beraten?

Ja, eigentlich schon, aber ... Wenn Sie nebenberuflich Ihre ersten Beratungen, Therapiesitzungen oder Einzelunterricht anbieten, so können Sie das ohne jemanden zu fragen tun. Bevor Sie aber den Umfang dieser Tätigkeit ausweiten und es zu regelmäßigem »Besuch« in Ihrer Wohnung kommt, studieren Sie bitte unbedingt Ihren Mietvertrag. In den Standardmietverträgen ist immer eine Klausel, die die so genannte »gewerbliche Nutzung« privaten Wohnraums von der Zustimmung des Vermieters abhängig macht. Die sollten Sie sich unbedingt einholen, denn falls es zu Beschwerden kommen sollte, weil »plötzlich so viele fremde Leute im Haus ein- und ausgehen« oder etwas Ähnliches, wäre die fehlende Zustimmung ein Kündigungsgrund.

Vermieter dürfen bei teilweise gewerblicher Nutzung der Wohnung auch einen höheren Mietzins verlangen. Dies wird mit der höheren Abnutzung begründet und ist rechtlich nicht anfechtbar. Aber wenn Sie ein gutes Verhältnis zu Ihren Vermietern haben, ist das meist eine Angelegenheit, die sich in einem Gespräch regeln lässt.

In manchen Gemeinden verlangt die kommunale Verwaltung für die so genannte »Umwidmung« von Wohnraum eine Abgabe! Erkundigen Sie sich rechtzeitig danach, denn sie kann recht hoch ausfallen. Für eine komplett betrieblich genutzte Wohnung mit 60 Quadratmetern verlangt zum Beispiel die Stadt Heidelberg eine Umwidmungsgebühr von rund 5.000 Euro.

Und worauf muss ich bei eigenen Geschäftsräumen achten?

Zunächst auf die gleichen Kriterien wie bei der Auswahl einer Privatwohnung. Passen Größe, Schnitt und Anzahl der Räume zu Ihren Bedürfnissen, ist die Lage vorteilhaft und vor allem: Fühlen Sie sich in diesen Räumen wohl und können Sie sich vorstellen darin zu arbeiten?

Für die Ausstattung mit sanitären und sonstigen Anlagen gibt es keine allgemeingültigen Vorschriften. Je nachdem, was Sie in den Räumen anbieten werden, sollten die »Wohlfühlbedürfnisse« der anvisierten Kundschaft das entscheidende Kriterium sein.

Einige Punkte im Vertrag gibt es bei der Anmietung von Gewerberäumen (Ladenlokale, Büros, Hallen etc.) zu beachten, weil sie anders sind als im privaten Bereich. Grundsätzlich können nämlich die Vertragspartner (Mieter und Vermieter) einen Mietvertrag für gewerbliche Räume so aushandeln, wie es ihren Bedürfnissen entspricht. Es gibt also nicht so viele verbindliche Vorschriften wie beim privaten Mietvertrag für eine Wohnung.
Die Mietdauer wird meistens nicht unbefristet vereinbart, sondern für einen festen Zeitraum. Von einem bis zu zehn Jahren ist alles möglich.
Auch die Kündigungsfrist kann frei vereinbart werden, muss aber immer für beide Seiten gleich sein. So ist es durchaus üblich, eine Kündigungsfrist von einem Jahr zu vereinbaren. Bei »kurzen« Laufzeiten bis zu fünf Jahren wollen manche Vermieter eine vorzeitige Kündigung gar nicht zulassen. Darauf sollten Sie aber bestehen. Denn das ist ein Zeitraum, der gerade am Anfang einfach zu lang ist, um abzuschätzen zu können, was passieren wird.
Vermieter können den Mietzins für Gewerberäume auch zuzüglich Umsatzsteuer berechnen. Überlegen Sie nach dem Lesen des Kapitels »Gewinn und Steuern«, ob das eventuell für Sie sogar von Vorteil ist.

Übersicht: Kündigungszeiten bei gewerblichen Räumen

Seit einer Entscheidung des Bundesgerichtshofes im Jahr 1995 gibt es jetzt mehrere Möglichkeiten, aus einem langfristigen Mietvertrag für gewerbliche Räume auszusteigen.

Zunächst das Urteil im Wortlaut:
»Bei der Geschäftsraummiete trägt der Mieter das Risiko langfristiger Verträge allein, so dass Verluste wegen der wirtschaftlichen Entwicklung oft nur durch Untervermietung abzuwenden sind. Dieses Recht dürfen Formularverträge nicht durch Kündigungsverbote bei Verweigerung der Erlaubnis zur Untervermietung ausschließen.«
Bundesgerichtshof (BGH), Urteil vom 24.5.1995, AZ: XII ZR 172/94

Im zu entscheidenden Fall wollte ein Verband wegen Umstrukturierung das bisherige Büro aufgeben und bis zum Ende der vereinbarten Mietzeit die Räume untervermieten, da der Vermieter eine vorzeitige Beendigung des Mietvertrages ablehnte. Da er auch einer Untervermietung nicht zustimmte, klagte der Verband durch alle Instanzen und bekam schließlich Recht.

Was durch das Urteil des BGH jetzt möglich ist oder eben nicht, entnehmen Sie dem nachfolgenden Überblick:

Situation: Untervermietung ist im Vertrag grundsätzlich ausgeschlossen.
Rechtslage: Mieter kann sich zur Abwehr von drohenden Verlusten auf Sonderkündigungsrecht berufen.

Situation: Untervermietung ist laut Vertrag an die Zustimmung des Vermieters geknüpft.
Rechtslage: Der Vermieter kann der Untervermietung zustimmen. Dem Mieter steht bei Weigerung (mit oder ohne Begründung) das gesetzlich vorgesehene Sonderkündigungsrecht zu (Frist voraussichtlich zum Ende des folgenden Quartals).
Sonderfälle: Es ist eine Umsatzmiete vereinbart oder der Vermieter befürchtet Nachteile durch die Person oder Branche des Untermieters. Dann darf der Mieter weder untervermieten noch frühzeitig kündigen.

Situation: Untervermietung ist laut Vertrag grundsätzlich möglich, der Vermieter hat aber ein Sonderkündigungsrecht ausgeschlossen.
Rechtslage: Dieser Ausschluss ist durch das obige Urteil verboten. Der Mieter kann vor dem vereinbarten Vertragsende kündigen. Das gilt auch für Verträge, die vor dem BGH-Urteil geschlossen wurden.

Situation: Im Vertrag steht keine Regelung über Untervermietung.
Rechtslage: Wie bei vereinbartem Recht auf Untervermietung ist die Zustimmung des Vermieters nötig. Wird sie versagt, kann der Mieter vorzeitig kündigen.

Allein anmieten oder mit jemand zusammen?

Insbesondere aus Kostengründen macht es Sinn zu überlegen, ob man nicht gleich von Anfang an mit jemand anderem zusammen die Geschäftsräume anmietet. Dazu sollten Sie vor Abschluss des Mietvertrages miteinander klären, wer den Vertrag unterschreibt. Denn nur wer im Vertrag genannt wird und ihn unterschrieben hat, hat gegenüber dem Vermieter alle Rechte als Mieter. Vereinbaren Sie zusammen mit dem Vermieter, was geschehen soll, wenn nur einer der Mieter vor Ende der Vertragslaufzeit kündigen will. In der Regel bleibt nämlich für die anderen dann das Vertragsverhältnis bestehen.
Wollen Sie alleine mieten, die Räume aber gelegentlich auch anderen zur Nutzung überlassen, so treffen Sie mit dem Vermieter eine entsprechende Vereinbarung über die Möglichkeit der Untervermietung.

Als FreiberuflerIn gewerbliche Räume mieten?

Es wird im Immobilienbereich grundsätzlich nur zwischen privat oder gewerblich genutzten Räumen unterschieden. Von »gewerblicher Nutzung« wird immer dann ausgegangen, wenn die Räume geschäftlich genutzt werden. Und zwar unabhängig davon, ob die geschäftliche Tätigkeit im steuerlichen Sinne eine freiberufliche oder eine gewerbliche darstellt.

Ein paar Fragen als »Selbst-Test«

Dies ist kein Test nach dem Motto: »Sind Sie ein Unternehmertyp?«. Es gibt keine Punktvergabe und »Auflösung« am Ende. Es ist vielmehr ein Fragenkatalog, der nach grundsätzlichen »UnternehmerInnen-Qualitäten« fragt. Er ist der (leider eingestellten) Zeitschrift »econy« vom Mai 1999 entnommen.

Wenn Sie sich am Ende in Ihrem Vorhaben bestätigt fühlen – gut so! Dann können Sie loslegen.

Überzeugt?
Haben Sie eine geniale Geschäftsidee? Haben Sie das Gefühl, diese Idee umsetzen zu müssen? Können Sie auch über einen längeren Zeitraum 60, 70 oder mehr Stunden pro Woche arbeiten, ohne zu verzweifeln?

▶ Ja ☐
▶ Nein ☐

Initiativ und entscheidungsfreudig?
Treffen Sie gerne Entscheidungen, ohne jemanden zu fragen? Können Sie auch unter Zeitdruck gut Entscheidungen treffen? Weichen Sie schwierigen Situationen aus oder suchen Sie nach Lösungen?

▶ Ja ☐
▶ Nein ☐

Flexibel?
Können Sie sich schnell in verschiedene Aufgabengebiete einarbeiten? Können Sie Situationen schnell erfassen?

▶ Ja ☐
▶ Nein ☐

Selbstsicher?
Kennen Sie Ihre Stärken? Und Ihre Schwächen? Mögen Sie sich trotzdem? Können Sie sich Fehler eingestehen? Können Sie Niederlagen einstecken? Können Sie sich selbst Ziele setzen und ohne Druck durch Vorgesetzte selbstständig verfolgen? Unterstützen Ihre Familie und Ihre FreundInnen Sie in Ihrem Tatendrang? Und was, wenn nicht? Geht es auch ohne?

▶ Ja ☐
▶ Nein ☐

Ehrlich?
Was ist Ihr Wort wert? Machen Sie sich gerne etwas vor, wenn es mal nicht so läuft? Reden Sie sich Situationen schön?

▶ Ja ☐
▶ Nein ☐

Mutig?
Können Sie und Ihre Familie für einen unbekannten Zeitraum auf ein festes Einkommen verzichten? Können Sie für einen unbestimmten Zeitraum auf Ihre Familie verzichten? Können Sie verlieren?

▶ Ja ☐
▶ Nein ☐

Belastbar und ausdauernd?
Besitzen Sie Stehvermögen? Können Sie ohne Urlaub und mit wenig Freizeit leben? Macht Druck Sie fit oder fertig? Bewahren Sie in Stresssituationen Ruhe, Überblick, Freundlichkeit und Leistungsfähigkeit? Können Sie auch mit wachsenden Schulden bei unsicherem Einkommen ruhig schlafen? Sind Sie körperlich fit?

☐ Ja
☐ Nein

Sozial kompetent?
Können Sie gut organisieren? Denken Sie gerne für andere mit, ohne ständig zu kontrollieren oder zu bevormunden? Denken Sie Prozesse zu Ende? Übernehmen Sie gerne Verantwortung für andere Menschen? Können Sie andere Leute motivieren?

☐ Ja
☐ Nein

Fachlich kompetent?
Haben Sie bereits Kontakt zu potentiellen KundInnen? Können Sie gut verhandeln, auch wenn Sie in der schwächeren Position sind? Passen Ihre berufliche Erfahrung und Ausbildung zur Branche, in der Sie sich selbstständig machen wollen?

☐ Ja
☐ Nein

Noch ein Gedanke zum Start:
Der Weg zum Erfolg misst sich am erreichten Ziel, nicht an der Anzahl der Schritte.

Notizen:

Marketing und Werbung

Den Anfang haben Sie gemacht: ein Angebot entwickelt, eine Technik erlernt, sich Fähigkeiten angeeignet, die Sie jetzt zum Wohle und Nutzen derer anwenden wollen, die sie brauchen können. Nun geht es darum, auf dem »Markt« zu erscheinen, sich und das eigene Angebot vorzustellen und von der anvisierten Zielgruppe wahrgenommen zu werden.
Alle Maßnahmen, die Sie ergreifen, um sich selbst, Ihre Person, Ihr Image, Ihre Dienstleistung zu präsentieren, nenne ich Marketing.
Der Begriff Marketing wird teilweise recht unterschiedlich interpretiert, aber ich möchte hier keine akademische Diskussion führen. Ich möchte Ihren Blick darauf lenken, dass alles, aber auch wirklich alles, was Sie tun, wie Sie es tun, und alles, was Sie nicht tun, Teil Ihres Marketings für Ihre Dienstleistung ist.
Dass die Verkäuferin in einer Bäckerei oder der Apotheker einen sauberen Kittel anhaben, wenn sie bedienen, gehört zu den unausgesprochenen Erwartungen, die wir haben. Aber: Es ist natürlich auch ein Teil ihres Marketings. Stellen Sie sich vor, Sie wollen ein Medikament in einer Apotheke abholen und Sie werden von einem sehr freundlichen Herrn kompetent, aber im ölverschmierten Blaumann bedient. Was denken Sie?

Also: Alles, was Sie als selbstständig Tätige tun oder nicht tun, ist Teil Ihres Marketings. Ganz schön anspruchsvoll? Ja, das ist es. Aber es ist nicht unmöglich, denn Sie zeigen, dass Sie das, was Sie vertreten und lehren, auch leben. Das ist überzeugend für »die anderen«, vor allem für Ihre potentiellen Kundinnen und Kunden – und es kann auch Ihnen selbst auf dem eigenen Weg der Entwicklung helfen ...

Marketing-Mix

Zum klassischen »Marketing-Mix«, wie ihn die Betriebswirtschaftslehre beschreibt, zählen folgende Bereiche: die Standortpolitik, Produktions- und Preispolitik, die Verteilungs- und die Kommunikationspolitik. Einige dieser Punkte haben wir schon im vorangegangenen Kapitel behandelt. Ich möchte hier noch einmal unter dem Gesichtspunkt des Marketings näher darauf eingehen.

Standort

Haben Sie Ihren Standort behutsam ausgewählt? In welchem Haus befinden sich Ihre Räume, welches Image hat die Adresse? Manche Straßen oder Stadtteile sind in einigen Städten mit Vorurteilen belastet. Darum zu wissen ist wichtig, damit Sie bei der Kommunikation mit Ihrer Zielgruppe darauf eingehen können.
Ist die Verkehrsanbindung für die Menschen, die Sie erreichen wollen, günstig? Ist das soziale, politische, kulturelle und geistige Umfeld für Ihre Arbeit günstig? Sind die Räume für Ihre Zwecke dienlich, sowohl von der Größe und Anzahl her wie auch vom Schnitt?
Treffen Sie gerade beim Standort und bei der Raumwahl die endgültige Entscheidung nicht spontan. Wägen Sie eventuelle Vor- und Nachteile gut gegeneinander ab. Versuchen Sie die Räume mit den Augen Ihrer zukünftigen BesucherInnen zu sehen. Zeigen Sie sie auch FreundInnen oder Bekannten und bitten Sie diese um ehrliche Rückmeldung. Eine Mülltonne im Hausflur ist nicht gerade einladend. Ebenso sollte die geringe Miete dann kein Argument sein, wenn zum Beispiel draußen der Verkehr brandet oder kaum Tageslicht in die Räume gelangen kann.

Produktion?!

Nein, Sie bieten natürlich eine Dienstleistung an. Aber die Art und Weise, wie Sie dies tun, ist ein ganz wichtiger Teil Ihres Marketings. Es fängt an mit der Qualität und der allgemeinen Anerkennung Ihrer Ausbildung. Arbeiten Sie nach bestimmten ethischen Grundsätzen? Haben Sie ein formuliertes »Menschenbild«? Auch das ist ein Teil Ihres Marketings.

Preise

Zur Kalkulation und zum Berechnen des eigenen Honorars können Sie im nächsten Kapitel noch ausführlich etwas lesen. Ich möchte hier den Blick auf die Preis-»Politik« oder besser, die Preis-Strategie lenken. Gibt es bereits mit dem Ihren vergleichbare Angebote am Ort? Dann finden Sie heraus, was andere dafür verlangen beziehungsweise was Veranstalter und Institutionen an Gebühr berechnen. Widerstehen Sie zunächst der Versuchung, mit dem günstigsten Preis möglichst viele Interessierte auf sich aufmerksam zu machen. Die allerwenigsten beurteilen die Qualität eines Kurses oder eines Beratungs- oder Therapieangebotes ausschließlich nach dem Preis. Vielmehr wollen potentielle KundInnen vor allem ein Bedürfnis befriedigen, einen Mangel beheben oder sich in eine bestimmte Richtung entwickeln. Wenn Sie mit Ihrem Angebot der Kundin zeigen können, dass sie bei Ihnen das bekommt, was sie sucht, dann ist das ausschlaggebend. Die Preisentscheidung kommt erst danach. Wer keinen Kaffee trinkt, kauft auch das günstigste Sonderangebot nicht.
Positionieren Sie sich durch Ihre Preise. Die angenommene Qualität Ihrer Arbeit zeigt sich auch über die Höhe Ihres Honorars. »Wat nix kost, is auch

nix« ist eine real existierende, wenn auch unterschwellige Annahme unserer Zeit.
Manchmal sagen TeilnehmerInnen in meinen Seminaren, dass sie solche Preise haben wollen, die »sich jedeR leisten kann«. Das ist eine gute Einstellung. Aber diejenigen, die Ihr Angebot brauchen und es wollen, werden auch die Mittel dafür auftreiben. Trotzdem können Sie in »Härtefällen« und für Menschen in besonderen Situationen einen Preisnachlass gewähren. Auch das spricht für Sie! Am Ende der Preise muss aber in Ihrem Portemonnaie noch genug für Sie drin sein!

Verteilung

Hier geht es nicht darum, Päckchen zu verteilen. Es geht vielmehr um die Überlegung, an welchen Orten, für welche Veranstalter, in welchem Umfang Sie Ihre Dienstleistung anbieten (können). Und ob Sie Beratung, Unterricht oder Therapie nur für Einzelne, in geschlossenen Gruppen oder in offenen Kursen oder in einer Art Schulsystem anbieten. Lesen Sie dazu weiter unten mehr unter Kursorganisation.
Zum umfassenden Marketing zähle ich
- die Kleidung, die Sie zur Arbeit, zum Kurs tragen,
- Pünktlichkeit, Verbindlichkeit, Verlässlichkeit,
- die Dekoration Ihrer Räume,
- der Stil Ihrer Beratung, Behandlung, Ihres Unterrichts,
- Ihre Art zu sprechen und zu schauen,
- Ihre Flyer, Plakate, Werbung,
aber vor und über allem anderen: Sie, Sie selbst mit Ihrer Persönlichkeit.

Anders nämlich als beim Verkauf von Produkten, kommen die Menschen zu Ihnen – als Mensch. Wie Sie diesen Menschen begegnen, ist einzigartig, unverwechselbar und zeichnet Sie aus. Sind Sie den Menschen zugewandt und überzeugen darüber hinaus durch Ihre Fachkundigkeit, dann haben Sie 80 Prozent des Marketings bereits erfolgreich geschafft.

Kommunikation

Hierzu gehört alles, was Sie anderen mitteilen in Bezug auf Ihre Tätigkeit. Sie kommunizieren im Sinne eines umfassenden Marketings durch Gespräche und Briefe, am Telefon und per Mail, auf Ihrer Website und durch Ihre Flyer. Aber auch durch Pressemitteilungen, Artikel und Interviews.
Bevor wir dieses weite Feld der Kommunikation betreten, die »normale« Menschen einfach »Werbung« nennen, noch zwei Hinweise.

1.) Werbung mit Heilung ist nicht erlaubt!

Nicht nur für die HeilpraktikerIn oder TherapeutIn, sondern auch für alle anderen gilt: Die Werbung mit Heilung ist verboten. Das »Gesetz über die Werbung auf dem Gebiete des Heilwesens« in seiner Fassung vom

Oktober 1994 spricht nämlich ganz umfassend über Arzneimittel und »... andere Mittel, Verfahren, Behandlungen und Gegenstände, soweit sich die Werbeaussage auf die Erkennung, Beseitigung oder Linderung von Krankheiten, Leiden, Körperschäden oder krankhaften Beschwerden bei Mensch oder Tier bezieht ...« Es geht also nicht darum, ob ein »Verfahren« tatsächlich ein »Heilverfahren« darstellt. Dieses Gesetz »greift« allein durch die Werbeaussage, dass ein Verfahren lindert, heilt oder gesund macht. Es darf weder irreführend geworben werden, noch darf der Eindruck entstehen, dass »... ein Erfolg mit Sicherheit erwartet werden kann ...« (§ 3, 2 a). Es darf also kein so genanntes »Heilversprechen« abgegeben werden.
Die Werbeaussagen dürfen nicht geeignet sein, dass »... Angstgefühle hervorgerufen oder ausgenutzt ...« werden (§ 11, 7). Und es darf nicht »... mit Äußerungen Dritter, insbesondere mit Dank-, Anerkennungs- oder Empfehlungsschreiben, oder mit Hinweisen auf solche Äußerungen ...« geworben werden (§ 11, 11).

Der genaue Wortlaut des Gesetzes über die Werbung auf dem Gebiet des Heilwesens ist zu finden im Bundesgesetzblatt Jahrgang 1994, Teil I, Seite 3082 ff.

Achten Sie in Ihren Aussagen auf Plakaten oder im Flyer vor allem darauf, dass Sie nur Möglichkeiten benennen und keine faktischen Aussagen machen: »Es ist möglich, dass Kopfschmerzen seltener auftreten bei regelmäßiger Meditation«. »Rückenbeschwerden können nachlassen durch fast jede Form der bewussten und sanften Bewegung«.
Sind Sie als HeilpraktikerIn tätig oder üben Sie einen staatlich anerkannten Heil- oder Heilhilfsberuf aus, so wenden Sie sich bitte an Ihre Standesvertretung beziehungsweise Ihren Berufsverband, um dort genau die für Sie geltenden Vorschriften zu erfahren.

2.) Werbung ist erlaubt!

Einige freie Berufe wie zum Beispiel Steuerberater oder Rechtsanwälte unterliegen durch Vorschriften in ihrem Standes- oder Berufsrecht Einschränkungen im Bereich der Werbung. HeilpraktikerInnen unterliegen Beschränkungen in der Werbung aufgrund der »Berufsordnung für HeilpraktikerInnen«, die Bestandteil der Satzung aller großen Heilpraktiker-Verbände ist. Dadurch kommt es manchmal zur – falschen – Annahme, dass alle freien Berufe einem Werbeverbot unterliegen. Dem ist nicht so! Für Lehrende und freie Beratende gibt es keine gesetzlichen Beschränkungen, was den Umfang der Werbung angeht.
Bei den oben genannten Berufen regeln nämlich die berufsständischen Vertretungen, zum Beispiel die Kammern, dass nicht oder nur in einem eng begrenzten Rahmen geworben werden darf. Für alle, die nicht unter das »Gesetz über die Werbung auf dem Gebiete des Heilwesens« fallen oder Beschränkungen durch berufsständische Vertretungen unterliegen, besteht Werbefreiheit.

Einzige Einschränkung: Die Vorschriften des »Gesetzes gegen unlauteren Wettbewerb«, UWG, und die oben genannten Vorschriften aus dem »Gesetz über die Werbung auf dem Gebiete des Heilwesens« müssen beachtet werden.

Es gilt also: »Tu' Gutes und sprich darüber ...!«

Werbung und eine spirituelle Lebenskunst oder Therapie sind für die einen so gegensätzlich und sich ausschließend wie der sprichwörtliche Teufel und das Weihwasser, für andere etwas, was »halt sein muss« und für wieder andere schlicht ein Buch mit den bekannten sieben Siegeln.
Hier geht es stattdessen in sechs Schritten weiter:

Erster Schritt:
Warum will ich, warum soll ich Werbung machen?
Meine Lehrer sagten mir in meiner Yoga-Lehrer-Ausbildung, dass sie Anzeigen schalten, damit »... die Menschen, die uns suchen, uns auch finden können ...«.
Es geht also zunächst um die eigene Motivation. Warum soll ich Werbung machen?

Wer bereits länger stets gefüllte Kurse oder das Problem langer Wartelisten hat, braucht sicher keine weitere Werbung zu betreiben. Das weitere Antreiben der Nachfrage, die bereits nicht mehr erfüllt werden kann, wäre eher konträr zum gewünschten Ergebnis. Wer jedoch gerade erst begonnen hat, umgezogen ist oder jetzt in eigenen Räumen unterrichten möchte, sollte sich zunächst die eigenen Beweggründe verdeutlichen.
Was will ich: Wissen und Anwendung einer Lebenskunst weitergeben, Menschen helfen, Geld verdienen, viele Kurse geben, spezielle Angebote bieten oder ...? Alle diese Motivationen sind in Ordnung! Allerdings sollte sich jetzt die Frage anschließen: Was wollen meine zukünftigen KursteilnehmerInnen?
Das führt uns direkt weiter –

Zweiter Schritt:
Werbung ist Information
Ja, ja, ich weiß, diese Aussage wird jeden Tag im Fernsehen und auf der Straße Lügen gestraft. Aber versuchen wir doch mal den Blick weg von den spektakulären Werbekampagnen zu lenken auf das, was die Firmen überhaupt motiviert »Werbung zu machen«.
Tatsächlich sollen doch vorrangig InteressentInnen am angebotenen Produkt darauf aufmerksam gemacht werden, dass es dieses spezielle Angebot der Firma XY gibt. Das fällt schwer zu glauben, wenn im Fernsehen der Spielfilm zu oft unterbrochen wird und wir wiederholt auf die Saugkraft von Windeln, Einlagen und Küchenrollen hingewiesen werden (im Winter zusätzlich Papiertaschentücher). Das Gefühl, dass diese Werbung überflüssig ist, liegt aber vor allem auch daran, dass wir, Sie und ich, keinen

Bedarf an diesen Produkten und damit einhergehend auch nicht an diesen »Informationen« haben. »Streuverlust« heißt das in der Fachsprache. Die ausgesandte Werbebotschaft erreicht nicht nur das interessierte Ohr oder Auge.
Daraus lernen wir: Werbe dort, wo deine InteressentInnen, wo diejenigen sind, die dich und dein Angebot suchen. Denn: Werbung ist auch Hilfe beim Finden!

Dritter Schritt:
Werbung ist wahr
Doch, doch, denn in der Tat lässt sich mit Lügen nichts verkaufen. Mit Übertreibung manchmal schon. Obwohl ich Menschen persönlich kenne, die sagen, dass die »Meister Proper«-Werbung lügt, weil sie selbst nie mit nur einem Wisch den alten Fettschmierfilm wegbekommen, so, wie es in der Werbung immer gezeigt wird.
Wir lernen also: Die beste Werbung ist wahr, übertreibt nicht und ist für möglichst viele verständlich (zumindest für die, die du ansprechen willst).

Vierter Schritt:
Werbung ist Kommunikation
Werbung ist Kommunikation, ist Austausch mit den Menschen, die unser Angebot suchen, es wünschen oder brauchen. Deshalb ist es für uns wichtig zu wissen, wo diese Menschen sind, wo sie sich aufhalten, was sie lesen, woher sie ihre Informationen beziehen. Das hat nichts mit Schnüffelei zu tun, sondern mit manchmal aufwändiger, manchmal einfacher Recherche. Eine gute Wahrnehmung und ein offener Blick in die Welt sind sehr hilfreich.

Ein Beispiel:
Wollen Sie nebenberuflich nach Feierabend pro Woche drei Kurse geben, so müssen Sie überlegen, wer zu Ihrer »Zielgruppe« gehört. So heißt das etwas nüchtern in der Fachsprache. Angebote für Kinder fallen schon mal raus, aber vielleicht solche für Schwangere, weil der Partner mitkommen kann (wenn der nicht die anderen Kinder hütet ...). Auf jeden Fall kommen alle in Frage, die abends abkömmlich sind, denen Fernsehen nicht so viel bedeutet, die etwas für sich tun wollen, die einen Ausgleich suchen ...

Wer ist abends in Ihrem Einzugsgebiet abkömmlich?
Es gibt sehr deutliche Unterschiede zwischen Stadt und Dorf, auch zwischen verschiedenen Regionen. Überlegen Sie für sich, fragen Sie mal Ihre Nachbarin, Kollegin, Freunde ...
Wer will abends »als Ausgleich« noch etwas für sich tun?
In der Regel »mittelschichtorientierte Bildungsbürger«. Das ist ein soziologischer Terminus und meint die Menschen, die laut Dr. Christian Fuchs' Erhebung (»Yoga in Deutschland«, Stuttgart 1990) am ehesten zum Beispiel in Yoga-Kursen zu finden sind.

Wir müssen uns fragen, wenn sie noch nicht in unserem Kurs sind, wo sind sie dann? Oder andersherum: Was machen diese Menschen sonst noch und was bewegt sie, zu einem Angebot wie Yoga, Kunsttherapie oder anderem zu gehen?

In aller Regel sind potentielle TeilnehmerInnen interessiert an Kultur, Gesundheit und gesunder Ernährung, an Bildung im weitesten Sinne. Sie suchen Wege zur Entspannung, Besinnung und körperlich-geistiger Fitness beziehungsweise (etwas diffuser) Wellness.

Wir können daraus ableiten: Wir treffen an Orten, wo Kultur, Gesundheit usw. angeboten werden, auch unsere Zielgruppe. Und: Hier kann unsere Zielgruppe uns und unser Angebot treffen!

Eine Fülle von Möglichkeiten: Ankündigungsblätter für kulturelle Veranstaltungen, Programme von Bildungseinrichtungen, Naturkostläden und Reformhäuser, Ernährungsberater, wohlmeinende Ärzte und Physiotherapeuten, Heilpraktikerinnen, Apotheken, Drogeriemärkte, Internetportale und und und. Können Sie keine Werbung schalten im Programm einer Bildungseinrichtung, so können Sie vielleicht dort einen Vortrag halten oder einen Kurs zur Einführung oder zum Kennenlernen anbieten. Auch Kurse zur Information über Beratungs- oder Therapieformen werden gerne angenommen und bereichern das Angebot von Volkshochschulen, Bildungszentren, aber auch von Gesundheitshäusern, Seniorenzentren und Begegnungsstätten.

Drogeriemärkte und Lebensmittelläden haben oft Infowände für Notizen »von Kunde zu Kunde«. Manche sind gepflegt und eignen sich gut für einen Hinweis auf das eigene Kurs- oder Beratungsangebot.

Kommunizieren Sie Ihr Beratungs-, Therapie- oder Kursangebot vor allem mit den Multiplikatoren am Ort. Das sind all die Menschen, die aufgrund ihres Berufes oder ihrer Tätigkeit um Hilfe gebeten werden. Also ÄrztInnen, HeilpraktikerInnen, Physio- und ErgotherapeutInnen, Logopäden und ApothekerInnen, Beratungsstellen und Krankenkassen, aber auch die öffentlichen Büchereien, der örtliche Pfarrer, Begegnungsstätten, Stadtteilzentren usw. Schreiben Sie diese Menschen an und informieren Sie über Ihr Angebot. Können Sie eine direkte Verbindung herstellen zwischen Ihrem Angebot und deren Tätigkeit? Umso besser – betonen Sie dies! Legen Sie einen Flyer bei über Ihr Angebot, mindestens eine Visitenkarte. Bieten Sie ein Gespräch an »zum gemeinsamen Austausch« und zum Kennenlernen.

Unterschätzen Sie das Interesse nicht, aber lassen Sie sich auch nicht entmutigen. Ich habe mein Angebot der Verhaltenstherapie unter anderem bei den zwei Neurologen am Ort vorstellen wollen. Beim einen wurde ich ohne Voranmeldung gleich zum »Herrn Doktor« hereingebeten, mit dem ich dann bei einer Tasse Kaffee eine hoch interessante Unterhaltung von fast einer halben Stunde hatte. Der schickte mir in den folgenden Jahren regelmäßig PatientInnen, denn sein Grundsatz war »wer heilt, hat Recht«. Beim anderen Neurologen bekam ich einen Termin zur Mittagszeit, nach den letzten PatientInnen. Nach längerem Warten wurde ich hereingebeten und mit der Frage begrüßt: »Nun, wo fehlt's denn?« Es war leider kein Missverständnis, denn er ließ mir unmissverständlich deutlich werden, wie wenig Ahnung ich überhaupt nur haben kann und dass es wohl besser wäre, wenn ganz bestimmte Ausbildungen nicht für »irgendwelche Leute« angeboten würden, die nicht vorher Medizin studiert haben. Das Gespräch war nach endlosen 15 Minuten endlich überstanden – und Leute hat er mir auch keine geschickt. Dies nur, um die Palette der möglichen Reaktionen zu zeigen. Bei Krankenkassen ging es mir ähnlich. Nach der ersten Irritation, was ich denn bei ihnen wolle, pochten die einen darauf, dass nur ärztliche Leistungen abgerechnet werden könnten und ich deshalb völlig umsonst gekommen sei. Andere wiederum zeigten sich interessiert an meinem Angebot und Beratungsansatz. So kamen dann ab und an auch von dieser Seite Menschen zu mir.

Sie müssen nicht nur mit vorheriger brieflicher Anmeldung das Gespräch suchen. Gehen Sie ruhig etwas forscher an die Sache heran nach dem Motto: »Ich war gerade hier in der Nähe ...«. Aber kommen Sie nicht mit leeren Händen, sondern bringen Sie etwas »zum Anfassen« mit. Ein Kugelschreiber oder ein »Spielzeug«, was in Verbindung zu Ihrem Angebot gebracht werden kann, ist ein guter »Eisbrecher« für den Gesprächseinstieg. Entsprechend meinem damaligen Logo (einer Pyramide) ließ ich mir auf Karton ein Schnittmuster drucken und auf jede Seite meine Angebote beziehungsweise die Adresse. Diese Vorlage schnitt ich aus und klebte sie zur Pyramide zusammen, die dann dreidimensional für mich Werbung machen konnte auf dem Schreibtisch oder an der Rezeption. Ein Arzt »beschwerte« sich einige Tage nach unserem persönlichen Gespräch telefonisch bei mir und meinte lachend, dass ich ihm durch meine (immerhin nur acht Zentimeter hohe) Pyramide nicht mehr aus dem Sinn ginge und er täglich mindestens zwei seiner PatientInnen von mir erzähle ...

Fünfter Schritt:
Werbung ist Präsenz, Offenheit und Meinung
Ein gutes Angebot, eine gute Leistung braucht sich nicht zu verstecken. Also zeigen Sie sich, sorgen Sie dafür, dass positiv über Sie gesprochen wird, zeigen Sie Präsenz bei Veranstaltungen, die Ihre Zielgruppe interessieren könnten (und Sie natürlich auch!). Öfter als Sie vielleicht meinen, wird man Ihnen gestatten, Ihre Programme oder Infos auszulegen. Manchmal ergibt sich in einem Gespräch die Möglichkeit, ein Programm oder wenigstens die Adresse (Visitenkarten immer dabei haben!) zu überreichen.
Natürlich können Sie nicht überall sein. Aber sorgen Sie dafür, dass Ihre Programme ausliegen. Vielleicht nehmen Freunde oder Bekannte welche mit zu Veranstaltungen, zu denen sie gehen.
Ein Kurs-, Therapie- oder Beratungsangebot ist auch ein Statement.
Manchmal müssen wir damit rechnen, dass die von uns praktizierte Lebenskunst sehr kritisch oder ablehnend betrachtet wird. Dies sollte Sie nie in Ihrer Persönlichkeit als Übender und Lehrende treffen. Unwissenheit oder ein verfälschtes Bild von Yoga, Meditation, Qigong, Therapie ..., das manche Menschen haben, kann durch gute Information oftmals ins

Gegenteil verkehrt werden. Es zahlt sich in jeder Hinsicht aus, Vorträge anzubieten und/oder Kurzseminare, zum Beispiel an Volkshochschulen über zwei oder drei Stunden. Meist kommen nicht nur Interessierte und Neugierige, sondern auch Skeptiker, die durch eine gelungene Präsentation schon manchmal ihre Meinung überdachten, während andere sich gleich zum nächsten Kurs anmelden wollen oder nach den Beratungszeiten fragen.

Sechster Schritt:
Werbung muss nicht teuer sein
Nicht die Kosten sollten bei einer Werbeaktion im Vordergrund stehen, sondern Überlegungen, die sich aus den Schritten eins bis fünf ableiten:
Ist das in Frage kommende Medium (Plakat, Zeitungs- oder Zeitschriftenanzeige, Radiospot, Internet, Broschüre etc.) geeignet, Ihre »Werbebotschaft« gut zu transportieren?
In einem kostenlos an alle Haushalte verteilten Anzeigenblatt werben Lidl und Aldi gerne, aber Interessierte an Lebenskünsten werden diese Blätter vielleicht eher nicht lesen. Eine Anzeige für Kurse in Tiefenentspannung neben dem Waschmaschinen-Reparaturdienst wirkt wohl eher deplaziert.
Wird das Medium von Ihrer Zielgruppe genutzt?
Können Sie Ihre Zielgruppe auf diesem Wege wirklich erreichen? Fragen Sie Ihre Bekannten, FreundInnen usw., was sie von diesem oder jenem Medium halten und ob beziehungsweise wie sie es nutzen.

Wenn Sie schon Kurse geben oder Therapie anbieten, sollten Sie immer nachfragen, wie die TeilnehmerInnen gerade auf Sie aufmerksam geworden sind. Fragen Sie in Ihren Kursen, welche Medien die TeilnehmerInnen beziehungsweise KlientInnen nutzen. Diese Informationen können sehr nützlich sein.

Zeitungsanzeigen?!

Allerdings bedeutet beispielsweise die Rückmeldung, dass fast alle die örtliche Tageszeitung lesen, noch nicht, dass sich dort eine Anzeigenschaltung lohnt! Denn vielfach werden die Anzeigenseiten nur überflogen, so dass eine kleine Anzeige untergeht. Außerdem haben Tageszeitungen relativ hohe Preise, die sich immer auf den Millimeter pro Spalte beziehen. Je nach Verbreitungsgebiet variieren die Preise zwischen 1,50 und 8 Euro oder mehr. Um einen halbwegs aussagekräftigen Text unterzubringen, werden 100 Millimeter einspaltig oder 50 Millimeter zweispaltig benötigt. Das kostet dann schnell mal 150 bis 600 Euro! Für diesen Preis steht dann die Anzeige zwar in jedem gedruckten Exemplar des Tages (womit die Verkäufer der Zeitung werben), aber auch tatsächlich nur an diesem Tag. Und Sie kennen ja den Satz: Nichts ist älter als die Zeitung von gestern ...
Haben Sie gute Gründe, die Zeitung als Werbemedium zu nutzen, dann wählen Sie ungewöhnliche Anzeigenformate.

Großen Erfolg hatte ich eine Weile mit einer Anzeige, die nur zehn Millimeter hoch war, dafür aber sechsspaltig über die gesamte Breite der Seite ging. Da diese Anzeige mit den anderen Anzeigen des Tages vom Setzer der Zeitung auf eine Seite gebracht werden musste, stand meine Anzeige oft ganz oben auf dem Blatt – manchmal aber auch »erdrückt« unter einer großen Möbelannonce ganz unten ...

Lokale Monatshefte und Broschüren

Monatshefte und Broschüren etc. sind manchmal recht günstig mit Preisen für Kleinanzeigen. Wenn das Blatt von der gewünschten Zielgruppe gelesen wird, stehen die Chancen gut, dass die Anzeige ebenfalls gelesen wird.

Mit einer vierzeiligen Kleinanzeige im so genannten Fließtext (einfache Schrift, erstes Wort fett), die mit unendlich vielen anderen auf sechs eng bedruckten Seiten stand, hatte ich den höchsten monatlichen Rücklauf – für damals gerade mal 50 Mark im Monat.
Warum? Dieses Blatt wurde fast ausschließlich von »Suchern« gelesen, die zwar die unterschiedlichsten Sachen suchten, aber doch zu meiner Zielgruppe gehörten. Dadurch war der Streuverlust relativ gering und der Rücklauf hoch.

Bessere Wirkung bei Print-Anzeigen und anderem Gedrucktem wie Flyer oder Plakate

Blättern Sie einfach mal irgendein beliebiges Print-Erzeugnis durch, egal ob Zeitung, Zeitschrift, Illustrierte oder Magazin. Auf welche Anzeigen reagieren Sie? Und welche nehmen Sie überhaupt wahr? Versuchen Sie herauszufinden, was diese Anzeigen von den anderen, den »nicht wahrgenommenen« unterscheidet.
Machen Sie sich diese Erkenntnisse für Ihre eigenen Anzeigen zunutze.
Beachten Sie grundsätzlich:
Jede Anzeige trifft zunächst bei den Lesenden auf »Filter«, auf »Sheriffs der Wahrnehmung«, die gnadenlos aussortieren, noch ehe das Bewusstsein reagiert hat. Das ist für unser Gehirn sehr wichtig. Und es ist für Werbetreibende die Herausforderung.

Die Filter sortieren nach den zwei Fragen:
Kenne ich das? Ist das interessant für mich?
Das heißt für den Text:
Schaffen Sie klare Aussagen.
Formulieren Sie verständliche Botschaften.
Kurze Sätze oder Schlagworte. Vorsicht bei Wortspielen.
Für die Anzeige heißt das:
Viel Platz lassen. »Viel Weißes drumherum«, denn in der Zeitung stehen nebenan noch die Anzeigen aller anderen.

Nur eindeutige Bilder, die gut zu erkennen sind, den Text nicht stören, sondern die Aufmerksamkeit anziehen.
Lieber ein treffendes Schlagwort als ein »Bildchen«, das eigentlich zu klein ist.

Wie gliedere ich einen Text?
Egal ob Folder, Flyer oder Blatt zur Selbstdarstellung (neudeutsch: »Image-Broschüre«), Sie sollten stets eine klare Gliederung haben. Denn dadurch bekommt der Text für Sie selbst beim Schreiben schnell eine Struktur, an der »entlang« Sie schreiben können. Aber auch die Lesenden, für die der Text schließlich gedacht ist, können kurze Sätze und Abschnitte, die klar gegliedert sind, leichter lesen, aufnehmen und verstehen.
Dieselbe Aussage noch mal in der Umsetzung des Inhaltes:
Leicht lesbarer Text – klar und verständlich aufzunehmen – positive Handlungsaufforderung an die Lesenden.

Zum Einstieg: der »Insight« oder den Lesenden abholen, wo er/sie ist
Mit dem »Insight« geht es los. Hier versuchen wir anzuknüpfen an den Alltag beziehungsweise den Erfahrungen unserer potentiellen Zielgruppe. Der »Insight« ist der »hinführende Einblick« in das Problem, in das Verfahren oder die Technik: »Sie kennen das Problem geschwollener Füße ...« »Vom vielen Sitzen ist der Rücken manchmal belastet.« »Sie wollten schon länger etwas für Ihre Fitness tun ...«
Formulieren Sie hier unbedingt positiv zukunftsorientiert. Also in die Richtung, in die der Lesende sich bewegen will, und nicht dahin, wo er derzeit steht. Ein negatives Beispiel: »Haben Sie auch genug von ständigen schmerzhaften morgendlichen Hustenattacken und gelben Zähnen durch zu viel Tabakrauch?«
Das ist zwar ein stimmiger »hinführender Einblick« in den Alltag von Vielrauchern, wird aber eher eine andere Reaktion auslösen, nämlich in der Art von: »Igitt – das kann man doch nicht lesen, das ist ja widerlich. Jetzt muss ich erst mal eine rauchen.«
Besser zukunftsorientiert und positiv formulieren mit Blick auf eine mögliche Zielsetzung: »Wollen Sie frei sein beim Luftholen? Frei vom Husten, frei von der Sucht?«

Positionierung der eigenen Tätigkeit
Beschreiben Sie im zweiten Schritt Ihre Position, Ihre Technik, Ihr Angebot.
Im oben genannten Beispiel: Theo Mayr hat ein mental-psychologisches Verfahren entwickelt zur dauerhaften Raucherentwöhnung ohne Entzugserscheinungen.

Benefits – die möglichen Vorteile
Es folgen der/die »Benefits«: der Nutzen, Vorteil oder Gewinn, der möglich ist, wenn man sich auf das Verfahren oder die Technik einlässt.
Beispiel: »Genießen Sie es, wieder tief und frei durchatmen zu können.

Zeigen Sie Ihr Lächeln mit weißen Zähnen und einem angenehmen Atem – auch ohne Kaugummi.
Fühlen Sie sich um Jahre jünger und bleiben Sie länger fit und gesund ...«

Reasons to believe
Zum Abschluss die »Reasons to believe«: also die »Gründe«, den gemachten Aussagen beziehungsweise Ankündigungen »zu glauben«. Die eigene Ausbildung, wissenschaftliche Erkenntnisse, Ergebnisse von Studien, aber auch jahrhundertealte Erfahrung (etwa bei Taijiquan und Yoga) gehören hierher.
Beispiel: Theo Mayr bewies durch mehrere klinische Studien an Rauchern den Erfolg seiner Methode ... und hat mittlerweile schon Tausenden von Raucherinnen und Rauchern in ganz Deutschland geholfen ... ist so überzeugt von den Erfolgen seiner Methode der Entwöhnung, dass Ihnen Theo Mayr verspricht: »Bei mir bekommen Sie eine Raucherentwöhnung mit Garantie«.

Zum Schluss formulieren Sie immer noch eine positive Handlungsaufforderung:
»Ich freue mich auf Ihre Rückmeldung per Telefon 01234-45 67 89-0«
»Füllen Sie angefügten Coupon aus und faxen ihn an mich« (wer hat zu Hause ein Faxgerät?)
»Schicken Sie eine Mail an info@theo-mayr-raucherentwöhnung.de.«
»Machen Sie heute den ersten Schritt weg von der Sucht und melden sich an auf www.theo-mayr-raucherentwöhnung.de.«
Diese Aufforderung einer Kontaktaufnahme sollte auf jedem Flyer beziehungsweise in jeder Anzeige enthalten sein. Je leichter der Weg zur Kontaktaufnahme mit Ihnen, umso eher wird er genutzt.

Besser mit Bild und Artikel in der Zeitung

Billiger als eine Anzeige und viel besser platziert sind Sie natürlich im redaktionellen Teil der Tageszeitung. Wenn man aber »mal eben« in der Redaktion der Tageszeitung anruft und dort fragt, ob die nicht mal was über einen schreiben wollen, weil man so klasse meditieren könne, dann kann es schon mal vorkommen, dass man schroff abgewiesen wird.
RedakteurInnen wollen nicht für Werbeartikel »missbraucht« werden. Und sie wollen über etwas schreiben, was für die Lesenden ihrer Zeitung interessant sein könnte. Bevor Sie also die Redaktionen stürmen, haben Sie sich überlegt, was für die Zeitung interessant sein könnte.

Wie eine Pressemitteilung abgefasst sein sollte, damit sie eine Chance bei der Redaktion hat, haben die KollegInnen der »Rhein-Neckar-Zeitung«, einer regionalen Tageszeitung, freundlicherweise ins Internet gestellt: http://www.rnz.de/kontakt/mailleitfaden.htm

LEITFADEN

Artikel über Yoga, Qigong und andere Techniken finden sich immer mal wieder in großen Publikumszeitschriften wie »petra« oder »brigitte«. Für den Lokalredakteur kann es interessant sein, aus direkter Quelle, nämlich von Ihnen, zu erfahren, was denn nun am Üben dran ist.
Haben Sie eine spezielle Zielgruppe wie Kinder, Schwangere, Ältere? Stellen Sie die Vorzüge und Möglichkeiten des Übens Ihrer Lebenskunst vor.
Bieten Sie der Redakteurin an, dass Sie ihr für Themen aus diesem Bereich der ganzheitlichen Gesundheitsvorsorge zur Verfügung stehen für Hintergrundinformationen. Gehen Sie nach dem Motto vor: Ich kann Dir – Du kannst mir etwas bieten, was uns beiden hilft. Die eine hat einen Artikel, der andere ist in der Zeitung ...

www.ich-bin-jetzt-auch-im-Internet.de

Noch nicht? Dann möchte ich Sie auffordern, wenn Sie mehr als nur drei Kurse im Jahr geben wollen, dass Sie sich eine Homepage anlegen. Das ist billiger als Sie denken, kostet monatlich deutlich weniger als jede Anzeige und steht InteressentInnen rund um die Uhr zur Verfügung.
Wenn Sie mit einem Provider wie T-Online oder AOL ins Internet gehen, so haben die Ihnen kostenlos schon einige Megabyte zur Verfügung gestellt für eine erste kleine Homepage. Dafür gibt es zwar nicht die klasse Domainbezeichnung wie www.Ihr-Name.de, sondern eher so was wie www.t-online.de/home/homepages/Ihr-Name.htm.
Wenn es ein »bisschen mehr« sein soll, so melden Sie Ihre eigene Domain an. Na, gut, »www.yoga.de« oder »www.therapie.de« sind schon vergeben, aber wie wäre es mit »www.schmitz-yoga.de« oder www.Shiatsu-Offenburg.de. Nicht so prickelnd? Macht nichts. Tüfteln Sie für sich etwas aus und klicken auf www.denic.de. Hier sitzen die Leute, die die Registrierung der Domains für Deutschland vornehmen. Auf deren Seite können Sie kostenlos prüfen, ob der von Ihnen ausgesuchte Domain-Name schon vergeben oder noch frei ist.
Ich möchte jetzt nicht erzählen, was alles in einer Website stehen kann oder sollte. Das würde hier den Rahmen sprengen. Überlegen Sie sich nur, ob Sie die Seiten selbst erstellen wollen oder das von jemandem machen lassen, der/die sich damit auskennt.
Wenn Sie technisches Verständnis haben und auch gut mit Ihrem Computer zurechtkommen, dann probieren Sie es doch einfach mal aus. Auf der Seite http://de.selfhtml.org finden Sie außerdem eine umfangreiche und nützliche Online-Dokumentation zur Erstellung von HTML-Seiten.
Wenn Sie die Seiten lieber von jemandem erstellen lassen, fragen Sie mal im Freundes- und Bekanntenkreis herum. Meist gibt es irgendwo jemanden, der/die so etwas richtig gerne macht (und für den Spaß auch nicht viel Geld will). Aber bedenken Sie, dass ein laienhafter Web-Auftritt auch mit Ihrer sonstigen Arbeit gleichgestellt werden kann! Da Sie professionell arbeiten, sollte das auch durch Ihre Website vermittelt werden. Und dafür beauftragen Sie am besten Profis des Webdesigns. Die finden Sie unter anderem im Telefonbuch, durch Empfehlung oder im Internet.

Jede Website muss ein eigenes Impressum haben.
Das »Gesetz über die Nutzung von Telediensten« (Teledienste-Gesetz, TDG) vom Juli 1997, zuletzt geändert im Dezember 2001, regelt die Nutzung von elektronischen Nachrichten- und Kommunikationsdiensten und schreibt im Paragraph 6 vor, dass »... Diensteanbieter für geschäftsmäßige Teledienste mindestens folgende Informationen leicht erkennbar, unmittelbar erreichbar und ständig verfügbar zu halten haben ...«. Es folgt eine Aufzählung der Informationen, die sich nicht nur auf Ansprechpartner und Adresse etc. beschränken. Sie finden den genauen Wortlaut dieses Paragraphen 6 des TDG im Anhang dieses Heftes auf Seite 163 f.

Achten Sie unbedingt auf die korrekte Angabe aller zu leistenden Informationen, mir sind bereits mehrere Abmahnfälle bekannt. Unter anderem strengte bereits ein Heilpraktiker mit Hilfe seines Anwaltes »flächendeckend« Abmahnverfahren an aufgrund von angeblich mangelhaften Impressi auf Websites von GesundheitsberaterInnen, HeilpraktikerInnen und SeminarköchInnen.

Guerrilla- und Selbst-Marketing

Gerne wird von »Werbegegnern« gesagt, dass das Wichtigste guter Unterricht sei und dann die Leute von allein diese Kunde nach draußen trügen und so durch »Mund-zu-Mund-Propaganda« bald alle wüssten, welch' guten Unterricht man macht. Das ist im Prinzip richtig, nur mancher hat schon lange seinen Betrieb wieder schließen müssen, weil zu wenig Leute kamen, während die gute Kunde noch immer von Mund zu Mund ging, nur leider zu langsam ...

Wenn Marketing also alles ist, was jemand tut, um sein beziehungsweise ihr Geschäft zu fördern, dann wird deutlich, dass es sich dabei um einen hochkomplexen Prozess handelt. Die Marketing-Bücher sind Legion, die der Buchhandel für uns bereit hält. Allerdings geht es dort immer um Strategien und Kampagnen, die ein Marketing-Budget erfordern, von dem wir um circa sechs Stellen vor dem Komma entfernt sind. Es muss also anders gehen:

Empfehlung 1: Guerilla-Marketing

Das erinnert an Actionfilme? Es meint aber etwas anderes. »Guerilla« will durchdringen, will mit einfachen Mitteln und geringem Aufwand viel erreichen, will Ideen in die Köpfe der Menschen bringen. Jay C. Levinson beschreibt Guerilla-Marketing als »... kreative Möglichkeiten, Ziele konventioneller Werbestrategien auf Abkürzungen zu erreichen«. Eben guerillamäßig.

Ein paar Tipps aus dem Guerilla-Marketing habe ich schon weiter oben vorgestellt, hier sollen weitere folgen:

Ihr Name & Ihr Angebot
Verknüpfen Sie Ihren eigenen Namen mit Ihrer Dienstleistung. Erfinden Sie

LEITFADEN

keine »Phantasie-Namen«, sondern schaffen Sie es mit Ihrer Dienstleistung assoziiert zu werden.

Ich hatte einen meiner Meinung nach gelungenen Namen samt Logo für meine Yoga-Schule entwickelt (»Sein«, geschrieben rund um eine Sonne, in die noch ein Halbmond integriert war). Damit startete ich eine Anzeigen- und Flyerkampagne. Nach ein paar Tagen traf ich eine Freundin, die meinte, dass es jetzt wohl schwer würde für mich, weil da jetzt »so eine neue Yoga-Schule« am Markt sei, die hieße übrigens »Sein« ... Tja, da hatte ich wohl keinen Treffer gelandet.
Also: Lieber »Tai Chi Schmidt« als irgendein Name, den sich in Deutschland niemand merken kann oder der nicht mit Ihnen assoziiert wird.

Wiederholung
Alles, was Sie tun, um die Suchenden zu sich zu führen, müssen Sie siebenmal tun. Nein, nein, wir sind nicht in einem Märchen gelandet. Die Psychologie der Wahrnehmung hat es uns verraten. Selbst flüchtige Informationen, die wir scheinbar nur am Rande bemerken, bleiben dann »hängen«, wenn sie oft genug, eben circa siebenmal wiederholt wurden.
Beginnen Sie mit den Wiederholungen auf Ihrem Flyer: Oben als erstes: Ihr Name und Ihre Dienstleistung, in der Mitte noch einmal, ganz unten: noch einmal!

Farbe
Wählen Sie eine Farbe, die Sie bei allem benutzen, was Sie herausgeben, egal ob Broschüre, Flyer, Brief oder Visitenkarte. Es muss nicht unbedingt ein blaues, gelbes oder violettes Papier sein. Es reicht schon ein farbiger Balken, immer an der gleichen Stelle oben rechts (oder unten links, wenn Sie es wollen).
Haben Sie farbig gestrichene Wände in Ihrem Büro, Ihrer Praxis oder Schule? Dann suchen Sie diese Farbe auch als Druckfarbe für Ihre Prospekte usw.

Logo
Wir Menschen können Farben und Bilder schneller aufnehmen und geistig verarbeiten als Worte und Textinformationen. Warum das so ist, ist zwar auch sehr spannend, führt jetzt aber zu weit. Wir nehmen das einfach als gegeben hin und Sie versuchen, ein ganz einfaches Symbol zu finden, für das, was Sie tun. Bitte keine filigranen Zeichnungen von asiatischen Reispapiervorlagen. Das erkennt hier bei uns niemand. Und was der Mensch nicht wahrnimmt oder erkennt, das merkt er und sie sich nicht.
Also: ein einfaches Symbol, schwarz auf weiß, dazu eine Farbe, dazu Ihr Name und Ihre Dienstleistung – fertig!
Fertig? Ja! Das reicht für Briefbögen, Visitenkarten, für kleine Plakate im A3-Format (das ist prima für ein Schaufenster) und für den ersten Internet-Auftritt.
Wichtig ist die Wiederholung. Die Leute müssen das jetzt so oft wie möglich sehen.

Werbemittel
Flyer und Plakate können Sie in jedem Format drucken lassen oder mit einem entsprechenden Drucker vom PC aus für kleine Auflagen selbst erstellen. Für den Start reicht das erst mal.
Erstellen und kopieren Sie postkartengroße Flyer und verteilen die in allen Läden rund um Ihre Praxis oder Ihre Schule. Zusätzlich kleben Sie die Zettel an jedem Fußgängerüberweg noch an die Laternenmasten (nur mit Klebefilm! Sonst strickt daraus jemand den Tatbestand der Sachbeschädigung ...). Solche Zettel lassen sich auch gut unter die Scheibenwischer von Autos hängen ... Lassen Sie die Flyer überall dort liegen, wo Sie gerade sind: im Bus, an der Haltestelle, im Café, an der Tankstelle, im Supermarkt, im Wartezimmer usw.

Auto und Gebäude
Sie haben ein Auto? In die hinteren Seitenscheiben können Sie je einen Flyer kleben, auf die Hutablage legen Sie gleich mehrere ... Natürlich können Sie Ihr Auto auch professionell mit (großflächigen) Folienaufklebern versehen. Je nach Anzahl der Farben kostet eine wagentürgroße Folie etwa 60 bis 80 Euro.
Hängen Sie Ihre Plakate auch in Ihren Räumen auf. Wenn Sie Fenster zur Straße haben, machen Sie auch dort Werbung.

Bei Werbung, die Sie außen an der Hauswand anbringen, müssen Sie unbedingt vorher das Einverständnis des Vermieters einholen. Dazu gehört auch das Anbringen eines schlichten Praxisschildes. Bei beleuchteten und/oder sehr großen Werbetafeln müssen Sie eventuell zusätzlich eine behördliche Genehmigung einholen. Informationen dazu bekommen Sie in Ihrem zuständigen Rathaus oder Bürgeramt.

Können Sie nur stundenweise gemietete Räume nutzen, so hängen Sie an die Tür zum Raum und als Wegweiser im Gebäude jedes Mal Ihre Flyer auf oder Hinweiszettel mit Ihrem vergrößerten Logo darauf!

Ihre Visitenkarte
Die hat mehr drauf als nur Name, Anschrift, Telefon und Mail-Adresse. Natürlich wieder Logo und Farbe, aber nutzen Sie auch die Rückseite. Da ist genügend Platz, um etwas über Ihre Therapie oder Lebenskunst oder Ihren besonderen Stil zu schreiben.

Dekoration Ihrer Räume
Sie geben mit der Dekoration Ihrer Praxis, Ihrer Schule einen Ausdruck Ihrer selbst. Ist dieser Ausdruck eindeutig und positiv? Finden sich Logo und Farbe wieder? Sind die Räume freundlich und hell?

Kleidung
Auch die Kleidung, die Sie zur Arbeit beziehungsweise zum Kurs tragen, ist Teil dessen, was Ihr »Image« – das Bild von Ihnen, das sich andere machen

– bestimmt. Sauber, ordentlich und zweckmäßig, auf jeden Fall in einem Stil, der zu Ihnen passt. Lassen Sie sich wohlwollend kritisch beraten von FreundInnen oder Bekannten. Aber: Zur Meditation muss es nicht von Gucci sein.

Pünktlichkeit, Verbindlichkeit, Verlässlichkeit
– sind eigentlich selbstverständlich und machen gerade deshalb sehr viel aus in Ihrem Guerilla-Marketing-Mix.

Telefon und Anrufbeantworter
Melden Sie sich klar und deutlich, freundlich und interessiert? Gut. Beenden Sie das Gespräch mit einer persönlichen Grußformel, denn die letzten Worte bleiben besonders im Gedächtnis haften!
Sind Sie nicht selbst anwesend, lassen Sie einen Anrufbeantworter laufen. Bedenken Sie, dass es noch immer für viele nicht selbstverständlich ist, auf ein Band zu sprechen. Manche haben regelrecht Hemmungen. Sprechen Sie selbst deshalb den Ansagetext locker auf. Stellen Sie sich vor, dass Sie im Moment der Aufnahme mit einem echten Menschen am Telefon sprechen. Formulieren Sie eine freundliche Aufforderung für den Anrufenden, dass er/sie eine Nachricht für Sie aufspricht. Vermeiden Sie behördenmäßige Aufforderungen.
Sprechen Sie alle paar Wochen einen neuen Text auf, der sich vom bisherigen nur geringfügig unterscheiden muss. Das erhöht die Aufmerksamkeit und die Redebereitschaft. Versprechen Sie einen umgehenden Rückruf. Und: Rufen Sie tatsächlich so schnell es geht zurück.

Service ist alles!
Egal, was Sie anbieten: Service für die Kunden ist eine der wichtigsten Marketing-Maßnahmen! Was das konkret für Ihre Dienstleistung bedeuten kann, müssen Sie für sich abschätzen. Aber gerade der »kleine Zusatznutzen«, die zusätzliche Minute Zeit zum Zuhören, das kann den Unterschied ausmachen.

Bei Yoga-Kursen habe ich lange Jahre den Teilnehmenden Blätter mit Informationen zu den Haltungen mitgegeben. Das erleichterte gerade den AnfängerInnen das Üben zu Hause. Es war schnell ein Markenzeichen für »Unterricht bei Bannenberg«, das sich herumsprach.

Adressen, Kundenpflege
Vom Beginn Ihrer selbstständigen Tätigkeit an sollten Sie eine Kundendatei führen. Darin nehmen Sie alle auf, die sich je für Ihre Angebote interessiert oder daran teilgenommen haben. Haben Sie noch keine solche Datei, so starten Sie damit bitte gleich morgen.
Neben Postadresse, Telefonnummer und Mailadresse notieren Sie die jeweils besuchten Kurse und alles andere, was Ihnen wichtig erscheint. So können Sie später ganz leicht Ihre KundInnen anschreiben, auf neue Aktivitäten zielgenau hinweisen und Ihren Teilnehmenden regelmäßig

Informationen zukommen lassen. Sie können einzelne Gruppen selektieren und so zum Beispiel Ihr Programm an Interessierte mit einem anderen Anschreiben versehen als das, was Sie an Ihre langjährigen Teilnehmenden verschicken.

In meinem Kursgeschäft mit manchmal bis zu 200 Teilnehmenden in der Woche galt es nach einiger Zeit als »Privileg«, das Programm von mir nicht im Kurs zu erhalten, sondern mit der Post zugeschickt zu bekommen. Ich habe keine Ahnung, wie das entstanden ist, aber plötzlich wollten alle anderen auch in meinen Adressverteiler, damit sie das neue Programm »auch ganz sicher erhalten«. So hatte ich nach relativ kurzer Zeit eine große Kundendatei, die ich für Einladungen zu besonderen Veranstaltungen, für Aktionen und natürlich den Programmversand nutzen konnte.
Die Adressdatei ist der »Goldschatz« jeder selbstständigen Tätigkeit.

Tag der offenen Tür
Größere Sonderaktionen funktionieren immer bestens bei Kauf- und Möbelhäusern, bei Industrieunternehmen und beim Kindergarten. Warum nicht immer so gut bei Ihnen? Weil der Kuchen fehlt? Nein, zumindest nicht nur deshalb.
Ein Tag der offenen Tür oder eine Sonderaktion wie die »Woche des Hatha-Yoga«, die ich Ende der 80er Jahre in einer Kleinstadt im Schwarzwald initiiert habe, brauchen eine gewisse Anzahl interessierter Menschen, günstige Termine, am Tag selber leichten Regen (bei Sonnenschein sind alle im Schwimmbad oder auf Radtour, bei Schnee und starkem Regen daheim), Neugier erzeugende Aktionen, den obligatorischen Kaffee, Tee, Kuchen und verschiedene Ingredienzien, die man nie so genau benennen kann.

So kamen bei meiner »Yoga-Woche« zu den Schnupperkursen, kostenfrei und zu günstigen Zeiten, tatsächlich zwei Leute (bei fünf angebotenen Kursen)! Bei der Lesung meiner Lehrer, die philosophische Texte vortrugen, von denen am Ort noch nie jemand etwas gehört hatte, kamen aber abends über dreißig Leute! Das war für mich ein großer Erfolg.
Am gleichen Ort versuchte es ein paar Jahre später ein Kindertheater ebenfalls mit einem Tag der offenen Tür – und der war ein voller Erfolg! Alle Schnuppertermine voll, Kaffee wurde literweise konsumiert und weit über hundert Leuten marschierten an einem sonnigen (!) Samstag durch die Räume.

Manchmal steckt man einfach nicht drin ...
Sonderaktionen und Veranstaltungen erfordern viel Organisation und Zeit. Das können Sie sich mit anderen doch gut teilen, deshalb:

Kooperationen
Tun Sie sich mit anderen zusammen für besondere Aktionen wie einen Tag der offenen Tür oder machen Sie mal etwas ganz anderes.

Mit einer Buchhandlung zusammen veranstaltete ich mit meiner Yoga-Schule eine Fastenwoche im März. Wir konnten uns die Werbekosten teilen und sprachen gleichzeitig zusammen mehr Leute an als es uns jeweils einzeln möglich gewesen wäre. Beide konnten wir auf unsere sonstigen Angebote hinweisen. Die Räume in einem Pfarrheim standen uns kostenlos zur Verfügung, weil die Buchhandlung dort schon mehrfach Büchertische organisiert hatte. Später veranstalteten wir gemeinsame Lesungen, Kreativ-Workshops und einiges mehr.
Wer bietet in Ihrer Richtung passend anderes oder Ähnliches an? Gibt es einen aufgeschlossenen Künstler, Buchhändler, Musiker usw.?

Netzwerke
Natürlich wird alles etwas einfacher, wenn man erst die »richtigen Leute« kennt. Über den Austausch hinaus können so auch ganz neue Projekte entstehen. Benachbarte Berufe könnten zusammenarbeiten, zum Beispiel ÄrztInnen, Fitness-Studios, Kosmetikerinnen, MasseurInnen, Shiatsu-TherapeutInnen, Hebammen, Kunst- und MusiktherapeutInnen, Körperkünste wie Yoga, Qigong und so weiter.

Schwieriger ist es zu erfahren, wo denn bitte schön »diese Leute« sich aufhalten und treffen. Gibt es an Ihrem Ort auch schon einen »GründerInnen-Stammtisch«, ein Treffen so genannter »Business-Angels«, einen Arbeitskreis Lebenskunst oder eine Gruppe für ganzheitliche Therapie?
Wenn Sie selbst nichts finden – dann fangen Sie doch an ein Netz zu knüpfen! Die Information zum ersten Treffen können Sie mit einer Pressemitteilung an die Redaktionen der örtlichen Presse weitergeben. Laden Sie jemanden aus der Redaktion ein, über diese Veranstaltung zu berichten, und sorgen Sie so für weitere Publicity. Wenn genügend Menschen erfahren haben, dass es ein solches Netz geben soll, werden die Richtigen schon kommen. Vielleicht hilft auch das nächste »Amt für Wirtschaftsförderung« im Rathaus beziehungsweise der Kreisverwaltung mit Tipps und AnsprechpartnerInnen weiter.

Gucken Sie über Ihren Tellerrand!
Suchen Sie den Austausch und das Gespräch mit Selbstständigen aus ganz anderen Branchen. Manche Probleme sind nämlich sehr ähnlich – alle klagen zum Beispiel über die Steuergesetze. Für anderes gibt es vielleicht schon eine Lösung, an die wir noch gar nicht gedacht haben.
Solche Treffen bringen nicht unbedingt den geschäftlichen Durchbruch, aber: Sie bringen sich ins Gespräch! Und: Wo Selbstständige unterschiedlicher Branchen zusammentreffen, gibt es immer gute Kontakte.

Betrachten Sie alle Ihre Angebote, Ihre Werbung, Ihre Räume aus der Sicht Ihrer zukünftigen Kundschaft. Beobachten Sie sich selbst, wenn Sie Dienstleistungen in Anspruch nehmen, egal ob beim Arzt, beim Bäcker oder in einem Kurs. Auf was reagieren Sie wohlwollend, was empfinden Sie als angenehm und zuvorkommend? Was stört, was ärgert Sie?

Und dann: Wie könnten Sie es besser machen?
Vergessen Sie nie, dass alles den Weg des geringsten Widerstandes gehen will. Deshalb sollte Ihr Marketing die »Bequemlichkeit« des Menschen beachten. Kommen Sie Ihren KundInnen entgegen, indem Sie leicht zu finden und gut erreichbar sind (persönlich, am Telefon, im Internet), Ihre Dienstleistung(en) einfach anzufordern und zu bezahlen sind. Tun Sie alles, was möglich ist, um das Geschäft mit Ihnen einfach zu gestalten.

Empfehlung 2: Selbst-Marketing

Selbst-Marketing oder »Personen-Marketing« meint eigentlich nichts anderes, als sich selbst bei den Menschen vorzustellen, die interessiert sein könnten. Diese Vorstellung sollte so geschehen, wie Menschen gerne angesprochen werden wollen: persönlich, wertschätzend, authentisch.
Mit der menschlichen, der persönlichen Ansprache ist eben auch das gemeint, was uns mittlerweile bei so vielen Werbeeinlagen abgeht: Respekt und Toleranz, eine gewisse Zurückhaltung, die sich aber nicht versteckt.
Schreiben Sie Ihre Flyer und Briefe so, wie Sie auch an einen Bekannten schreiben würden. Drängen Sie sich nicht auf und vermeiden Sie Superlative. Zeigen Sie den Interessierten die Vorteile Ihrer Beratung beziehungsweise Lebenskunst. Gelingt Ihnen die persönliche Ansprache, wird die Antwort nicht lange auf sich warten lassen.
Eigenlob stinkt nicht mehr. Denn wenn Sie selbst sich nicht loben können, warum sollten es andere tun? Und wenn Sie gelobt werden, dann bitte keine falsche Bescheidenheit! Freuen Sie sich und zeigen Sie, dass Sie dieses Lob tatsächlich auch verdient haben. Also nicht im Stil von »ach, das war ja nicht der Rede wert« oder »das ist doch selbstverständlich«, sondern eher ein »Danke, das habe ich gerne gemacht, freut mich, das Sie es bemerkt haben«.
Es kann Spaß machen, für sich bei anderen zu werben.
Aber die Werbung ist nicht das Wichtigste. Das ist die Qualität des eigentlichen Angebotes, also des Unterrichts, der Therapie oder der Beratung.

Zum Schluss:
Bei allen Strategien und Handlungen sollten Sie gewahr sein, mit welcher Zielsetzung Sie dies tun.
Bewusst-Sein im Alltag.
Die Zielsetzung adelt oder tadelt die Mittel.

Kursorganisation

Grundsätzliches zum Kursangebot:

Viele KollegInnen fragen sich, wie sie selbstorganisierte Kurse gegen die – meist preisliche – Konkurrenz der Volkshochschule oder anderer gemeinnütziger Anbieter durchsetzen können. Das ist eine Überlegung, die ich gerne überspitzen möchte dahin, dass sich der Bäcker um die Ecke nicht mit dem Brötchen- und Brotangebot beim »aldi« messen sollte. Natürlich erhält man hier für wenig Geld Backwaren, aber ebenso deutlich ist der qualitative Unterschied beim Bäcker, der wiederum einen anderen Preis dafür verlangt (verlangen muss). Dies als Beispiel.

Was damit gesagt werden soll: Bitte nicht in Konkurrenz treten mit Anbietern wie einer VHS und anderen. Diese haben zum Teil einen Bildungsauftrag zu erfüllen, der subventioniert wird. Diese finanzielle Unterstützung fehlt uns als selbstständigen KursanbieterInnen. Gleichzeitig ist aber auch klar, dass sich nur mit VHS-Kursen keine eigene Existenz aufbauen lässt.

Konsequenz: Das eine tun und das andere nicht lassen.

Wie das gehen soll?
Die Volkshochschulen verbreiten ihr Programmheft oft sehr breit gestreut und in hoher Auflage. Zusätzlich wird in den Tageszeitungen an prominenter Stelle darauf hingewiesen. Bieten wir bei der VHS Kurse an, so können wir von dieser Werbung profitieren. Menschen lernen nicht nur die von Ihnen angebotene Technik beziehungsweise Lebenskunst kennen, sie lernen auch Sie als LehrendeN kennen.

Ich bezeichne VHS-Kurse leicht überspitzt als »bezahlte Werbung«. Wir können relativ vielen Leuten zeigen, dass wir einen guten Unterricht bieten, brauchen uns um die Organisation der Kurse wenig bis gar nicht zu kümmern und haben bei Überschreiten der Mindestteilnehmerzahl ein garantiertes Honorar, unabhängig von der tatsächlichen Anzahl an TeilnehmerInnen. Soweit – so gut.

Bieten Sie jetzt aber gleichzeitig, womöglich am gleichen Ort, einen selbst organisierten Kurs an, so haben Sie selbst die Kosten für Raummiete, Werbung, Organisation, Ausstellen von Quittungen usw. zu tragen. Das verursacht Kosten und Zeit, die notwendigerweise durch den Kursbeitrag wieder hereinkommen sollen. Fast immer wird auf diesem Wege der VHS-Beitrag wesentlich niedriger sein.

Machen Sie sich nicht selbst Konkurrenz!

Nutzen Sie doch die Voraussetzungen, die Volkshochschulen und ähnliche Institutionen bieten, um Ihre Lebenskunst – und sich selbst – bekannt zu machen. Bieten Sie zum Beispiel Anfängerkurse nur bei der VHS an und organisieren Sie alle weiterführenden Kurse für Fortgeschrittene oder zu speziellen Themen nur selbst. Bieten Sie diese konsequent in eigenen oder selbst angemieteten Räumen an.

Durch den unterschiedlichen Kursinhalt wird der qualitative Unterschied per se deutlich (s. o.: »aldi« und der Bäcker), was auch einen Unterschied im Preis erklärt.

»Anfängerkurse« wenden sich an Menschen, die noch nicht genau wissen, was sie wollen oder ob sie diese Übungsweise weiterverfolgen wollen. »Fortgeschrittene« haben sich entschieden, haben sich »auf den Weg« gemacht und wünschen oftmals jahrelange Begleitung durch entsprechende Angebote. Diese lange laufenden Angebote für Fortgeschrittene sollten Sie in eigener Organisation anbieten.

Immer mal wieder weisen Sie auch in Ihren VHS-Kursen darauf hin und geben Ihre Flyer dort weiter. So kommen regelmäßig neue TeilnehmerInnen zu Ihren weiterführenden Kursen, die Sie kontinuierlich ausbauen können – zu einem Kurs- oder Schulsystem, das Ihnen Freude machen und Erfüllung bringen kann und Ihren TeilnehmerInnen Hilfe ist auf dem Weg.

Ungewöhnliche Kurskonzepte und: Wie kommen die Menschen in meine Kurse?!

Manche fragen sich, wie Neugierige oder potentiell Interessierte für einen Kursbesuch zu gewinnen sind. Bereits weiter oben habe ich auf die Möglichkeit von Vorträgen hingewiesen. Hier ist die Hemmschwelle zu kommen für Besucher sehr gering. Die anonyme Gruppe, zudem auf Stühlen sitzend, bietet Schutz. Respektieren Sie dies und versuchen Sie bei Ihrem Vortrag möglichst alle anzusprechen. Bringen Sie viele Beispiele aus Ihrer Erfahrung und lockern Sie den Vortrag auf mit praktischen Übungen, die garantiert jedeR machen kann. Lassen Sie die Wirkung Ihrer Methode erspüren, vermitteln Sie ein sinnliches Erlebnis. Sie werden Ihre ZuhörerInnen bewegen ... im besten Fall in Ihren nächsten Kurs.
Niemand möchte aber eine langfristige Bindung eingehen, wenn noch nicht ganz sicher ist, ob »das« denn nun das Richtige sei. Senken Sie auch hier die so genannte »Schwelle«, die mögliche Interessierte abhalten könnte sich anzumelden oder überhaupt erst mal in einen Kurs zu kommen.

Möglichkeit 1: Erste Stunde kostenlos
Die erste Stunde eines Kurses ist frei. Gleichzeitig ist der Besuch dieser Stunde unverbindlich. So können sich Interessierte einen eigenen Eindruck verschaffen ohne vorab gleich eine Verpflichtung einzugehen. Klare Regelung aber auch von unserer Seite: Nach dieser ersten Stunde muss sich entschieden werden, ob oder nicht, das heißt, ab der zweiten Stunde ist der Kursbeitrag fällig (kann natürlich später bezahlt werden, ist aber fällig, muss also beglichen werden).

Möglichkeit 2: »Drei für zwei«
Dies ist ein bekanntes Angebot aus ganz anderen Bereichen (»... beim Kauf von zwei Paar Socken bekommen Sie ein drittes gratis dazu«), was auch die Schwelle senken kann. Vor allem, wenn das Preisargument angeführt wird (»... ich würde ja gern mal kommen, aber ich weiß noch nicht, ob Yoga gut für mich ist, und dann ist es zum Ausprobieren auch ein bisschen teuer ...«). Ist auch eine mögliche Ergänzung der ersten Möglichkeit.

Möglichkeit 3: Kurze Kurse
»Kurze« Kurse können beispielsweise fünf Einheiten als klassische »Schnupperangebote« oder zu besonderen Zeiten sein – Yoga in den

Osterferien, Meditation im Advent, Qigong für Daheimgebliebene in den Sommerferien ... Kurze Kurse senken die Hemmschwelle, lassen sich leicht einplanen und andere Freizeitaktivitäten können von den TeilnehmerInnen für solch eine überschaubare Zeit auch mal verschoben werden.

Kontinuität fördern

Eine grundsätzliche Überlegung zur Kursgestaltung möchte ich anschließen. Kennen Sie auch diese Unsicherheit gegen Kursende, wenn sich noch nicht genügend für den nächsten Kurs angemeldet haben? Wie kann ich den TeilnehmerInnen nahe bringen, dass sie sich (früher) anmelden?
Zunächst: Bieten Sie den jetzigen TeilnehmerInnen einen Vorteil. »Ihr seid schon bei mir in einem Kurs, deshalb könnt ihr euch vor allen anderen entscheiden, in welchem Kurs ihr weitermachen wollt. Danach wird der Kurs öffentlich ausgeschrieben ...« »Wer sich frühzeitig anmeldet, erhält einen Preisbonus«. »Wer noch jemanden kennt mit Interesse und dieseN mitbringt, erhält einen Nachlass auf die Kursgebühr.«

Dauer der Kurse

Vielleicht ändern Sie aber auch grundsätzlich die Länge Ihrer Kurse. Der Autor tat dies irgendwann aus einer Not heraus, beobachtete die Folgen und fand Folgendes heraus: »Runde« Kurszahlen machen quasi »satt«.
Vom Verständnis her ist ein Kurs über acht oder zehn oder zwölf Abende »fertig«. »Fertig« im Sinne von abgeschlossen, erledigt, geschafft, »das brauche ich jetzt erst mal nicht mehr zu machen« usw. Die acht ist vollkommen, die zehn ist die Einheit unseres Zahlensystems und die zwölf ist das »volle Dutzend«.
Probieren Sie doch mal »appetitanregende« Kurslängen. Bieten Sie Kurse an über fünf, sieben oder neun Abende. Lassen Sie sich überraschen und vergleichen Sie.
Weiterer Effekt: Durch kürzere Kurse bieten Sie so genannten Quereinsteigern eine Chance. Andere kommen vielleicht eher, weil sie ihre Termine nicht so langfristig verplanen können (s. o.).

Kurs im Quartal

Noch ein Kurskonzept, das langsam anlief, sich dann aber sehr gut etablierte: »Yoga im Quartal«. Ich arbeitete aufgrund meiner damaligen TeilnehmerInnenstruktur stets im Kurssystem. Dadurch entstanden aber immer wieder kursfreie Zeiten. Das war in der Zeit nebenberuflich betriebener Unterrichtstätigkeit recht angenehm. Mit eigenen Räumen und dadurch bedingt fortlaufenden Ausgaben für Miete usw. ergab sich jedoch die Notwendigkeit zur »Auslastung«. Bald war die Idee geboren, ein Kursangebot zu entwickeln, das die sonst kursfreie Zeit füllen könnte, um die Räume zu belegen und gleichzeitig vielleicht noch andere interessierte Gruppen ansprechen zu können. So entstand das Angebot »Yoga im Quartal«.

Eine feste Gruppe erhält (bevorzugt in kursfreier Zeit) drei bis fünf Abende, beispielsweise viermal dienstags, Unterricht. Es erwies sich als sinnvoll, diese Einheiten jeweils unter ein Thema zu stellen wie Schultern und Rücken, Atem und Bewegung, Stand etc. Nach dieser Einheit von drei bis fünf Abenden pausierte die Gruppe im Direktunterricht, um zu Hause für sich weiterzuüben. Zwei bis drei Monate später begann die nächste Einheit für drei bis fünf Kursabende. Jetzt wurde zunächst die letzte Einheit wiederholt, vertieft und dann zum nächsten Thema übergeleitet. Dann folgten wieder zwei bis vier Monate Pause im direkten Unterricht usw. Über das Jahr ergab sich so eine Folge von direktem Unterricht etwa alle drei Monate, also einmal je Quartal. Deshalb der Titel.

Da diese Kursform anfangs völlig neu und auch ungewöhnlich war, kamen die ersten Anmeldungen recht schleppend. Bald zeigte sich aber ein ganz anderer Aspekt bei den Übenden. Aufgrund der Sicherheit, dass nach den ersten vier Abenden und der folgenden kursfreien Zeit wieder eine Einheit mit Direktunterricht für drei bis fünf Abende folgen würde, war die Motivation, allein daheim weiterzuüben enorm hoch! Die TeilnehmerInnen meldeten durchgängig zurück, dass sie fast problemlos die gesamte kursfreie Zeit geübt hätten. Schon nach einem halben Jahr fühlten sich fast alle so sicher und wohl im regelmäßigen Üben, dass sie angaben, auf das tägliche Üben nicht mehr verzichten zu können!

Aufgrund von kontinuierlichen Hinweisen auf dieses »etwas andere Yoga-Angebot« und weil es ganz bestimmten Berufsgruppen sehr entgegenkam, bildete sich rasch ein fester Teilnehmerstamm, der bereits im zweiten Jahr ein weiteres Angebot für »Yoga im Quartal« nötig machte für die nächsten Interessierten!

Literatur zum Thema gibt es reichlich, hier nur eine Empfehlung:

Peter Sawtschenko und Andrea Herden: »Rasierte Stachelbeeren – So werden Sie die Nr. 1 im Kopf Ihrer Zielgruppe«, Gabal Verlag, Offenbach 2000

Internet

www.direktmarketing.de ist eine Seite zum Thema von der Deutschen Post

http://www.rnz.de/kontakt/mailleitfaden.htm wurde (sehr übersichtlich und ausführlich) von Zeitungsredakteuren verfasst, um uns Laien zu zeigen, wie man eine gute Pressemitteilung schreibt.

Grundkenntnisse für Selbstständige

In diesem Teil erfahren Sie, welche Rechtsform Sie für Ihre selbstständige Tätigkeit wählen können, was es mit dem Begriff der »Scheinselbstständigkeit« auf sich hat und was zu tun ist, wenn Sie mit MitarbeiterInnen oder Aushilfen arbeiten. Eine kleine Auswahl häufig verwendeter Begriffe aus der Wirtschaftslehre wird erklärt. Und zu Controlling, Management und Qualitätssicherung finden Sie eine Einführung.

Rechtsform der Unternehmung

Im Kapitel »Start« habe ich bereits ausgeführt, dass selbstständig unterrichtende, beratende, therapeutische und heilende Tätigkeiten zu den freien Berufen zählen. Die so genannte »Rechtsform« beschreibt die Art, wie die Unternehmung ausgeübt wird, und bestimmt Art und Umfang der Haftung. Auch für die freien Berufe gibt es dafür mehrere Möglichkeiten.

Einzelunternehmen

Sie arbeiten alleine, haben keinen Kapitalgeber, der bei der Führung des Unternehmens Mitspracherecht hat, und auch sonst keineN direkt an ihrem Unternehmen beteiligten GeschäftspartnerIn. Das ist typisch für den Einzelunternehmer und die Einzelunternehmerin. Die Haftung ist unbegrenzt und erstreckt sich auch auf das gesamte Privatvermögen. Die meisten ExistenzgründerInnen und Selbstständigen im Bereich Unterricht und Beratung sind Einzelunternehmen.
Vorteile: Niemand »quatscht rein« in die Geschäftsführung; allein verantwortliches Arbeiten; relativ günstig bei Finanzierung und Kreditbeschaffung, da unbegrenzte Haftung.
Nachteile: Alles ist alleine zu entscheiden, im schlimmsten Fall kann die Haftung auch auf das gesamte Privatvermögen »durchgreifen«. Das kann zum Beispiel der Fall sein, wenn Aufträge oder Buchungen nicht zustande kommen und dadurch Kredite nicht mehr bedient werden können. Werden diese in der Folge von der Bank gekündigt, geht die Haftung buchstäblich »bis zum letzten Hemd«.

Büro- oder Praxisgemeinschaft

Dies ist eigentlich noch keine Rechtsform im oben genannten Sinne, sondern die einfachste Form einer Zusammenarbeit. Zwei oder mehr Selbstständige mieten zum Beispiel gemeinsam Büro-, Seminar- oder Praxisräume an und richten ein gemeinsames Sekretariat ein. Dies geschieht einzig, um Kosten gering zu halten oder um die Räume überhaupt mieten zu können. Es gibt einen (am besten schriftlichen) Vertrag, der genau regelt, wer welchen Miet- und sonstigen Kostenanteil wann und an wen zu zahlen hat, – und das war's.
Vorteile: Alle bleiben rechtlich und steuerlich selbstständige Einzelunternehmen. Manche schön und günstig gelegenen Räume sind zu groß für einen alleine. Gemeinsam mit anderen wird für jedeN EinzelneN die zu zahlende Miete geringer. Die Kosten für die Infrastruktur des Büros mit Kopierer, Fax und Telefonanlage, Teeküche usw. können günstig geteilt werden. Ohne dass jemand ins eigentliche Unternehmen »mit einsteigt«, arbeitet man doch nicht mehr allein, hat Austausch und AnsprechpartnerInnen.
Nachteil: Ist nicht alles genau und schriftlich geregelt, kann es im Streitfall kompliziert werden. Was, wenn jemand auszieht? Oder wie sind die Besitzverhältnisse an gemeinsam angeschafften Gegenständen geregelt?

Die GbR oder BGB-Gesellschaft

Die so genannte »Gesellschaft bürgerlichen Rechts«, abgekürzt »GbR«, ist sehr häufig bei den freien Berufen anzutreffen. Zum 2. Januar 2002 wurden im Bürgerlichen Gesetzbuch (abgekürzt BGB, deshalb auch »BGB-Gesellschaft«) die entsprechenden Paragraphen (§§ 705 ff.) neu gefasst.
In einer GbR arbeiten alle Beteiligten auf gemeinsame Rechnung und auf gemeinsames Risiko. Die in die Gesellschaft eingebrachten Beiträge und die gemeinsam erworbenen Gegenstände werden Gemeinschaftseigentum. Gegenüber den AuftraggeberInnen treten die PartnerInnen der GbR als Gesellschaft auf. Die Haftung erstreckt sich auf das gesamte Vermögen.
Für die GesellschafterInnen einer GbR gibt es verschiedene Möglichkeiten, Haftung, Geschäftsführung, Vertretung nach außen, Kündigung und einiges mehr zu gestalten. Deshalb sollten sich Interessierte an dieser Rechtsform vorab rechtlich gründlich beraten lassen. Sie sollten sich unbedingt einen schriftlichen Vertrag für die GbR ausarbeiten lassen, in dem der Wille aller Beteiligten auch rechtlich bindend zum Ausdruck kommt.

Partnerschaftsgesellschaften

Seit 1994 (mit einigen späteren Änderungen) gibt es das »Gesetz über Partnerschaftsgesellschaften Angehöriger Freier Berufe«, auch kurz »Partnerschaftsgesellschaftsgesetz« oder abgekürzt »PartGG« genannt. Der Paragraph 1 bestimmt, dass die Partnerschaft eine »Gesellschaft (ist), in der sich Angehörige Freier Berufe zusammenschließen. Sie übt kein

Handelsgewerbe aus. Angehörige einer Partnerschaft können nur natürliche Personen sein.« Zwar sind die Grundzüge ähnlich der vorgenannten GbR, aber die »Partnerschaft« ist unabhängiger von den einzelnen Beteiligten und hat wesentlich mehr den Charakter einer eigenen Rechtsform als die GbR. Die Haftung erstreckt sich auf das gesamte Vermögen. Allerdings kann bei einem Haftungsanspruch aus einem Auftrag, den nur einzelne Partner bearbeitet haben, die Haftung auf diese beschränkt werden. Ein schriftlicher Partnerschaftsvertrag ist gesetzlich vorgeschrieben und sollte entsprechend meiner obigen Ausführung bei der GbR unbedingt mit Hilfe eines in diesem Bereich sachkundigen Rechtsbeistandes aufgestellt werden. Die Partnerschaftsgesellschaft muss in das Partnerschaftsregister des zuständigen Amtsgerichts eingetragen werden.

Der Paragraph 11 des PartGG enthält in seiner Fassung vom 10. Dezember 2001 eine wichtige Vorschrift, was die Namensgebung angeht. Danach dürfen »den Zusatz ›Partnerschaft‹ oder ›und Partner‹ nur noch Partnerschaften nach diesem Gesetz« führen.
Siehe auch unter Namensgebung S. 23 f.

Kapitalgesellschaft

Die beiden Formen der Kapitalgesellschaft sind die »Gesellschaft mit beschränkter Haftung« oder »GmbH« sowie die »Aktiengesellschaft« oder »AG«. Diese Gesellschaften sind selbst rechtsfähig (juristische Person) und können klagen und verklagt werden. Sie sind im Gegensatz zu den bisher vorgestellten Rechtsformen in gewisser Weise unabhängig von ihren jeweiligen GesellschafterInnen. GmbH und AG sind außerdem firmenfähig und werden in das Handelsregister eingetragen. Die Haftung der Gesellschaft beschränkt sich auf maximal die Höhe der Einlagen. Auf das persönliche Vermögen der GesellschafterInnen wird im Haftungsfall in der Regel nicht zugegriffen. Beide Rechtsformen, GmbH und AG (bei der noch die so genannte »Kleine AG« zu unterscheiden ist) werden in eigenen Gesetzen geregelt, nämlich im GmbH-Gesetz und im Aktiengesetz.

Um eine »Gesellschaft mit beschränkter Haftung« zu gründen, werden mindestens 25.000 Euro an so genannter »Gesellschaftseinlage« benötigt. Die Haftung der jeweiligen GmbH ist nämlich immer beschränkt auf die Höhe dieser Einlagen. Diese Einlage muss nicht unbedingt aus einer Geldsumme auf einem Konto bestehen (oder wie im Film im Koffer zum Notar getragen werden). Es können auch Geräte, Maschinen oder Fahrzeuge als Einlage in die Gesellschaft gebracht werden. Allerdings darf dieses Gesellschaftskapital nicht aufgebraucht werden.

Die GmbH ist für die meisten Unternehmungen im Bereich der freien Berufe ungeeignet. Bei größeren Projekten mit mehreren Beteiligten wie

zum Beispiel einem »Gesundheits-Haus« ist sie aber durchaus empfehlenswert. In der Kombination der GmbH mit einem Kompagnon oder/und einem Kommanditisten ergibt sich die »GmbH & Co. KG«. Diese Variante bietet sich an, wenn so genannte »Stille TeilhaberInnen« mit Kapital in die Gesellschaft einsteigen, sich aber ansonsten an der Geschäftsführung nicht beteiligen wollen.
Aktiengesellschaften haben bei uns den Hauch der großen weiten Geldwelt. Internationaler Börsenhandel und der DAX fallen uns ein. In der Schweiz ist hingegen die AG eine sehr weit verbreitete Unternehmensform. Auch in Deutschland lässt sich schon mit einem Grundkapital von 50.000 Euro eine so genannte »Kleine Aktiengesellschaft« gründen. Entgegen der verbreiteten Annahme müssen Aktiengesellschaften übrigens ihre Aktien nicht an der Börse handeln lassen.
Wenn sich für Ihre Unternehmung eine dieser beiden Möglichkeiten anbietet, so lassen Sie sich steuerlich und rechtsanwaltlich beraten, denn es sind unter anderem besondere Buchführungs- und Veröffentlichungspflichten zu beachten.

Verein

Immer mal wieder werde ich gefragt, ob denn nicht ein Verein als unternehmerische Rechtsform die Lösung mancher steuerlicher »Probleme« sei. Dahinter steckt der Gedanke, dass Vereine keine Einkommensteuer und meist auch keine Umsatzsteuer zahlen müssen. So weit so richtig. Mancherorts bekommen Vereine kostenlos oder sehr günstig Räume zur Verfügung gestellt und können ebenfalls kostenlos unter den »Vereinsnachrichten« in den örtlichen Tageszeitungen werben.
Allerdings ist ein Verein auch eine eigenständige, also eine juristische Person, die von den Vereinsmitgliedern relativ losgelöst ist.
Spielen wir also die »Vereinsvariante« an einem Beispiel mal durch:

Der Verein »Wellness Dülmen e. V.« hat als Satzungsziel die »Verbreitung eines ganzheitlichen Gesundheitsbewusstseins« und strebt dieses Ziel an durch »vielfältige Beratungs- und Kursangebote«. Die Einnahmen, die der Verein durch diese Kurse macht, sind tatsächlich einkommensteuerfrei. Gehen wir davon aus, dass auch keine Körperschaftsteuer (das ist sozusagen die »Einkommensteuer« für juristische Personen) zu zahlen ist, dann ist jetzt die Vereinskasse schön voll – und die Kursleiterin und der Berater haben noch nichts. Zahlt der Verein jetzt ein Honorar an diejenigen, die die Beratungs- und Kursangebote für den Verein durchführen, dann entstehen bei denen wiederum Einnahmen, die – na klar – einkommensteuerpflichtig sind.

Bei der Durchführung größerer Veranstaltungen wie zum Beispiel Kongressen und Ähnlichem können Vereine durchaus selbst steuerpflichtig werden. Fragen Sie in diesen Fällen zunächst eineN SteuerberaterIn, der/die sich mit Vereinen auskennt.

Zum Steuernsparen taugt also die Vereinsvariante nicht. Es kann natürlich andere gute Gründe geben, einen Verein zu gründen. So zum Beispiel, um mit anderen idealistische Ziele oder bestimmte Ideen zu verfolgen – mal ganz abgesehen von den vielen Freizeitvereinen. Zur Gründung und Führung eines Vereins gibt es im Anhang zwei Buchtipps.

Scheinselbstständig?

Sie haben gedacht, Sie machen sich selbstständig – und was ist nun »scheinselbstständig«? Sie müssen immer mit dem deutschen Paragraphenreiter rechnen, der in diesem Fall lächelnd das vierte Sozialgesetzbuch zückt und den Paragraph sieben vorträgt. Demnach ist nämlich nicht wirklich selbstständig, sondern nur »scheinselbstständig«, wer drei der folgenden fünf Merkmale erfüllt:

1. Merkmal: Es werden regelmäßig keine versicherungspflichtigen ArbeitnehmerInnen beschäftigt, deren Arbeitsentgelte aus dieser Beschäftigung 400 Euro übersteigen.
2. Merkmal: Auf Dauer und im Wesentlichen sind Sie nur für einen Auftraggeber oder eine Auftraggeberin tätig.
3. Merkmal: Dieser Auftraggeber oder ein vergleichbarer Auftraggeber lässt (der Ihren) entsprechende Tätigkeiten regelmäßig durch von ihm beschäftigte ArbeitnehmerInnen erledigen.
4. Merkmal: Ein unternehmerisches Handeln und Auftreten am Markt ist nicht zu erkennen.
5. Merkmal: Die jetzt ausgeübte Tätigkeit entspricht dem äußeren Erscheinungsbild nach der Tätigkeit, die vorher für denselben Auftraggeber in einem (angestellten) Beschäftigungsverhältnis ausgeübt wurde.

Und was antworten wir nun diesem Paragraphenreiter, wenn wir selbst der Meinung sind, wirklich selbstständig zu sein? Nun, wir müssen ja eigentlich nur drei Merkmale widerlegen können.

Zum ersten Merkmal: Wenn Sie keine festangestellten versicherungspflichtigen ArbeitnehmerInnen beschäftigen, so sind Sie nicht allein. Denn circa 1,5 Millionen Freiberufler in Deutschland arbeiten als Ein-Personen-Betrieb. Da es aber auf die Art der Tätigkeit einer versicherungspflichtigen Angestellten nicht ankommt, können Sie auch eine Reinigungskraft für mehr als 400 Euro beschäftigen.
Beim zweiten Merkmal müssen Sie nicht laufend parallele Aufträge nachweisen. Es ist ausreichend, wenn Sie immer wieder für wechselnde Auftraggeber tätig sind. Dieses zweite Merkmal gilt übrigens dann als erfüllt, wenn mindestens fünf Sechstel oder 83,33 Prozent der Gesamteinnahmen von einem Auftraggeber stammen. Das heißt in der Umkehrung: Mindestens mehr als ein Sechstel oder mehr als 16,67 Prozent der Gesamteinnahmen müssen von mindestens einem anderen Auftraggeber stammen, um dieses Merkmal zu widerlegen.

Vorsicht ist geboten bei Auftraggebern wie zum Beispiel Volkshochschulen, die an mehreren Orten tätig sind, deren Verwaltung und Organisation aber zentralisiert ist. Diese verschiedenen Volkshochschulen gelten dann nämlich als ein Auftraggeber. Gleiches gilt für Konzernunternehmen und Kooperationspartner wie Arbeitsgemeinschaften, Werbegemeinschaften und Ähnliche.
Allerdings ist dieses Merkmal in der Praxis doch nicht so klar umrissen. Denn die »Sechstel-Anteile« beziehen sich auf die Einnahmen, also auf den Gewinn. Die Umsatzanteile können durchaus erheblich davon abweichen. Es ist also im konkreten Fall einer Überprüfung für jeden einzelnen Auftraggeber ein Saldo zu bilden. Außerdem müssen Umsatz- und Gewinnprognosen berücksichtigt werden. Haben Sie zum Beispiel geplant, mit Unternehmen oder Bildungsträgern zusammenzuarbeiten und diese ziehen die Aufträge zurück, so haben Sie zwar unterm Strich diese nicht als anrechenbare Auftraggeber, aber Sie können auch nicht »aus dem Stand« neue herbeischaffen. Das Bemühen muss ebenfalls berücksichtigt werden (siehe auch Anmerkungen zum vierten Merkmal).

Zum dritten Merkmal: So ziemlich jede Tätigkeit, die Selbstständige verrichten, wird in irgendeinem Unternehmen auch von Angestellten erledigt. Hierbei kommt es also vor allem darauf an, dass das eigene unternehmerische Handeln dargestellt und betont wird.
Zum vierten Merkmal des unternehmerischen Handelns und Auftretens am Markt: Dies zeigt sich dadurch, dass Sie im Wesentlichen frei sind bezüglich Ort, Zeit und Dauer Ihrer Tätigkeit. Sie können für unterschiedliche AuftraggeberInnen tätig sein und arbeiten weisungsunabhängig. Das bedeutet, dass Ihnen niemand im Detail vorgibt, wie Sie Ihre Arbeit zu machen haben. Sie treten bereits dann unternehmerisch am Markt auf, wenn Sie Werbung machen, egal ob mit Anzeigen, Plakaten oder Flyer.
Beim fünften Merkmal geht es um die Umwandlung bisher bestehender Arbeitsverhältnisse im Zuge von so genannten Outplacement-Maßnahmen, was wir hier wohl vernachlässigen können.

Ein Letztes: Beschäftigen Sie selbst freie MitarbeiterInnen, so stellen Sie wiederum sicher, dass diese ebenfalls »echte« Selbstständige sind. Denn wenn diese »scheinselbstständig« tätig sind und Sie als Arbeitgeber gelten, so könnten Ihnen daraus hohe Nachforderungen seitens der Sozialversicherungsträger entstehen.

Angestellte und sonstige MitarbeiterInnen

Auch wenn es am Anfang vielleicht noch gar nicht vorstellbar erscheint, drängt sich irgendwann an einem arbeitsreichen Tag vielleicht doch die Frage auf, ob es mit einer professionellen Hilfe nicht einfacher, schneller, besser ginge. Was ist dann zu tun, wenn bei Organisation, Ablage oder Buchhaltung jemand zur Hand geht? Zuerst ist die Frage zu klären, welchen Status der oder die MitarbeiterIn hat. Ist sie eine freie Mitarbeiterin auf Honorarbasis, eine geringfügig Beschäftigte oder eine festangestellte Voll- oder Teilzeitkraft?

Freie Mitarbeiterin

Sie arbeitet selbstständig auf eigene Rechnung und hat neben Ihnen noch andere KundInnen. Das kann die Vertretung für Ihre Kurs- und Unterrichtsangebote sein, die einspringt, wenn Sie in Urlaub fahren wollen oder krank sind. Die freie Mitarbeiterin ist eine Honorarkraft für einen klar bestimmten Auftrag. Einen Musterhonorarvertrag dazu finden Sie im Anhang auf Seite 161.

Geringfügig Beschäftigte – »Mini-Jobber«

Diese dürfen monatlich nicht mehr als 400 Euro verdienen. Für Sie als ArbeitgeberIn ist ein geringfügig Beschäftigter sinnvoll, wenn Sie nur gelegentlich beziehungsweise regelmäßig wenige Stunden in der Woche eine Hilfe brauchen, zum Beispiel für Telefon, Versand oder Buchhaltung. Für geringfügig Beschäftigte müssen Sie pauschale Sozialversicherungs- und Lohnsteuerzahlung in Höhe von 25 Prozent abführen. Sie müssen den neuen Mitarbeiter nur noch bei der Bundesknappschaft in Essen anmelden, wo Sie sich auch beraten lassen können.
Alle Informationen und Formulare zum download finden Sie unter www.minijobzentrale.de im Internet.

Ehepartner oder eigene Kinder beschäftigen?

Wenn Ihr Ehepartner oder Ihre Kinder gelegentlich bei Ihnen im Betrieb mithelfen und die Kinder älter als 14 Jahre sind, so können Sie diese auch als geringfügig Beschäftigte anstellen. Mit dem Ergebnis, dass das »Taschengeld«, was Sie Partner oder Kindern dafür zahlen, jetzt für Sie eine ganz normale Betriebsausgabe darstellt.
Da das Finanzamt bei Arbeitsverhältnissen innerhalb der Familie immer besonders danach schaut, ob alles so geregelt ist wie »unter Dritten«, sollten Sie unbedingt einen schriftlichen Arbeitsvertrag abschließen und darauf achten, dass die Vereinbarungen tatsächlich eingehalten werden (pünktliche und belegmäßig nachvollziehbare Lohnzahlung, ggf. Urlaub usw.). Einen Muster-Arbeitsvertrag finden Sie im Anhang auf Seite 159.

Festangestellte Teil-/Vollzeitkraft

Jede Mitarbeiterin, die mehr als 400 Euro im Monat verdient oder mehr als nur geringfügig beschäftigt ist, ist eine sozialversicherungspflichtige Kraft. Sie muss von Ihnen als ArbeitgeberIn bei verschiedenen Stellen angemeldet werden: erstens bei der Krankenkasse, bei der die zukünftige Angestellte Mitglied ist. Denn dieser Krankenkasse müssen Sie die Sozialabgaben überweisen, und zwar den Anteil Ihrer Angestellten und den Arbeitgeberanteil

Die Krankenkasse leitet von dieser Gesamtsumme der Sozialabgaben auch die Zahlungen weiter an die Pflege-, die Renten- und die Arbeitslosenversicherung. Zweitens müssen Sie wegen der Lohnsteuer beim Finanzamt melden, dass Sie nun eine Angestellte beschäftigen. Für das »ordnungsgemäße Abführen« der Lohnsteuer ist nämlich der Arbeitgeber verantwortlich. Allerdings empfehle ich eineN SteuerberaterIn mit der Lohnabrechnung sowie der Berechnung der Sozialabgaben und der Lohnsteuer zu beauftragen. Das spart Ihnen Zeit und Nerven und alles wird immer entsprechend der aktuellen Vorschriften erledigt. Ihr monatlicher Kostenaufwand für das Steuerberatungshonorar ist dafür vergleichsweise gering.
Bei Arbeitsantritt erhalten Sie von Ihrer neuen Angestellten die Sozialversicherungsnummer und die Lohnsteuerkarte. Die benötigen Sie für die oben beschriebenen Anmeldungen. Die einheitlichen Meldeformulare für An- und Abmeldung zur Sozialversicherung erhalten Sie kostenlos bei allen Krankenkassen. Zur Anmeldung bei der Berufsgenossenschaft siehe dort.

Festanstellung gegen Rentenversicherungspflicht!

Ebenso denkbar ist die Anstellung eines befreundeten Kollegen, den Sie (mehr als geringfügig) fest anstellen als Kursleiter oder Berater. Das kann interessant sein für all diejenigen, die als selbstständige LehrerInnen rentenversicherungspflichtig sind. Denn durch einen Angestellten entfällt diese Pflicht (mehr dazu im Kapitel Versicherungen ab Seite 126).
Stellen Sie einen Kursleiter ein, so ist der Lohn, den er bei Ihnen erhält, zwar sozialabgabenpflichtig, dafür sind es aber keine Einnahmen aus selbstständiger Tätigkeit. So können sich durch cleveres Rechnen mit diesem Konstrukt gleich zwei LehrerInnen aus der Rentenversicherungspflicht befreien. Die eine, weil sie sozialversicherungspflichtig einen Angestellten beschäftigt, der andere, wenn er auf diesem Wege mit seinen selbstständig erwirtschafteten Einnahmen unter der Freigrenze der Rentenversicherung bleiben kann.

Betriebsnummer

Wenn Sie MitarbeiterInnen (egal ob nur geringfügig beschäftigt oder sozialversicherungspflichtig festangestellt) einstellen wollen, so müssen Sie für Ihren »Betrieb« eine so genannte »Betriebsnummer« beim für Sie örtlich zuständigen Arbeitsamt besorgen. Über diese Betriebsnummer werden Sie als ArbeitgeberIn bei den Sozialversicherungen (Krankenkasse, Arbeitslosen-, Pflege- und Rentenversicherung) geführt. Die Telefonnummer der »Betriebsnummernstelle« finden Sie im Telefonbuch unter »Arbeitsamt«. Die Erteilung der Nummer erfolgt meist umgehend.

Berufsgenossenschaft

Bei der für Sie zuständigen Berufsgenossenschaft müssen Sie Ihren »Betrieb« ebenfalls anmelden, wenn Sie geringfügig oder festangestellt

LEITFADEN

Beschäftige einstellen. Die Berufsgenossenschaften sind Träger der gesetzlichen Unfallversicherung und treten für die Folgen von Unfällen bei der Ausübung der Arbeit oder bei Unfällen auf dem Weg von und zur Arbeit ein. Der Arbeitgeberbeitrag zur Berufsgenossenschaft wird anhand der jährlich insgesamt gezahlten Lohnsumme nach einem Hebesatz, der je nach »Gefahrenklasse« des Unternehmens festgelegt wird, berechnet.

Für die freien Berufe ist die »Verwaltungsberufsgenossenschaft«, VBG, zuständig. Postanschrift: 22281 Hamburg, Telefon 040/ 51 46-29 40, Internet www.vbg.de

Betriebswirtschaftliche Grundbegriffe

In dieser kleinen Auswahl werden häufig verwendete Grundbegriffe kurz erklärt, um besser vorbereitet in Gespräche mit BeraterInnen zu gehen und um Schriften zum Thema leichter verstehen zu können.

Akquise:
Kundenwerbung
Anfangsverluste:
am Anfang eines Unternehmens entstehen Kosten, die mangels erzielter Erlöse (noch) nicht ausgeglichen werden können
Anlagevermögen:
der Teil des Vermögens, der dauerhaft im Betrieb bleiben soll wie zum Beispiel Maschinen, Geräte, Möbel, Fahrzeuge
Ausgaben:
alles, was Sie betrieblich bedingt oder betrieblich veranlasst ausgeben
Bonität:
finanzielles Ansehen eines Unternehmens bzw. einer Unternehmerin/eines Unternehmers
Break-Even-Point:
ab diesem Punkt überschreitet der Gewinn die bis dahin getätigten Investitionen
Cash-Flow:
»Fluss des (Bar-)Geldes«, s. auch Liquidität
Darlehen:
mittel- oder langfristige Verbindlichkeiten
Einnahmen:
alle in Geld- oder Sachwerten eingenommenen betrieblichen Einnahmen
Exposé:
kurze Darstellung des geplanten Unternehmens oder Projektes
Fixkosten:
Kosten, die unabhängig von der Höhe des Umsatzes und Gewinns stets in gleicher Höhe anfallen (z. B. Miete, Löhne, Versicherungen)
Forderungen:
Geld, das man von Kunden kurzfristig zu bekommen hat (Beispiel: Eine von Ihnen ausgestellte Rechnung an einen Kunden ist für Sie eine Forderung, für den Rechnungsempfänger eine Verbindlichkeit.)

Geschäftsplan:
Darstellung der gesamten Planung des Unternehmens bezüglich Art und Größe des Betriebes, Umsatz, Rendite und Perspektive (s. auch Exposé)
Gewinn:
Das Ergebnis aus der Summe aller Einnahmen abzüglich der Summe aller Ausgaben
Gläubiger:
Kreditgeber und andere, die noch Forderungen offen haben
Insolvenz:
Zahlungsunfähigkeit, führt nach dem Insolvenzverfahren zum Konkurs
Investition:
langfristige Anlage von Kapital mit dem Ziel der Kapitalvermehrung (»return on investment«)
Ist-Zahlen:
die tatsächlich erzielten Umsätze, Kundenanmeldungen, Kosten usw. (im Gegensatz zu den Soll-Zahlen)
Konkurs:
im Volksmund »Pleite« genannt, nach festgelegten Regeln die Verwertung noch vorhandenen Vermögens eines bereits zahlungsunfähigen Unternehmens zur Befriedigung der Gläubiger
Kosten:
betrieblich bedingte Ausgaben (deshalb kann es keine »Unkosten« geben)
Liquidität:
Fähigkeit des Unternehmens, den Zahlungsverpflichtungen (s. a. Verbindlichkeiten) nachkommen zu können, auch: (Geld-)Flüssigkeit
Markt:
die Gesamtheit der Beziehungen zwischen Angebot und Nachfrage nach einem bestimmten Produkt oder einer Dienstleistung bezogen auf ein bestimmtes Gebiet oder einen Zeitraum
Marktlücke:
fehlendes Angebot, das gewünscht und auch bezahlt würde; unabhängig davon, ob die potentiellen Kunden das noch nicht vorhandene Angebot als fehlend empfinden
Rentabilität:
Profitträchtigkeit des Unternehmens
Risikofinanzierung:
Kredite, die ohne besondere Sicherheiten vergeben werden aufgrund der zu erwartenden (oder erhofften) Entwicklung des Unternehmens (Joint Venture Capital)
Skonto:
Rabatt bei vorzeitiger Zahlung
Sollzahlen:
was geplant war/ist an Umsätzen, Kundenanmeldungen, Kosten (Gegensatz: Ist-Zahlen)
Tilgung:
Rückzahlung eines Kredites

LEITFADEN

Umsatz:
die Summe aller betrieblichen Einnahmen
Umsatzträger:
Einnahmen (oder Einnahmequellen), die besonders viel zum Gesamtumsatz beitragen
Umschuldung:
ein oder mehrere Kredite werden durch einen anderen abgelöst
Verbindlichkeiten:
Geld, das man kurzfristig jemandem schuldet (Beispiel: Ein noch nicht gezahlter Rechnungsbetrag ist eine Verbindlichkeit für den Rechnungsempfänger, für den Rechnungssteller eine Forderung.)
Vorlaufkosten:
alle Kosten, die im Vorfeld einer Unternehmung vor Aufnahme der Tätigkeit entstehen

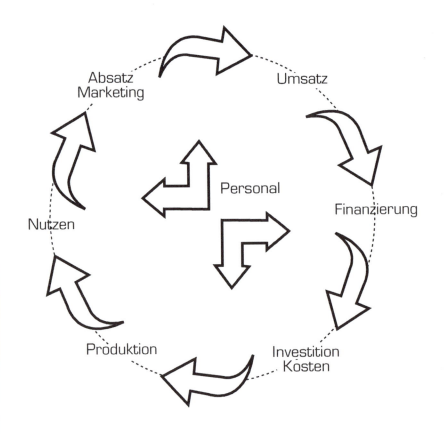

Grafik nach Prof. Dr. Fritz Unger

Regelkreis der Unternehmung

Einem Kreis ohne Anfang und Ende gleich vollzieht sich die Abfolge in einem Unternehmen (siehe Grafik links unten).
Finanzierung – Investition und Kosten – Produktion bzw. Dienstleistungsangebot – Nutzen – Marketing – Umsatz – Finanzierung usw.
Am Anfang geht es los mit der Finanzierung, weshalb manchmal auch der Begriff der »Anschubfinanzierung« in der Gründungsphase benutzt wird. Alle Teile des Kreises stehen in einer inneren Abhängigkeit zueinander und sollen letztlich zum Erreichen des eigentlichen Ziels der Unternehmung führen. Ist dieses bereits im Geschäftsplan festgehaltene Ziel erreicht (zum Beispiel eine dauerhaft bestimmte Anzahl Kurse oder Beratungen), so kann man dieses Niveau stabilisieren oder neue Ziele formulieren.
Der Nutzen einer Dienstleistung findet sich wieder im Kern aller Marketing-Maßnahmen, die wiederum dafür sorgen, dass der Umsatz anspringt und steigt. Was wiederum zu Finanzierungsfragen führt, wenn weiter expandiert werden soll.

Controlling

Dieser Begriff findet sich immer wieder in den Wirtschaftsteilen der Tageszeitungen. Gemeint sind damit alle Maßnahmen, die geeignet sind, die Unternehmung auf das angestrebte Unternehmensziel hin auszurichten. So dient das Controlling als Instrument dazu, den geschäftlichen Kurs zu halten und bei Abweichungen möglichst frühzeitig zu korrigieren.

ABC- und XYZ- Analyse

Diese beiden Analysetechniken sollen helfen, bei der Betriebsführung Wesentliches von Unwesentlichem schnell zu unterscheiden.

ABC-Analyse

Nach der ABC-Analyse kann die tägliche Büroarbeit genauso geordnet werden wie die strategische Ausrichtung des Unternehmens. Dabei haben die A-Aufgaben oder Umsatzträger die größte Wertigkeit oder terminliche Dringlichkeit, die B-Aufgaben entsprechend eine geringere Wertigkeit oder (noch) keine große Termindringlichkeit, C-Aufgaben sind Routineangelegenheiten mit geringer Wertigkeit, die aber nicht unterschätzt werden dürfen.
Man geht davon aus, dass die wichtigen A-Aufgaben bzw. A-Geschäfte bis zu 80 Prozent des Wertes einbringen (z. B. in Form von Umsatz), die B-Aufgaben und Geschäfte bis zu 25 Prozent, die C-Aufgaben dagegen nur fünf Prozent. Allerdings gehören zu diesen C- oder Routineaufgaben auch die Abgabe von Steuererklärungen, Lohn- und Sozialversicherungsanmeldungen usw., die man besser fristgerecht abgibt, um Nachforderungen oder Strafen zu vermeiden.

Für alle A-Bereiche gilt: intensive Beobachtung und dauernde Optimierung durch Markt-, Preis- und Kostenanalysen, intensive Vor- und Nachbereitung und genaue Durchführung.
Für die B-Bereiche gilt es, eine im Vergleich zum A-Bereich differenziertere Vorgehensweise zu entwickeln.
Für die C-Bereiche gilt das Prinzip der Vereinfachung, wo immer es möglich ist.

Die XYZ-Analyse

Diese Analyse bewertet die Vorhersagegenauigkeit einzelner Positionen des Unternehmens.
Gruppe X: konstante Nachfrage oder Verbrauch, unterliegt kaum Schwankungen und ist daher mit hoher Genauigkeit vorhersagbar.
Gruppe Y: Verbrauch oder Nachfrage unterliegen stärkeren Schwankungen, es zeigen sich Trends und Saisonverläufe. Es gibt nur eine mittlere Genauigkeit der vorhersagbaren Nachfrage.
Gruppe Z: Verbrauch oder Nachfrage tritt völlig unregelmäßig auf und ist deshalb kaum vorhersagbar.

Kombination von ABC- und XYZ-Analyse

Vorhersagegenauigkeit \ Wertigkeit	A	B	C
X	hoher Verbrauchswert / hoher Vorhersagewert	mittlerer Verbrauchswert / hoher Vorhersagewert	niedriger Verbrauchswert / hoher Vorhersagewert
Y	hoher Verbrauchswert / mittlerer Vorhersagewert	mittlerer Verbrauchswert / mittlerer Vorhersagewert	niedriger Verbrauchswert / mittlerer Vorhersagewert
Z	hoher Verbrauchswert / niedriger Vorhersagewert	mittlerer Verbrauchswert / niedriger Vorhersagewert	niedriger Verbrauchswert / niedriger Vorhersagewert

Grafik nach Prof. Dr. Fritz Unger

Die Kombination A/X zeigt den wichtigsten Unternehmensbereich oder Umsatzträger. Hier sind alle Aufwendungen für Verbesserungen angemessen.
Auch bei B/X und A/Y sind Optimierungen sinnvoll. Insbesondere sollte hier überlegt werden, inwieweit die Prognosen verbessert werden können.
C/Z kann vernachlässigt werden, ebenso B/Z und auch C/Y.
Problematisch sind die Bereiche A/Z und B/Y. Hier muss fallweise entschieden werden, inwieweit sich hier Optimierungen und andere Engagements oder gar Investitionen rechnen.
Durch die regelmäßige kombinierte Analyse der geschäftlichen Situation nach den beiden Formen ABC und XYZ können Sie mittelfristig wesentlich sicherer werden in Ihren Prognosen. Dadurch können Sie Umsatzeinbrüche, zum Beispiel ein »Sommerloch«, nachlassende Nachfrage nach Kursen oder Beratungen frühzeitig erkennen und entsprechend gegensteuern.

Marktanalyse

Diese habe ich zwar schon im Kapitel »Wie starte ich eine selbstständige Tätigkeit« vorgestellt, aber sie gehört auch zu den regelmäßig anwendbaren Kontrollinstrumenten.
Welche Veränderungen wird es in naher Zukunft im eigenen geschäftlichen Umfeld geben? Was bringen die neuen Zahlen aus Studien oder Erhebungen des eigenen Verbandes oder der örtlichen Wirtschaftsförderung (Amt für Wirtschaftsförderung, IHK)? Welche Veränderungen ergeben sich für die eigene Zielgruppe? Welche ähnlichen oder gleichen Angebote kommen am Ort auf den Markt? Gibt es Kontakt und Austausch oder Konkurrenz mit dem Ziel der Verdrängung?

Erfolgsplanung

Ist Erfolg planbar? Im geschäftlichen Bereich bis zu einem gewissen Maße – ja. Allerdings definiere ich Erfolg in diesem Sinne (und unter der Überschrift »Controlling«) als das Erreichen von vorgenommenen Zielen.
Zur Erfolgsplanung ziehen Sie alle Ist-Zahlen zusammen, die dazu benötigt werden, und erstellen anhand der vermuteten Entwicklung die Soll-Zahlen. Diese werden im Planungszeitraum laufend mit den tatsächlich erreichten Ist-Zahlen verglichen und angepasst. So erreichen Sie eine relativ genaue Vorhersagbarkeit des geschäftlichen Erfolges, was für Sie hilfreich ist und von Gläubigern wohlwollend zur Kenntnis genommen wird.

Umsatzplanung

Die Umsatzplanung ist die Darstellung der erwarteten Nachfrage und der daraus resultierenden Erlöse für einen bestimmten Zeitraum. Sie kann differenziert werden nach bestimmten Zielgruppen, Orten und Angeboten.

Kostenplanung

Die Planung der Kosten wird erstellt durch die Auflistung aller Aufwendungen für ein Projekt oder alle Angebote. Dazu kommen die jeweiligen Anteile an den Fixkosten. Anhand einer Kostenplanung lassen sich relativ leicht Umsatz- und Erfolgsplanungen erstellen.

Finanzplanung

Die langfristige Finanzplanung sichert die Existenz des Unternehmens, die kurzfristige Finanzplanung stellt sicher, dass die benötigten Mittel zur Finanzierung zur Verfügung stehen.

**Und zu allen Planungen eine »alte Managerweisheit« zum Schluss:
Je mehr und besser du planst, umso härter trifft dich der Zufall.**

Kalkulation

Mit einer Kalkulation erfassen wir alle Kosten eines Dienstleistungsangebotes. Dabei geht es weniger um die Frage nach der richtigen Technik, sondern wie es Johanna Joppe ausführt, um »die richtige Sichtweise«. Sie hat in ihrem Buch »Kampf den Renditekillern« (erschienen im Campus-Verlag, 2002) neun Kalkulationsregeln aufgestellt, die sich auch auf den Bereich der freiberuflichen Dienstleistung als UnterrichtendeR, BeraterIn oder TherapeutIn anwenden lässt.

1. Alle Zahlen aufschlüsseln

Wer nur grobe Zahlen wie den gesamten Umsatz betrachtet, übersieht leicht Fehlentwicklungen in einzelnen Bereichen oder bei einzelnen Angeboten.
Deshalb: alle Zahlen aufschlüsseln, etwa Umsatz und Gewinn für jede einzelne Dienstleistung oder jedes Kursangebot, für die einzelnen Kunden und Zielgruppen.

2. Erfassen der gesamten Ursache-Wirkungs-Kette

Wer etwa Gewinneinbußen ausschließlich mit einer Maßnahme bekämpft wie verstärkter Werbung oder gar Preisreduktion, kuriert nur am Symptom, dringt aber nicht zur Ursache vor.
Deshalb: bedenken, dass jede Maßnahme positive und negative Effekte hat. Rechnen Sie deshalb alle Konsequenzen durch. Durch Abwägen aller Aspekte schaffen Sie sich Entscheidungssicherheit.

3. Erheben Sie laufend Ihre Zahlen

Viele Unternehmer entscheiden auf Basis veralteter Quartals- oder Halbjahreszahlen. Das kann leicht zu falschen Schlüssen führen, die teuer, wenn nicht gar existenzbedrohend sein können.
Deshalb: mit entsprechenden EDV-Programmen (oder einer konsequent aktualisierten Tabellenkalkulation) oder durch betriebswirtschaftliche Auswertungen, die Ihnen einE SteuerberaterIn erstellt, die aktuellen Daten mindestens monatlich erheben. Das Argument des Zeitmangels sollte hier nicht ziehen. Wenn eine gravierende Fehleinschätzung die Existenz nicht mehr nur bedroht, sondern bereits »der Laden« geschlossen ist, gibt es genug Zeit. Aber dann ist es zu spät.

4. Alle Daten integrieren

Wer nur wenige Zahlen betrachtet, setzt vielleicht weiter auf Verlustgeschäfte oder schlägt ein lukratives Angebot aus.
Deshalb sollten Sie immer bedenken: Jede Zahl beeinflusst die anderen. Berücksichtigen Sie bei jeder Entscheidung auch die versteckten Kosten wie zum Beispiel erhöhten Werbungsaufwand oder unbezahlte Vor- und Nachbereitungszeiten.

5. Den Cash-Flow im Auge behalten

Ohne ausreichende Liquidität können Investitionen bei plötzlichen Zahlungs- oder Buchungsausfällen trotz ansonsten guter Auftragslage schnell zur Zahlungsunfähigkeit führen.
Deshalb: Stellen Sie für jedes Projekt und für jedes Angebot den erwarteten Einzahlungen die dazugehörigen Ausgaben gegenüber. Und sortieren Sie diese jeweils nach Fälligkeit.

6. Renditefelder erkennen

Viele UnternehmerInnen entscheiden nach Sympathie, welche Zielgruppe oder welches Angebot sie fördern wollen. Das kann kosten.
Deshalb: Ermitteln Sie laufend, mit welchen KundInnen oder Angeboten Sie den meisten Gewinn machen. Überprüfen Sie Ihr Unternehmen regelmäßig anhand der kombinierten Anwendung der ABC/XYZ-Analyse (s. S. 71 ff).

7. Simulieren Sie alle Entscheidungen

Wer sich bei der Bewertung neuer Projekte ausschließlich auf alte Zahlen stützt, verdrängt mögliche Risiken.
Deshalb: Simulieren Sie die geplanten Projekte oder Aufträge nicht nur im Kopf, sondern auf dem Papier, um alles zu erfassen. So erkennen Sie alle Faktoren, die eine Entscheidung beeinflussen.

8. Entwickeln Sie mehrere Szenarien

Wer für ein Projekt oder einen Auftrag nur ein Szenario aufstellt, wird bei plötzlichen Veränderungen leicht handlungsunfähig.
Deshalb: Niemand kann die Zukunft vorhersagen. Nur wer positive und negative Szenarien entwickelt, kann schnell und sicher reagieren. Entwickeln Sie immer auch das »worst case«-Szenario: Was ist, wenn wirklich alles schief läuft, was denkbar ist? Wenn Sie auch dazu noch Möglichkeiten finden, gehen Sie viel entspannter und tatkräftiger an die Umsetzung.

9. Rechnen Sie mit Personenstunden

Viele Selbstständige orientieren sich nur an der Anzahl der Aufträge oder Buchungen. Ob die persönlichen Kapazitäten und Ressourcen reichen, wird nicht beachtet.
Deshalb: Rechnen Sie mit Personalstunden und nehmen Sie diese als Grundlage für Ihre Akquisitionsplanung und Preiskalkulation. Auf diese Weise können Sie auch frühzeitig feststellen, für welchen Bereich Sie wie viel Personenstunden »einkaufen« können in Form von MitarbeiterInnen.

Und wie kalkuliere ich nun mein Honorar?

Da es keine festgeschriebenen Honorarsätze gibt, sind Sie bei der Berechnung der Höhe Ihres Honorars für Unterricht, Beratung und Therapie relativ frei.
Zwei Aspekte sollten Sie jedoch in Ihre Berechnungen mit einbeziehen. Zum einen müssen mit dem Honorar sämtliche Kosten, die Ihnen entstehen, abgedeckt sein. Und zum anderen sollten Sie einen örtlichen Vergleich anstellen um festzustellen, was die Menschen in Ihrer Gegend bereit sind zu zahlen.
Das Honorar für eine (Zeit-)Stunde Unterricht sollte bei mindestens 30 Euro netto liegen. Zahlen Sie Miete für den Unterrichtsraum, sind Sie umsatzsteuerpflichtig, müssen Sie Werbung machen, telefonieren etc., so müssen Sie diese Kosten anteilig noch zum Honorar addieren.
Fragen Sie sich, wie viel Sie sich selbst wert sind!

Als Anhalt, was die örtliche Kaufkraft hergibt, erkundigen Sie sich, was die Einzelstunde Tennis oder Golf kostet oder was die Klavierlehrerin oder andere LehrerInnen so nehmen.
Grundsätzlich muss es keinen Unterschied geben zwischen Gruppen- und Einzelunterricht oder Therapie. Die Zeit, die Sie tätig sind, bleibt ja gleich. Und es ist diese Zeit, die Sie sich honorieren lassen.
Haben Sie Kontakt zu anderen Lehrenden, Beratenden oder TherapeutInnen in Ihrer Region, so können Sie sich dort auch Rat holen. Nur die Volkshochschultarife sollten Sie sich nicht als Anhalt nehmen. Die sind eindeutig zu niedrig und werden zudem durch Steuergelder subventioniert.

Frau Asgodom, eine angesagte Trainerin für Selbst-Management und Selbst-Marketing, hat einen Fragebogen entwickelt um festzustellen:
»Das bin ich mir wert«

1. Was will ich im Jahr verdienen?
2. Was muss ich dann im Jahr brutto verdienen?
(Nettoverdienst plus Steuern, Versicherungen, sonstige Abgaben, Kosten für Büro, Telefon, Porto, Büromaterial, Auto, Reisen, Hilfskräfte, Fachzeitschriften und Bücher, Fortbildung etc.)
3. An wie viel Tagen möchte bzw. muss ich mein Geld verdienen?
(365 Tage im Jahr abzüglich aller Samstage und Sonntage bleiben 261 Tage, ohne Feiertage bleiben 248, abzüglich sechs Wochen für eigene Ferien und Fortbildung bleiben 218; »Bürotage« zur Organisation und für die Routineaufgaben jeweils einer pro Woche, also 46 im Jahr, bleiben 172 Tage zum Geldverdienen)
4. Wie viel muss ich dann pro Tag verdienen?
5. Markt-Check: Gibt der Markt einen solchen Tagessatz, Monats- bzw. Jahresverdienst her?
Wenn ja, dann geht's los! Wenn nein, was können Sie tun?

Neun-Punkte-(Selbst-)Management

Die »Akademie für Führungskräfte der deutschen Wirtschaft« in Bad Harzburg stellte in ihrem Management-Symposium 2002 heraus: Um optimale Leistungen zu erbringen, braucht der Mensch kaum fremdbestimmte Führung. Stattdessen sind nötig: klare Rahmenbedingungen, nachvollziehbare Aufgaben und Ziele, unterstützende Ressourcen, viel Gestaltungsspielraum sowie die ständige Ermutigung, Verantwortung zu übernehmen.
Genau das also, was Sie sich als selbstständigeR UnternehmerIn auch vor Augen halten sollten.
Die Management-Literatur wächst jedes Jahr weiter mit unglaublichen Titelzahlen. Aber manch schöne Theorie verschwindet ebenso schnell, wie sie gedruckt auf den Markt kam. Deshalb hier ein paar einfache Punkte, die Sie beachten, besser noch als Selbstständige »leben« sollten, um Ihr Unternehmen Schule, Beratungs- oder Therapiepraxis optimal führen zu können.

Punkt 1: Stärken erkennen

Wenn Sie am Markt bestehen möchten, müssen Sie genau wissen, was Sie selbst wollen und können. Und, genauso wichtig, was nicht. Kennen Sie Ihre Stärken? Identifizieren Sie sich mit der von Ihnen angebotenen Dienstleistung? Nur wenn Sie selbst überzeugt sind, werden Sie auch potentiell interessierte Kunden erreichen und deren Nachfrage erfolgreich bedienen.

Punkt 2: Vision entwickeln

Haben Sie mehr als nur eine Idee? Wo wollen Sie mit Ihrer selbstständigen Tätigkeit hin? Was sind Ihre unternehmerischen Ziele? Entwerfen Sie eine Vision und beginnen dann mit dem ersten Schritt. Auch bei allen nachfolgenden Schritten behalten Sie Ihre Vision im Blick und orientieren Sie sich daran.
Dem Yogi Sivananda wird der Satz zugesprochen: Sind deine Mittel klein und dein Vorhaben groß, handle trotzdem, denn mit deinem Tun werden dir die erforderlichen Mittel zufließen.

Punkt 3: Zahlen definieren

Bereits unter »Kalkulation« erwähnt, gehören dazu Umsatz, Gewinn, Kosten und Cash-Flow, aber andere Größen werden dadurch nicht erfasst. Ihr Marktpotential, die Zufriedenheit Ihrer TeilnehmerInnen oder PatientInnen, Ihr Ansehen in der Öffentlichkeit (Image) sind wichtige Größen, die Sie selbst definieren und herausfinden müssen.

Punkt 4: Prioritäten setzen

Behalten Sie Ihre Vision im Auge und Ihre anderen strategischen Ziele. Messen Sie daran Ihre Aktivitäten. Bringt mich dieses Angebot weiter oder ist es nur mit viel Zeitaufwand verbunden? Müssen Sie alles selber machen? Schaffen Sie sich Zeit und geben Aufgaben ab an externe Berater oder Dienstleister (Steuer-, Betriebsberater, Schreibbüro). Behalten Sie das große Ganze im Blick und verlieren Sie sich nicht zu sehr im Detail.

Punkt 5: Sich (und andere) fordern

Sie haben Ihre Ziele im Geschäftsplan schriftlich festgelegt. Messen Sie sich auch nach Monaten oder Jahren daran? Fordern Sie sich dazu heraus und schreiben Sie zum Beispiel in jedem Quartal einen Geschäftsbericht. Mit ungeschönten Zahlen, mit realistischen Planungen und Sollzahlen können Sie ihn auch Ihrem Steuerberater oder Ihrer Beraterin bei der Bank geben. Überprüfen Sie die tatsächliche Entwicklung und werden Sie so immer besser.

Punkt 6: Freiräume schaffen

Gönnen Sie sich nicht nur eine Auszeit im Jahr in Form von Urlaub. Kreativität und Ideen brauchen Freiräume. Machen Sie mal zwischendurch einen Spaziergang. Trinken Sie am Vormittag, »wenn alle anderen arbeiten«, mal einen Kaffee oder Tee in einem schönen Bistro. Lassen Sie immer mal wieder »die Seele baumeln« und beschäftigen Sie sich nicht nur mit dem Geschäft.

Punkt 7: Orientieren Sie sich an der Kundschaft

Versetzen Sie sich immer mal wieder in die Lage Ihrer KundInnen, TeilnehmerInnen, KlientInnen. Warum sollen die zu Ihnen kommen? Was bieten Sie ihnen konkret an? Was ist der spezifische Nutzen Ihrer Dienstleistung? Die Antworten sollten Ihnen ziemlich schnell einfallen. Denn wenn Sie es nicht wissen, woher dann die Kundschaft? Fragen Sie immer wieder nach und beginnen Sie so ein nachhaltiges Qualitätsmanagement. Mehr dazu weiter unten auf dieser Seite.

Punkt 8: Intuition nutzen

Zahlen und Analysen sind wichtig für die täglichen Entscheidungen. Aber vertrauen Sie mindestens ebenso auf Ihre »innere Stimme«. Nehmen Sie immer wieder Abstand von Schreibtisch und Computer und lassen Sie ihre Intuition zu Wort kommen. Sie können sich auf Ihr Gefühl verlassen.

Punkt 9: Selbstmotivation

Halten Sie sich immer wieder vor Augen, warum Sie das wollen, was Sie tun. Genießen Sie die Freude an Ihrem Tun. Und feiern Sie die Erfolge.

Qualität feststellen, sichern und entwickeln

»Qualitätsmanagement« ist in der Wirtschaft spätestens seit Ende der 1980er Jahre ein Dauerthema. Anlass war und ist zum einen der Kostenfaktor mit der Fragestellung: Wie lässt sich Qualität sichern bei gleichzeitiger Material- oder Kostenersparnis? Zum anderen hat die immer weitreichendere Zusammenarbeit (Globalisierung) verbindliche gemeinsame Standards nötig gemacht, damit auch tatsächlich ein in Asien produziertes Teil funktionstüchtig in eine deutsche Maschine in einem südamerikanischen Werk eingebaut werden kann. Diese Standards und wie sie erreicht werden, aber auch wie die Kontrolleure dieser Standards auszubilden sind, regelt seit Jahren eine weltweite Norm, die DIN EN ISO 9000 ff.

Zunächst möchte ich aber ein grundsätzliches Problem ansprechen: Qualität ist als solche nicht messbar, sondern stets abhängig vom subjektiven Erleben, Voreinstellungen und Erwartungen. Was macht zum Beispiel die Qualität einer Schokolade aus? Der Schmelz oder der Kakaoanteil? Die Milch oder die beigefügten Nüsse und Rosinen? Letztlich entscheidet über die subjektive Qualität nur der Geschmack des Einzelnen.
Um Qualität messbar zu machen, müssen zunächst Standards entwickelt werden, die aussagen, wie etwas sein soll. Daran kann man dann konkrete Leistungen messen. Mache ich im Schokoladenbeispiel den Kakaoanteil tatsächlich zum Qualitätsstandard, dann muss ich festlegen, ab wann welche Qualitätsstufe erreicht ist, bei 15, 20 oder bei 40 Prozent Kakaoanteil. Das Gleiche gilt auch für unsere Arbeit in Unterricht, Beratung und Therapie.

LEITFADEN

Vielleicht hat Ihr Verband schon Richtlinien zur Qualitätssicherung erarbeitet. Dann können Sie sich daran orientieren. Manche Regelungen eines Qualitätsmanagements sind bereits vorhanden, ohne dass sie als solche benannt würden. Die Verpflichtung zur permanenten Fortbildung ist hierfür als Beispiel zu nennen. Das sichert die Qualität der Beratung oder des Unterrichts und kann sie auf Dauer fortentwickeln.

Wenn Ihnen keine Qualitätsstandards zur Verfügung stehen, so können Sie trotzdem für sich selbst und Ihre Arbeit ein persönliches System für ein Qualitätsmanagement entwickeln. Schauen Sie sich Ihr Gründungs- beziehungsweise Ihr Geschäftskonzept an. Die dort benannten Ziele können Sie natürlich noch ergänzen. In einem ersten Schritt definieren Sie noch einmal ganz konkret die Ziele und entwickeln daraus Ihre Standards.

Ein Bereich kann zum Beispiel lauten: Kundenorientierung. Was gehört nun standardmäßig dazu? Das könnte heißen, dass Sie für sich festlegen, dass alle schriftlichen Anfragen innerhalb von zwei Tagen beantwortet werden und Mailanfragen am gleichen Tag. Die maximale Anzahl der Teilnehmenden in einem Kurs, die gesamte Anzahl Kurse zu unterschiedlichen Zeiten können Sie standardmäßig ebenso festlegen.

Zu einem interaktiven Qualitätsmanagement gehört auch die Einbeziehung derjenigen, die im Mittelpunkt stehen sollen, nämlich die KundInnen, also diejenigen, die zu Ihnen in den Kurs, in die Beratung oder Therapie kommen. Befragen Sie Ihre Teilnehmenden regelmäßig nach Verbesserungswünschen, Vorschlägen und Ideen, wie Ihr Angebot noch attraktiver werden könnte. Sie müssen ja nicht gleich jeden Vorschlag umsetzen, aber Sie werden überrascht sein, was bei einer solchen Befragung alles an guten Ideen zusammenkommen kann.

Der nächste Schritt in einem QM-System besteht darin, die Nachhaltigkeit festzulegen. Es geht also darum, nicht eine einmalige »Qualitäts-Aktion« zu veranstalten, sondern systematisch und regelmäßig (einmal im Halbjahr oder Jahr) alle Punkte anzuschauen, zu messen und festzuhalten. So werden Sie mit der Zeit eine »Fieberkurve« der Qualität Ihres Angebotes erhalten, können Trends erkennen und – mit der positiven Entwicklung Ihrer Qualität – eine solide Werbung machen.

Denn natürlich gilt gerade auch in unserem Bereich: Letztlich ist für unsere Kunden die – subjektiv empfundene – Qualität unseres Angebotes entscheidend.

Notizen:

Hilfe, ich mache Gewinn!

In diesem Kapitel geht es um das große Thema Steuern. Damit es etwas übersichtlicher wird für Ihre Nutzung, haben wir es in drei Bereiche gegliedert.

Im ersten Teil geht es darum, wie Sie Ihren tatsächlich gemachten Gewinn aus selbstständiger Tätigkeit ausrechnen können. Dazu stelle ich Ihnen die Einnahme-Überschuss-Rechnung zur so genannten Gewinn- und Verlustermittlung vor und gebe ein paar Tipps für eine einfache »Buchführung«.

Im zweiten Teil folgt eine Darstellung verschiedener Betriebsausgaben und was Sie dabei beachten müssen (oder sollten), damit Ihre Ausgaben auch vom Finanzamt anerkannt werden.

Im dritten Teil schließlich finden Sie Hinweise, was Sie vom Finanzamt zu erwarten haben – beziehungsweise umgekehrt –, und zwar aufgegliedert nach der Höhe Ihres Gewinns.

Am Ende des Kapitels finden Sie einige zusätzliche Informationen, zum Beispiel, was zu tun ist bei einer möglichen Betriebsprüfung durch das Finanzamt, zur Hilfe von SteuerberaterInnen und weiterführende Informationen zum Thema Steuern.

So, jetzt geht's los:

Im vorhergehenden Kapitel habe ich schon darauf hingewiesen, dass die Einnahmen, die Sie durch Beratung oder Unterricht erzielen, noch kein »Verdienst« sind. Gerade am Anfang arbeitet man voreilig mit einer Kassenführung nach Kontostand und Bargeldmenge. Damit wird jedoch der wichtigste »Teilhaber« an unseren geschäftlichen Aktivitäten noch nicht eingeplant: das Finanzamt. So ist die Formel »Einnahmen minus Ausgaben gleich Gewinn« auch nur bedingt richtig. Die Fachleute sprechen hier vom »Gewinn vor Steuern«.

Auf alle Einnahmen ihrer Bürgerinnen und Bürger hat nämlich die Bundesrepublik Deutschland, gemeinhin kurz »der Staat« genannt, anteilig einen gesetzlichen Anspruch, den wir unter dem Begriff »Steuer« kennen.

Dass wir uns nicht falsch verstehen: Ich finde Steuerzahlungen völlig in Ordnung! Das zugrundeliegende Prinzip ist nicht schlecht (auch wenn bessere Systeme denkbar sind), dass nämlich alle im Rahmen ihrer Möglichkeiten in einen großen gemeinsamen Topf einzahlen und davon die Ausgaben und Investitionen getätigt werden, die die Verantwortlichen für nötig erachten. Ich fahre gerne auf gut ausgebauten Straßen und Gleisen, bin im Notfall froh über Rettungsdienst und Krankenhäuser, eine funktionierende Justiz und Bildungseinrichtungen. Trotzdem möchte ich im Folgenden nicht nur zeigen, was zu tun ist, damit »der Staat« an seine Steuer kommt, sondern auch, was möglich ist, damit wir nicht zu viel zahlen.

Zitat unseres Altbundeskanzlers Helmut Schmidt: »Wer die Pflicht hat Steuern zu zahlen, hat auch das Recht Steuern zu sparen.«

Aber: Spare nie, nur um gut gespart zu haben!
Halten Sie Ihren Erfolg nicht künstlich auf, indem Sie danach trachten, Freigrenzen nicht zu überschreiten. Vor lauter Aufpassen und Kleinrechnen kommen Sie zu nichts. Wenn es gut für Sie läuft, dann kalkulieren Sie Ihre Steuerzahlungen ebenso ein wie alle anderen Ausgaben auch. Das erhöht zwar nicht den Spaß an der Zahlung, verbessert aber mit Sicherheit Ihre strategische Finanzplanung und sichert Ihr Vorwärtskommen.

Gewinnermittlung

Zunächst also die Überlegung, wie wir den eigentlichen Gewinn für das Finanzamt (und für uns) korrekt ermitteln.

Dazu erst mal ein bisschen finanzamtliches Behördendeutsch:
Der Gesetzgeber verlangt für so genannte Gewinneinkünfte, das heißt auch für Einnahmen aus selbstständiger Tätigkeit, eine Gewinnermittlung durch so genannten »Betriebsvermögensvergleich« (nachzulesen im § 4 Abs. 1, 5 Einkommensteuergesetz, EStG).

Dies erfordert eine doppelte Buchführung, das Erstellen einer Bilanz und eine Gewinn- und Verlustrechnung.

So, einmal tief durchatmen und – Entspannung:
Einfacher geht es für freiberuflich selbstständig Tätige, also für alle KursleiterInnen, freiberufliche BeraterInnen, und alle anderen lehrend, erziehend oder heilend Tätigen. Sie dürfen die Gewinnermittlung durchführen durch die so genannte »Einnahme-Überschussrechnung«. Diese ist im Vergleich zum »Betriebsvermögensvergleich« stark vereinfacht und bringt auch für die Erfassung der nötigen Belege einige Vorteile.

Bei der Gewinnermittlung durch Einnahme-Überschussrechnung genügt die Aufzeichnung der Betriebseinnahmen und der Betriebsausgaben.

LEITFADEN

Was sind »Betriebseinnahmen«?

Dies sind alle Einnahmen, die Sie durch Ihre selbstständige Tätigkeit erzielen. Gegebenenfalls müssen bei Umsatzsteuerpflicht die Einnahmen getrennt erfasst werden nach den unterschiedlichen Steuersätzen von sieben beziehungsweise sechzehn Prozent.

Umsatzsteuerpflichtig werden alle Selbstständigen (oder Gewerbetreibenden), wenn der Umsatz, also die Summe aller Einnahmen, in einem Jahr über 17.500 Euro liegt. (Mehr zur Umsatzsteuer ab Seite 112)

Begrifflich gehören zu den Betriebseinnahmen alle Einnahmen in Geld oder Sachwerten (!), die im betrieblichen Rahmen zufließen. Das sind zum einen so genannte »Erlöse aus erbrachten Leistungen« wie Kursentgelte, Honorare aus sonstigem Unterricht, Beratungshonorare etc. Zum anderen »Erlöse aus Hilfs- und Nebengeschäften«, wie beispielsweise dem Verkauf von Anlagevermögen (der alte PC oder Bürostuhl ...), aber auch Zinsen auf Forderungen, etwa durch Mahnungen an KursteilnehmerInnen.
Wer umsatzsteuerpflichtig ist, muss auch die Umsatzsteuer mit als Einnahme verbuchen, denn die Umsatzsteuer ist kein »durchlaufender Posten«! Diese scheinbare Ungleichbehandlung gleicht sich dadurch aus, dass Umsatzsteuerzahlungen an das Finanzamt wiederum als Betriebsausgaben verbucht werden.

Was sind »Betriebsausgaben«?

Kurz gesagt: alle Ausgaben, die Ihnen im Zusammenhang mit Ihrer selbstständigen Tätigkeit entstehen. Und ich meine: alle! Dazu später im Einzelnen mehr.
Die Betriebsausgaben sind ebenso wie die Betriebseinnahmen so aufzuzeichnen, dass ein »sachverständiger Dritter«, wie es im Gesetz heißt, sie leicht und einwandfrei prüfen kann.
Alle Ausgaben müssen einzeln, fortlaufend und unter Angabe des Datums sowie des Verwendungszweckes aufgezeichnet werden. Fehlen diese Angaben aus irgendeinem Grund auf einem Beleg, so sollten Sie diese immer sofort ergänzen (lassen), denn ansonsten könnte bei einer eventuellen Betriebsprüfung die Anerkennung verweigert werden!
Bitte beachten Sie, dass eine zusammenfassende Buchung, zum Beispiel aller Ausgaben eines Tages, nicht zulässig ist! Auch dies führt zur Verweigerung der steuerlichen Anerkennung.

Buchführung mit »amerikanischem Journal«

Die Betriebsausgaben (und Einnahmen) können zur Aufzeichnung durch die Einrichtung mehrerer Spalten in einem so genannten »amerikanischen Journal« so aufgeteilt werden, dass die hauptsächlich vorkommenden Ausgaben in je einer Spalte erfasst werden.

Diese Form kann auch durch Einrichtung einzelner Spalten in einer einfachen EDV-unterstützten Buchhaltung mit jedem gängigen Tabellenkalkulationsprogramm gewählt werden.

Nachfolgend ein Beispiel für ein so genanntes »amerikanisches Journal« für einige häufig vorkommende Ausgaben:

Datum	Porto	Fach-bücher	Werbe-ausgaben	Blumen etc.	Büro-material
12.5.	10,-	24,80			
13.5.					12,-
17.5.	7,-		89,-	5,50	28,75

Übrigens: Amerikanische Journale können Sie sich selbst erstellen oder auch im Fachhandel als gebundene Kladde erwerben – was wiederum eine Betriebsausgabe für die Rubrik »Büromaterial« darstellt.
Wird das amerikanische Journal in einem Tabellenkalkulationsprogramm angelegt, so lässt sich durch die Additionsfunktion leicht die Gesamtsumme der jeweiligen Ausgabenposten bilden.
Durch die Erfassung der Betriebseinnahmen und Betriebsausgaben bei Zufluss und Abfluss besteht somit eine einfache Möglichkeit, die Höhe des Gewinnes zu beeinflussen.

Stellen Sie gegen Ende des Jahres fest, dass Ihr Gewinn im laufenden Jahr relativ hoch ausfallen wird, können Sie fällige Rechnungen noch vor Jahresfrist bezahlen oder aber eigene Rechnungen für Ihre Leistungen erst zu Beginn des Folgejahres an Ihre Kunden schicken beziehungsweise Kursgebühren für Kurse, die über den Jahreswechsel laufen, erst im Januar zahlen lassen. Durch vermehrte Zahlungen Ihrerseits erhöhen Sie Ihre Betriebsausgaben, bei gleichzeitigem Verschieben der betrieblichen Einnahmen senken Sie Ihren Gewinn.

Mindestens am Schluss des Kalenderjahres müssen die Betriebseinnahmen und die Betriebsausgaben jeweils zusammengerechnet werden.

Regelmäßig wiederkehrende Zahlungen wie Mietausgaben sind in dem Jahr zu berücksichtigen, zu dem sie »wirtschaftlich gehören«. Das heißt, dass die abgebuchte Miete für Januar 2003, die bereits Ende Dezember 2002 vom Konto ging, tatsächlich erst bei den Betriebsausgaben für Januar 2003 zu berücksichtigen ist. Die Finanzbehörden setzen für diese Fälle voraus, dass Fälligkeit und Bezahlung »kurze Zeit«, das ist ein Zeitraum von zehn Tagen, vor oder nach dem Kalenderjahreswechsel liegen.

LEITFADEN

Geringwertige Wirtschaftsgüter

So genannte »geringwertige Wirtschaftsgüter« (GWG) sind alle Geräte und Maschinen, aber auch Möbel und anderes, die bei Bezahlung nicht mehr als 475,60 Euro kosten. Für Umsatzsteuerpflichtige: Dies ist der Bruttobetrag einschließlich Umsatzsteuer! Diese dürfen im Jahr der Anschaffung in vollem Umfang als Betriebsausgaben geltend gemacht werden. Das Finanzamt freut sich über eine separate Aufstellung dieser »GWG« in Ihrer Gewinn- und Verlustermittlung (siehe Seite 89) und honoriert sie mit meist anstandsloser Akzeptanz der Vorlage.

Abnutzbares Anlagevermögen und Abschreibung

Bisher sind wir bei den Betriebsausgaben davon ausgegangen, dass diese sofort und im Ganzen abzugsfähig sind. Das ist auch meistens der Fall, mit einer wichtigen Ausnahme: Aufwendungen für so genanntes »abnutzbares Anlagevermögen« sind nicht im Jahr der Anschaffung gleich in voller Höhe abzugsfähig. Dies gilt für alles, was mehr kostet als 475,60 Euro, für Umsatzsteuerpflichtige gilt der Nettobetrag von 410 Euro, ebenso in allen folgenden Beispielen.
Hier ist vielmehr der jeweilige Satz für »AfA«, also die »Abschreibung für Abnutzung« zugrunde zu legen. Für Geräte wie Kopierer zum Beispiel 14,3 Prozent vom gesamten Anschaffungspreis pro Jahr. Für Telefone, Telefonanlagen, aber auch Mobiltelefone gilt der Abschreibungssatz von 25 Prozent pro Jahr, und für Computer 33,3 Prozent pro Jahr.

Alle Geräte und sonstigen Güter, die mehr als 475,60 Euro inklusive Mehrwertsteuer kosten, müssen nach vorgeschriebenen Sätzen abgeschrieben werden.

Eine kürzere Abschreibungszeit, also eine höhere »AfA« pro Jahr ist aber möglich, wenn dem Finanzamt schlüssig nachgewiesen werden kann, dass die entsprechenden Geräte einer besonderen und dauernden Beanspruchung unterliegen oder das Beibehalten eines aktuellen technischen Standes (etwa bei Computern) dringend notwendig ist für den Betrieb.

Für umsatzsteuerpflichtige Selbstständige gelten die »AfA«-Sätze in gleicher Höhe, aber die Umsatzsteuer darf bereits im ersten Jahr der Abschreibung in voller Höhe abgesetzt werden! Die »AfA« wird dann von den Nettobeträgen (Preis ohne Umsatzsteuer) berechnet.
Wer nicht umsatzsteuerpflichtig ist, muss die »AfA« vom Bruttobetrag (Kaufpreis inkl. Umsatzsteuer) berechnen.

Ende der Abschreibung

Am Ende der Abschreibungszeit wird das Gerät weiter unter den so genannten »Anlagegütern« geführt. Da aber in der Zwischenzeit die Anschaffungskosten vollständig abgeschrieben sind, wird es nur noch mit einem »Erinnerungswert« von einem Euro geführt. Wird ein betrieblich angeschafftes Gerät veräußert, so ist diese Einnahme ein »sonstiger Erlös« bei Ihren Betriebseinnahmen.
Immer wieder kommt es zu gerichtlichen Auseinandersetzungen bei der Frage, wie zum Beispiel ein Computer und ein Bildschirm im Sinne der »AfA«-Vorschrift zu betrachten sind.
Kosten nämlich sowohl der Rechner als auch der Bildschirm weniger als 475,60 Euro inkl. Umsatzsteuer, könnte man ja sagen, dass beide als »geringwertiges Wirtschaftsgut« zu betrachten sind. So könnten die Kaufbeträge gleich in voller Höhe als Betriebsausgaben angesetzt werden. »Geht nicht«, sagen die Finanzämter, weil ja ein PC ohne Bildschirm nicht zu betreiben ist. Diese beiden Geräte bilden also eine »Einheit« und müssen in der Höhe ihrer gemeinsamen Summe angesetzt werden.

Anders kann man aber bei einem Drucker, Scanner oder sonstiger Peripherie für den PC argumentieren, wenn nicht alles am gleichen Tag beim gleichen Händler gekauft wird! Denn dann können die einzelnen Zusatzteile alleine betrachtet werden und gehen als geringwertiges Wirtschaftsgut gleich in voller Höhe in die Betriebsausgaben ein.

Entsprechendes gilt auch bei der Ausstattung von neuen Räumen, zum Beispiel für eine Schule oder ein Studio. Kaufen Sie die Übungsmatten, Stühle oder sonstiges Zubehör strategisch so, wie es für Sie am günstigsten ist. Entweder also in der tatsächlich benötigten Menge und einer Gesamtsumme über 475,60 Euro. Dann haben Sie über die gesamte Zeit der »Abschreibung für Abnutzung« konstante Ausgaben. Oder Sie kaufen in Posten jeweils unter 475,60 Euro und können alles direkt im Jahr der Anschaffung absetzen.

Alternative Leasing?

Wer seine EDV-Anlage professionell nutzen, aber auch in zwei oder drei Jahren nicht hinter der technischen Entwicklung her hinken will, dem bietet sich die Alternative des Leasings. Dabei suchen Sie sich einen Händler Ihres Vertrauens und lassen sich die Hard- und Software zusammenstellen, die Sie benötigen. Den Kaufpreis zahlen dann nicht Sie, sondern eine Leasingbank. Das kann auch Ihre Hausbank sein, wenn sie gute Konditionen bietet. Dieser wiederum zahlen Sie eine monatliche Leasingrate über einen vorher vereinbarten Zeitraum (meist zwei bis drei Jahre) und nutzen die Maschine wie Ihre eigene.
Nach Ablauf der Leasingzeit geben Sie je nach Vertragsgestaltung den nun gebrauchten PC zurück und können sich auf dem Markt nach einem

Neugerät umschauen. Das lästige Verkaufen entfällt ebenso wie das Beachten der Abschreibung bis zum Ende der »AfA«-Zeit.

Die monatlich an die Bank zu zahlenden Leasingraten sind bei entsprechender Gestaltung des Finanzierungslaufplans steuerlich voll als Betriebsausgaben absetzbar.

Sie sollten Software nur in Ausnahmen über den Leasingvertrag laufen lassen, da diese ansonsten am Ende der Leasingzeit ebenfalls zurückgegeben werden muss!

Die Abschreibung monatsgenau berechnen

Bei Anschaffungen über 475,60 Euro brutto müssen Sie seit 2003 immer monatsgenau die jeweilige Abschreibungshöhe berechnen.

Dazu zwei Beispiele:
Petra S. kauft zwanzig Stühle für ihre Praxis zum Gesamtpreis von 800 Euro am 15. Mai 2004. Die Abnutzung für Stühle liegt bei fünf Jahren. Die »AfA« beträgt also jährlich 800 : 5 = 160 Euro. Für das Anschaffungsjahr sind daraus die verbleibenden 7/12 (Zeitraum Juni bis Dezember) zu errechnen: (160 : 12) x 7 = 93,33. Für 2004 kann Petra S. also noch 93,33 Euro abschreiben. Für 2005 bis 2008 jeweils 160 Euro und für 2009 noch mal 5/12 der Jahres-AfA, (160 : 12) x 5, also 66,67 Euro.

Simon P. kauft für seine Praxis ebenfalls zwanzig Stühle für 800 Euro, aber erst am 15. August 2004. Die »AfA« beträgt im Anschaffungsjahr bei ihm 4/12, also (160 : 12) x 4 = 53,33 Euro. Im Jahr 2009 bleiben ihm noch 8/12 zum Abschreiben, also (160 : 12) x 8 = 106,67 Euro.

Wenn Sie Geräte, Möbel usw. veräußern wollen, die der »AfA« unterlagen, so müssen Sie die dafür erhaltenen Beträge als Betriebseinnahmen verbuchen.

Bewirtungskosten und Geschenke separat auflisten

Bitte beachten Sie, dass die Ausgaben für »Bewirtungen« zwingend in einer eigenen Spalte im Journal aufgeführt werden müssen und ebenfalls bei der Erstellung der Einnahme-Überschussrechnung! Wird dies nicht beachtet und gegebenenfalls unter »Sonstiges« verbucht, werden Bewirtungskosten wie auch Ausgaben für »Geschenke« an Kunden nicht anerkannt. Mehr zu Bewirtung und Geschenke lesen Sie ab Seite 100 bzw. 105.

Mit den Summen in Ihrem amerikanischen Journal, die Sie nun am Ende eines Jahres gebildet haben, lässt sich leicht eine Einnahme-Überschussrechnung zur Ermittlung des Betriebsergebnisses erstellen.

Muster einer Einnahme-Überschussrechnung

Diese hier beispielhaft dargestellte Ermittlung des Betriebsgewinns für ein Kalenderjahr wird in das Formular »EÜR« (für Einnahmen-Überschuss-Rechnung) zur Einkommenssteuererklärung übertragen. Das Formular »EÜR« liegt in Ihrem Finanzamt aus. Als Download ist das Formular sowie eine Ausfüllhilfe zu bekommen auf der Website www.finanzamt.de. Ein Muster finden Sie im Anhang auf Seite 154 ff.
In der Musterrechnung nebenan finden Sie in Klammern jeweils die Zeile im Formular »EÜR« angegeben, in der der Betrag einzutragen ist.
Bei einem Jahresumsatz unter 17.500 Euro ist eine eine formlose Gewinnermittlung (wie nebenstehend) ausreichend.

Betriebseinnahmen
Honorare	15.000	(Z. 4)
Verkauf Anlagevermögen	500	(Z. 8)
Summe Betriebseinnahmen:	15.500	(Z. 12)

Betriebsausgaben
Werbeausgaben	800	(Z. 17)
Versicherungen	800	(Z. 17)
geringwert. Wirtschaftsgüter	600	(Z. 23)
lfd. Kosten KFZ	1.550	(Z. 25 – 29)
Geschenke	102	(Z. 40)
Bewirtungen	198	(Z. 41)
Porto	200	(Z. 46)
Büromaterial	200	(Z. 46)
Fachbücher	200	(Z. 47)
Blumen etc.	50	(Z. 49)
Summe Betriebsausgaben	4.700	(Z. 53)

Gewinnermittlung
Betriebseinnahmen	15.500	
abzüglich		
Betriebsausgaben	4.700	
Gewinn	10.800	(Z. 57)

❗ Bitte verschonen Sie das Finanzamt mit Ihrer Belegsammlung, die Sie parallel zur Erfassung der Beträge im amerikanischen Journal angelegt haben. Diese Belege bewahren Sie im Büro auf, zum Beispiel für eine eventuelle Betriebsprüfung. Die Aufbewahrungszeit ist gesetzlich vorgeschrieben und beträgt zehn Jahre. Alle buchhaltungsrelevanten Unterlagen gehören dazu und es ist gesetzliche Pflicht, alle Unterlagen, die Auskunft über betriebliche Einnahmen oder Ausgaben geben, über diesen Zeitraum zu verwahren.

Absetzbare Betriebsausgaben

Grundsätzlich können Sie alle Ausgaben im Zusammenhang mit Ihrer selbstständigen Tätigkeit als Betriebsausgaben ansetzen. Sie sind der Finanzbehörde keine Rechtfertigung schuldig, warum dieses oder jenes von Ihnen betrieblich gebraucht wird. Allerdings empfehle ich Ihnen, bei Nachfrage einer Sachbearbeiterin oder eines Sachbearbeiters des Finanzamtes eine ausreichende Auskunft zu Ihren Ausgaben zu geben.

LEITFADEN

Aber, auch wenn ich mich wiederhole: Dem Finanzamt steht es nicht zu darüber zu befinden, ob etwas betrieblich veranlasst und/oder gebraucht wird oder nicht. Dies gehört nicht zu den Aufgaben der Behörde. Ich unterstelle noch dazu, dass dafür den SachbearbeiterInnen meist auch schlicht die Fachkenntnis fehlt.

Lassen Sie sich aber nicht auf Diskussionen am Telefon oder im Amt ein, sondern machen Sie sachlich begründet die Ausgaben geltend!

Also, egal ob Räucherstäbchen, Duftöle, Blumen für die Raumdekoration, ein Mobile an der Decke oder Glühbirnen, Geschirr, Seife, Kaffee/Tee und was auch sonst immer: Dies alles sind betriebliche Ausgaben, wenn Sie diese Mittel für Ihre Arbeit benötigen.

Allerdings erleichtern Sie sich und dem Finanzamt die Anerkennung, indem Sie Dinge wie beispielsweise Räucherstäbchen oder Duftöle zusammenfassen unter dem Ausgabenpunkt: »Seminar- oder Kursbedarf«. Seife, Klopapier und Ähnliches wird zusammengefasst zu »Reinigungsmittel«. Kaffee oder Tee fallen unter »Bewirtungskosten«, wozu ich weiter unten noch mehr zu sagen habe. Die Bilder an der Wand Ihrer Praxis, Ihres Büros oder Seminarraumes, ob gerahmte oder ungerahmte Poster oder Originale, sind ebenfalls Betriebsausgaben und gehören zu »Ausstattung«.

Hier ist aber zu beachten, dass insbesondere bei teuren Originalen eine vertretbare Relation zwischen betrieblich erzieltem Gewinn und Höhe der betrieblich geltend gemachten Ausgaben bestehen sollte. Sicher ist ein Druck oder Original um die 300 Euro in Ordnung, wenn Sie einen Jahresgewinn erzielen, der jenseits der 20.000 Euro liegt. Aber wenn der »kleine Rizzi oder Polke« mehr als zehn Prozent Ihres Jahresgewinnes kostet, dann könnte es schwierig werden mit der Betriebsausgabe, wenngleich es gerade in diesem Bereich immer wieder zu interessanten Entscheidungen der Finanzgerichte kommt ...

Ab hier gibt's jede Menge Tipps zum Umgang mit den Finanzbehörden, zum Steuern sparen und zu Betriebsausgaben im Einzelnen!

Arbeitszimmer

Steuerlich abzugsfähig sind Aufwendungen für ein häusliches Arbeitszimmer nur, wenn das Arbeitszimmer so gut wie ausschließlich beruflich genutzt wird oder für diese Tätigkeit kein anderer Arbeitsplatz zur Verfügung steht. Soweit die Definition des Sachverhalts.

Die Unterscheidung eines »häuslichen Arbeitszimmers« im Gegensatz zum Büro (zum Beispiel eines Freiberuflers) in der Wohnung ist mit dem Jahressteuergesetz 1997 entfallen.

Wann ist ein Zimmer ein »Arbeitszimmer«?
Ein häusliches Arbeitszimmer ist ein zur Wohnung gehörender – vom übrigen Wohnbereich aber getrennter, also eigener Raum. Die Vorgaben dazu sagen vor allem zweierlei: Das Arbeitszimmer muss abgeschlossen sein

(im Gegensatz zu einem Bereich oder einer Ecke in einem größeren Raum); es darf kein Durchgangszimmer sein, außer für wenig genutzte Räume wie etwa Schlafzimmer oder Abstellkammer.

Das Arbeitszimmer, das diese Voraussetzungen erfüllt, muss »ausschließlich oder nahezu ausschließlich« zu beruflichen beziehungsweise betrieblichen Zwecken genutzt werden. In der Regel ist eine geringe, bis zu zehnprozentige anderweitige, also auch privat veranlasste Nutzung unerheblich. So darf ein Arbeitszimmer gelegentlich als Gästezimmer zur Verfügung gestellt werden. Auch das Erledigen von Haushaltsarbeiten wie Bügeln ist nicht abträglich. Allerdings sollte die gesamte Ausstattung möglichst nur dem »beruflich bedingten Arbeiten« dienen. Ein Sofa, auf dem Fachliteratur studiert wird, Kundinnen und Kollegen empfangen werden können, das aber auch als Schlafcouch umfunktioniert werden kann, ist unstrittig. Schwieriger wird es da schon mit dem Kleiderschrank. Gänzlich zu vermeiden sind Geräte wie Waschmaschine und/oder Tiefkühlschränke – ist leider kein Witz, wurde bei einer Prüfung vor Ort bemängelt und führte zur Ablehnung der Anerkennung des Raumes als Arbeitszimmer.

Die Aufwendungen für das Arbeitszimmer
Nach der seit 1997 geltenden Regelung werden Aufwendungen entweder unbegrenzt oder begrenzt bis zur jährlichen Höhe von 1.250 Euro oder aber gar nicht zugelassen.

Wonach richtet sich nun diese Zulassung?
Die Aufwendungen für ein häusliches Arbeitszimmer dürfen dann unbegrenzt als Betriebsausgaben geltend gemacht werden, wenn es den so genannten »Mittelpunkt der gesamten betrieblichen Betätigung« darstellt. Nach dem »Gesamtbild der Verhältnisse und der Tätigkeitsmerkmale muss dort der Schwerpunkt aller im betrieblichen Bereich ausgeübten Tätigkeiten« stattfinden. Es darf keine dauerhaften Tätigkeiten außerhalb des Arbeitszimmers geben. Wenn Sie also in Ihrem häuslichen Arbeitszimmer – oder in mehreren Zimmern im gleichen Haus – lehren, beraten oder heilend beziehungsweise therapeutisch tätig sind, so können Sie alle Ausgaben für diesen Raum beziehungsweise diese Räume uneingeschränkt als Betriebsausgaben geltend machen.

Für alle, die nicht nur zu Hause selbstständig tätig sind oder sein können, gilt Folgendes:
Unbegrenzt absetzbar ist das Arbeitszimmer daheim nur, wenn sich daran zum Beispiel auch der eigene Übungs- oder Praxisraum (oder Räume) anschließt. Dann gelten diese Räume und auch die weiteren betrieblich genutzten Räume wie Umkleideraum, WC, Materialraum für Matten etc. als Arbeitszimmer.

Ebenfalls ist das häusliche Arbeitszimmer immer dann voll absetzbar, wenn darin eine Angestellte, auch eine geringfügig Beschäftigte, also eine so genannte »400 Euro-Kraft«, arbeitet!

Für alle anderen gilt der begrenzte Abzug der Aufwendungen für ein häusliches Arbeitszimmer von 1.250 Euro pro Jahr unter nachfolgenden Bedingungen:
Das Arbeitszimmer wird für mehr als fünfzig Prozent der gesamten betrieblichen Tätigkeit genutzt. Maßgeblich ist dabei die tatsächliche zeitliche Dauer der Nutzung im Kalenderjahr. Denn eine qualitative Bewertung, etwa nach Höhe des im Arbeitszimmer erwirtschafteten Anteils am Gesamtumsatz, soll nicht vorgenommen werden.
Unabhängig von dieser 50-Prozent-Regelung ist ein begrenzter Abzug der Aufwendungen auch dann möglich, wenn für die betriebliche Tätigkeit kein anderer Arbeitsplatz zur Verfügung steht. Zu beurteilen ist dieser Umstand bezogen »auf die jeweilige steuerlich relevante Tätigkeit«.
Hier ist es bereits mehrfach zu Auslegungsdifferenzen zwischen Finanzbehörden und beispielsweise Yoga-Lehrenden gekommen. In einem konkreten Einzelfall wollte ein Sachbearbeiter des Finanzamtes die Aufwendungen für das häusliche Arbeitszimmer einer Yoga-Lehrerin nicht anerkennen, weil diese fast ausschließlich für eine örtliche Volkshochschule tätig ist. Begründung: Die VHS böte ausreichend Arbeitsraum, um die Vorbereitungen der Kurse dort vorzunehmen.

Deshalb ist es sehr empfehlenswert und im eigenen Interesse, wenn Sie Kosten für ein häusliches Arbeitszimmer geltend machen wollen, in einem kurzen Begleitschreiben zu begründen, weshalb Sie darauf angewiesen sind.

Sicher braucht die Planung eines Kurses unter anderem ein größeres Studium diverser Bücher und Schriften. Es ist denkbar, dass man auf alte Aufzeichnungen vorangegangener Kurse zurückgreifen muss. Die Abfolge der Übungen möchte manche für sich selbst zunächst daheim in der Vorbereitung abstimmen, ändern und auch nachspüren. Das alles ist nicht »irgendwo« möglich, sondern sollte dort stattfinden können, wo das Material, der Platz und die Atmosphäre dafür vorhanden sind – im eigenen Arbeitszimmer.
Wenn Sie eigene Kurse organisieren, so sollte es noch ein bisschen leichter fallen, das Arbeitszimmer zu begründen. Sie brauchen Platz und Ablage für die gesamte Kursorganisation, die Werbung, für Telefonate und schriftliche Kontakte.

Was zählt zu den Aufwendungen für ein häusliches Arbeitszimmer?
Unter die Aufwendungen für ein häusliches Arbeitszimmer fallen die Mietkosten prozentual anteilig an der Gesamtwohnfläche, also bei einer Raumgröße von 20 Quadratmetern bei 100 Quadratmetern Gesamtfläche entsprechend 20 Prozent, Renovierungen, gegebenenfalls beim Eigenheim die Abschreibungskosten am Gebäude, Schuldzinsen für Kredite (anteilig wie oben), wohnungs- beziehungsweise gebäudebezogene Versicherungen, prozentual anteilig (nach oben ermitteltem Satz) die Kosten für Wasser, Strom, Heizung, Schornsteinfeger, Müllabfuhr usw.

Arbeitsmittel sind noch etwas anderes!

Die Einrichtungsgegenstände des Arbeitszimmers gehören zu den Arbeitsmitteln, wenn sie ausschließlich oder nahezu ausschließlich beruflich genutzt werden, und sind im Gegensatz zu den gerade beschriebenen Aufwendungen unbegrenzt als Betriebskosten ansetzbar.
Dies gilt auch, wenn die Aufwendungen für das Arbeitszimmer selbst begrenzt sind oder gar nicht anerkannt wurden.
Ebenso dürfen Arbeitsmittel als Betriebsausgaben angesetzt werden, selbst wenn Sie nicht über ein separates Arbeitszimmer verfügen!
Die Kosten für Schreibtisch, Stuhl, Aktenschrank und Regale, Schreibtischlampe, Computer etc. sind auf jeden Fall abzugsfähige Arbeitsmittel.
Die oben genannte Couch stellt bereits einen Grenzfall dar, dürfte aber mit plausibler Begründung bei einer therapeutischen oder geistig-kreativen Tätigkeit auch noch durchgehen. Nach dem Motto: »Nur im Liegen auf meiner Couch habe ich die Inspiration, die mich beflügelt ...«

Der Gesetzgeber schreibt im § 4 Absatz 7 des Einkommensteuergesetzes (EStG) vor, dass alle Aufwendungen für das häusliche Arbeitszimmer gesondert aufgezeichnet werden müssen in der Gewinnermittlung. Am besten bilden Sie eine Summe für »Aufwendungen häusliches Arbeitszimmer« und eine weitere über »Arbeitsmittel«. Bitte denken Sie daran, dass Sie Anschaffungen mit einem Einkaufspreis über 475,60 Euro brutto nicht voll absetzen dürfen, sondern je nach Art und Gebrauchsdauer über einen entsprechend längeren Zeitraum abschreiben müssen (siehe Seite 86 f).

Ein Urteil vom Finanzgericht Köln (Aktenzeichen 7 K 4746/99):
Wer ein Arbeitszimmer im Nachbarhaus anmietet, darf die Kosten von der Steuer abziehen. Alle sonstigen damit verbundenen Kosten für Strom, Heizung, Wasser usw. sind ebenfalls in voller Höhe abziehbar.

Denn: Ein Büro außerhalb der eigenen vier Wände ist natürlich kein »häusliches Arbeitszimmer«. Deshalb gilt auch nicht die Begrenzung auf 1.250 Euro pro Jahr für die Aufwendungen für dieses Zimmer.
Aber daran denken, wenn Sie sich jetzt ein »nettes Vermietgeschäft« zum Beispiel mit den Eltern ausdenken: Mieteinnahmen müssen vom Vermieter als »Einnahmen aus Vermietung« versteuert werden. Kann sich aber trotzdem rechnen, wenn die Vermietenden vielleicht schon Rentner sind.

Vier Urteile zu wechselseitigen Mietverträgen unter Angehörigen:

Urteil 1
Das Finanzgericht (FG) München befand mit einem Urteil vom 24. September 1996, dass bei wechselseitiger Vermietung unter Angehörigen nicht notwendig Gestaltungsmissbrauch vorliegt, aber die Mietverträge müssen so vereinbart und durchgeführt werden wie zwischen fremden Dritten (Aktenzeichen: FG München 2 K 131/96 und Aktenzeichen: Bundesfinanzhof (BFH) IX B 125/96).

Urteil 2
Am 23. Juli 1996 entschied das Hessische Finanzgericht, dass Mietverhältnisse zwischen nahen Angehörigen steuerlich nicht anzuerkennen sind, wenn bei vereinbarter Barzahlung des Mietzinses zunächst keine Quittungen erteilt und erst im Rahmen der Überprüfung des Steuerfalles durch das Finanzamt der Mietvertrag und die Mietzahlungsquittungen schriftlich erstellt werden und zudem der schriftliche Mietvertrag keinen Hinweis auf die Möblierung der Mietwohnung enthält (Hessisches Finanzgericht, Az.: 5 K 2387/93).

Urteil 3
Ein Mietvertrag mit Angehörigen über eine Wohnung – im vom BFH am 28. Januar 1997 entschiedenen Fall in einem Zweifamilienhaus – ist nur dann steuerrechtlich anzuerkennen, wenn feststeht, dass die gezahlte Miete tatsächlich endgültig aus dem Vermögen des Mieters in das des Vermieters gelangt ist (Az. IX R 23/94).

Konsequenz:
Vereinbaren Sie unbedingt schriftlich einen üblichen Mietvertrag mit Kündigungsklauseln etc. und achten Sie auf unbare Zahlung des Mietzinses per Überweisung (auf getrennte Konten!). Bei Barzahlung stellen Sie sicher, dass stets sofort eine Quittung ausgestellt wird und im Mietvertrag diese Zahlweise geregelt ist.

Urteil 4
Der Bundesfinanzhof befand am 28. Februar 1997, dass das Mietverhältnis nicht deshalb als rechtsmissbräuchlich im Sinne des Paragraphen 42 Abgaben-Ordnung (AO) zu beurteilen sei, weil ein Steuerpflichtiger eine Wohnung an seine Tochter und ihren Ehemann vermietet hat und die Tochter unterhaltsberechtigt ist (Az. IX R 27/95).

Oder nutzen Sie doch Ihr Gartenhaus als Büro!
Nein, kein Scherz, denn Redakteur Schumann vom Wirtschaftsmagazin »impulse« reagierte 1998 so auf die Regelung der Finanzbehörden. Sein Gartenhäuschen gilt nicht als »häusliches« Arbeitszimmer, weil es nicht zum Haus gehört, auch wenn es auf dem gleichen Grundstück steht. Es gilt steuerrechtlich sogar als »sonstiges Arbeitsmittel«, ebenso wie Computer, Buchregal oder Schreibtisch. Weil es außerdem ein bewegliches Wirtschaftsgut darstellt (kein Fundament, kein Wasseranschluss), können Selbstständige solch ein »Haus« (als Bausatz ab etwa 1.000 Euro in Bau- oder Gartenmärkten) im ersten Jahr sogar bis zu 50 Prozent abschreiben (30 % Abschreibung plus 20 % Sonderabschreibung, siehe Seite 96). Liegt der Wert des Hauses inklusive Bodenanteil unter 20.500 Euro, zählt es außerdem nicht automatisch zum Betriebsvermögen, muss also nicht als so genannte »stille Reserve« versteuert werden.

Ansparabschreibung

Auch für freiberuflich Lehrende, Beratende oder TherapeutInnen ist es möglich, so genannte »gewinnmindernde Rücklagen« zu bilden, um zu einem späteren Zeitpunkt davon neue Anschaffungen zu tätigen, wie zum Beispiel Maschinen oder Ausstattungen.

Geregelt wird dies im Paragraph 7 g Abs. 3 bis 6 EStG.

Diese Bildung von »Rücklagen« wird »Ansparabschreibung« genannt, weil sie aus Einnahmen erfolgt, die dadurch aber nicht mehr zum Gewinn herangezogen, sondern als Betriebsausgaben angesetzt werden.
Im privaten Bereich spart zum Beispiel Iris, angestellte Physiotherapeutin und leidenschaftliche Snowboarderin, monatlich 100 Euro, um im Februar wieder in die Berge reisen zu können. Dieses »Ansparen« ist natürlich reine Privatsache. Das Ansparen im betrieblichen Bereich funktioniert aber im Prinzip ähnlich. Sie müssen angeben, wofür Sie ansparen, und dann wird der Ansparbetrag zur Betriebsausgabe – und mindert damit den Gewinn im laufenden Geschäftsjahr.

John G. betreibt seit einigen Jahren ein Studio für Entspannungstechniken. Er überlegt sich im Herbst 2002, dass er im nächsten Jahr neue Liegen anschaffen will. Die werden ihn ca. 2.500 Euro kosten. Für diese Investition bildet er eine Rückstellung bis maximal 40 Prozent des Gesamtbetrages von 2.500 Euro, also 1.000 Euro. Diese 1.000 Euro führt er in seiner Gewinn- und Verlustermittlung unter den Betriebsausgaben auf unter »Ansparabschreibung für Liegen 2003«.

Wenn Sie also überlegen, im nächsten oder übernächsten Jahr größere Anschaffungen zu machen, etwa einen neuen Geschäftswagen oder Computer zu kaufen oder auch die Ausstattung Ihrer Praxis oder Ihres Studios zu verbessern, so können Sie heute schon die Ansparabschreibung geltend machen.

Das Betriebsvermögen darf 204.517 Euro nicht überschreiten. Das muss Sie als FreiberuflerIn nicht weiter kümmern und Sie brauchen Ihr Betriebsvermögen auch nicht auszurechnen, denn von Gesetzgeberseite wird davon ausgegangen, dass Sie bei Einnahme-Überschuss-Rechnung stets mit Ihrem Betriebsvermögen unter dieser Grenze liegen.
Die maximale Höhe von 40 Prozent der geplanten Investitionskosten darf 154.000 Euro nicht überschreiten.
Für ExistenzgründerInnen gelten abweichend sogar noch bessere Konditionen: Die maximale Höhe für eine Ansparabschreibung liegt für sie bei 307.000 Euro. Und sie kann in den ersten fünf (statt sonst nur zwei) Jahren der Gründung gebildet werden, dem so genannten Gründungszeitraum.

Und wenn es dann doch nicht zur Anschaffung kommt?
Nun, das kann passieren und ist auch genau geregelt. Nach spätestens zwei Jahren muss die Rücklage, die als Ansparabschreibung geltend gemacht wurde, wieder aufgelöst werden. Entweder um für die geplante Investition die zusätzlichen Finanzmittel zu nutzen. Oder die Rückstellung wird ohne weitere Angabe von Gründen aufgelöst und muss nun zu den »sonstigen Erlösen« bei den Betriebseinnahmen gezählt werden. Allerdings ist hierzu noch ein Steuerzinszuschlag von 6 Prozent pro Jahr zu addieren.

Zwei Urteile zur Ansparabschreibung:

Urteil 1:
Das Finanzamt muss die Ansparabschreibung auch dann akzeptieren, wenn der/die Selbstständige offen lässt, wann er/sie gedenkt, Maschinen, Geräte oder Einrichtungen anzuschaffen. So hat das Finanzgericht Köln rechtskräftig geurteilt unter dem Aktenzeichen 7 V 126/02. Allerdings muss spätestens nach zwei Jahren die Rücklage wieder aufgelöst sein.

Urteil 2:
Der Bundesfinanzhof hat entschieden, dass spätestens zwei Jahre nach der Anschaffung der Wirtschaftsgüter die Ansparabschreibung eingebucht sein muss.
Einem Unternehmer war im verhandelten Fall die Ansparabschreibung nicht anerkannt worden, weil ihm erst nach mehr als zwei Jahren die Investition einfiel und er daraufhin die Einkommensteuerbescheide geändert haben wollte. Aktenzeichen des BFH-Urteils: XI R 18/01.

Sonderabschreibung

Abschreibung und kein Ende! Noch eine weitere Möglichkeit, die Einnahmen beziehungsweise Ausgaben legal zu steuern, besteht in der Sonderabschreibung. Wenn im Vorjahr eine Ansparabschreibung (siehe Seite 95) geltend gemacht wurde, kann bei Anschaffung neuer Wirtschaftsgüter, die den Sätzen der »Abschreibung für Abnutzung, AfA« (siehe Seite 86) unterliegen, im ersten Jahr eine »Sonderabschreibung-AfA« in Höhe von zwanzig Prozent geltend gemacht werden.
Voraussetzung, um eine Sonderabschreibung geltend machen zu können, ist eine Ansparabschreibung im Vorjahr. Manchmal lassen sich aber Investitionen beziehungsweise die gewinnsteuernde Nutzung nicht soweit im Voraus abschätzen. Da eine bestimmte Höhe der Ansparabschreibung nicht vorgeschrieben ist, können Sie bereits mit einer Ansparabschreibung von zehn Euro Ihren Anspruch auf die Möglichkeit der Sonderabschreibung sichern.
Da Existenzgründer keine Ansparabschreibung im Vorjahr geltend machen können, können sie im Gründungsjahr bei Anschaffungen neben der normalen Abschreibung ebenfalls einmalig die 20-prozentige Sonderabschreibung in Anspruch nehmen.

Diana H. hat im letzten Jahr mit ihrer Beratungspraxis nur mäßigen Umsatz erzielen können. Investitionen konnte sie keine tätigen – aufgrund fehlender finanzieller Möglichkeiten. Zur Sicherheit machte sie jedoch eine Ansparabschreibung geltend in Höhe von zwanzig Euro für »Büromöbel«. Tatsächlich läuft es in diesem Jahr sehr gut für Diana und so kauft sie endlich die von ihr gewünschten Möbel für den Besprechungsbereich. Dafür kann sie jetzt die Ansparabschreibung auflösen. Zusätzlich kann sie eine Sonderabschreibung geltend machen für das Anschaffungsjahr und dadurch die Betriebsausgaben gewinn- und damit letztlich steuermindernd steigern.

Rechenbeispiel dazu:
Ansparabschreibung (als Betriebsausgabe) im Vorjahr: 20 Euro
Möbel Besprechungsbereich: 1.000 Euro
AfA: 20 Prozent pro Jahr = 200 Euro
Sonderabschreibung im Jahr der Anschaffung: 20 Prozent = 200 Euro
abzüglich Ansparabschreibung aus Vorjahr: 20 Euro, ergibt als absetzbare Betriebsausgabe für die Möbel im ersten Jahr gesamt: 380 Euro.

Ausbildungskosten

Zunächst müssen wir hier unterscheiden zwischen Ausbildung und Fortbildung. Die Ausbildung dient in der Vorstellung der Finanzbehörden und des Gesetzgebers der Vorbereitung auf einen künftigen Beruf beziehungsweise eine künftige Berufsausübung, während durch eine Fortbildung die Kenntnisse im ausgeübten Beruf erweitert und den geänderten und/oder gestiegenen Anforderungen angepasst werden sollen.
Ob Ihre Bildungsmaßnahme der »Berufsausbildung« oder der »Berufsfortbildung« zuzuordnen ist, hängt insbesondere von Ihrem »Ausbildungsstand, von Ihrer beruflichen Stellung und von der erkennbaren Absicht ab, mit der Sie die Maßnahme verfolgen«.
Besteht ein enger Zusammenhang zwischen der »Bildungsmaßnahme« und dem ausgeübten Beruf, so spricht dies für eine Berufsfortbildung, besonders wenn für Sie beruflich verwertbares Spezialwissen vermittelt wird.

Einfache Formel: Je »weiter weg« Ihre derzeitige Tätigkeit beziehungsweise Ihre Berufsausbildung von dem ist, was Sie jetzt lernen (wollen), umso wahrscheinlicher liegt eine Berufsausbildung vor.

Die Industriekauffrau, die sich zur Heilpraktikerin ausbilden lässt, ist ein typisches Beispiel. Inwieweit eine Physiotherapeutin, die sich zur Shiatsu-Therapeutin ausbilden lässt, im steuerlichen Sinne eine berufliche Aus- oder Fortbildung besucht, wird nur im konkreten Einzelfall zu klären sein.

Die Finanzbehörde sagt, dass in der Regel dann von einer Berufsausbildung auszugehen ist, wenn es sich um die überwiegende Vermittlung von Allgemeinwissen, das Anstreben einer neuen beruflichen Stellung oder

einen Berufswechsel handelt. Hierbei wird unterstellt, dass mit der Ausbildung die Grundlage erworben wird für die spätere Ausübung eines anderen als dem derzeitig ausgeübten Beruf.
In Berufsausbildung befindet sich, wer sein Berufsziel noch nicht erreicht hat, sich aber noch ernstlich darauf vorbereitet.
Die Ausbildung kann sich auch in Stufen vollziehen, deren jede schon zur Ausübung eines Berufes befähigt. Kleinere Unterbrechungen sind dabei unschädlich. Deshalb ist die Berufsausbildung nicht immer mit dem Erreichen der Mindestvoraussetzungen für einen bestimmten Beruf, zum Beispiel der Ablegung einer von mehreren möglichen Prüfungen beendet.
Wann und wie sind Ausbildungskosten abzugsfähig?
Es gibt je nach Ihrer Situation zwei bis drei Möglichkeiten, die Kosten der Ausbildung steuerlich geltend zu machen: als Sonderausgabe, als Fortbildung oder als »vorgezogene Betriebskosten«.

Ausbildungskosten als Sonderausgabe
Ausbildungskosten werden unter den oben genannten Voraussetzungen zu den Kosten der privaten Lebensführung gezählt und sind als so genannte Sonderausgaben abzugsfähig (§ 10 Abs. 1 Nr. 7 EStG). Dabei sind Aufwendungen für die Berufsausbildung nur solche, die in der erkennbaren Absicht gemacht werden, später aufgrund der erlangten Ausbildung eine Erwerbstätigkeit auszuüben.
Deshalb sind insbesondere die folgenden Aufwendungen abzugsfähig:
- die Kosten für die Schul- beziehungsweise Ausbildungsgebühren,
- für das Lernmaterial und Fachbücher,
- die Fahrtkosten zur Ausbildungsstätte,
- die Kosten der auswärtigen Unterbringung (nur mit Beleg),
- der so genannte Verpflegungsmehraufwand aufgrund auswärtiger
   Unterbringung nach den derzeit geltenden Pauschbeträgen.

Diese Aufwendungen sind bis 4.000 Euro pro Jahr abzugsfähig.

Wer neben einer Bildungsmaßnahme in privat organisierten Arbeitsgemeinschaften den Unterrichtsstoff aufarbeitet, kann den Aufwand hierfür (Fahrtkosten, Verpflegungsmehraufwand ...) ebenfalls steuerlich geltend machen. Dies geht aus einer Entscheidung des Finanzgerichtes Düsseldorf hervor, die im konkreten Fall einer Teilnehmerin an einem Fortbildungslehrgang zur Bilanzbuchhalterin die Anrechnung der Kosten zu den privaten Arbeitsgemeinschaften gestattet hatte. (Finanzgericht Düsseldorf, Az.: 8 K 6790793)

Zu den Ausgaben für die Ausbildung, die Sie aufgrund von Erwerbslosigkeit oder durch nur geringes Einkommen, durch Studium oder ähnliches, nicht bei der Steuererklärung geltend machen können, lesen Sie auch unter »Verlustvortrag« auf Seite 108.

Ausbildung als Fortbildung – wenn Sie schon vorher selbstständig tätig sind
Wenn Sie schon unterrichtet haben oder sonst wie in irgendeiner Form im angestrebten Bereich selbstständig tätig waren, bevor Sie die Ausbildung begonnen haben, so können Sie versuchen, bei ihrem zuständigen Finanzamt alle anfallenden Kosten (also Lehrgangsgebühren, Fahrt- und Unterbringungskosten ...) als »Kosten einer beruflichen Fortbildung« geltend zu machen. Als selbstständig Tätige fällt das dann unter die Betriebsausgaben, Posten »Fortbildung«, und zwar in unbegrenzter Höhe.

Denn hier können Sie auf den engen Zusammenhang von beruflicher Tätigkeit und Ziel der Bildungsmaßnahme hinweisen. Sie »vertiefen Ihr Wissen und eignen sich weiteres Spezialwissen an«. Dass es sich nicht um eine »versteckte Ausbildung« handelt, zeigt sich vor allem dadurch, dass auf eine Prüfung beziehungsweise auf den Nachweis einer Prüfung gegenüber dem Finanzamt verzichtet wird.

Jana hat vor einigen Jahren eine Ausbildung in verschiedenen Körpertherapien in den USA gemacht. Seit zwei Jahren unterrichtet sie in Deutschland Gruppen und Einzelpersonen. Da ihre Ausbildung hier in Deutschland von ihrem Berufsverband nicht anerkannt wird, beschließt sie, noch einen Ausbildungskurs zu besuchen. Da sie bereits in diesem Bereich beruflich tätig ist, kann sie alle Kosten des Ausbildungskurses und alle damit zusammenhängenden Aufwendungen (Fahrt, Übernachtung, Bücher etc.) als Betriebsausgaben geltend machen.

Vorgezogene Betriebsausgaben – wenn Sie vor der Ausbildung noch nicht unterrichtet haben und die Kosten der Ausbildung über 4.000 Euro pro Jahr liegen
Wenn Sie vor Aufnahme der Ausbildung noch nicht als LehrendeR oder Ähnliches tätig waren, so können Sie die Ausbildungskosten dann vollständig geltend machen, wenn sie als so genannte »vorgezogene Betriebsausgaben« ausgewiesen werden. Hierzu ist erforderlich, dass nach Abschluss der Ausbildung eine entsprechende selbstständige Tätigkeit angestrebt wird. Auch eine zeitlich begrenzte nebenberufliche Ausübung ist möglich, wenn Sie hauptberuflich weiter Ihren bisherigen Beruf ausüben.

Eine selbstständige Ausübung liegt bei fast allen Unterrichtenden vor, da auch das Unterrichten zum Beispiel für eine Volkshochschule stets eine selbstständige Honorartätigkeit darstellt, die nicht zu einem Angestelltenverhältnis führt beziehungsweise als solche vorgesehen ist.

»Unter Vorbehalt«
Die Anerkennung der Ausbildungskosten als vorgezogene Betriebsausgabe wird von den Finanzbehörden regelmäßig nur unter Vorbehalt gewährt. Dies ist jedoch für alle diejenigen ohne Bedeutung, die in nahem zeitlichem Zusammenhang zum Ende der Ausbildung dann tatsächlich in ihrem Bereich selbstständig tätig werden.

In aller Regel möchten die Finanzbehörden nach etwa drei Jahren, in denen die Ausgaben unter Vorbehalt anerkannt wurden, wissen, ob ein so genanntes «Gewinnstreben« zu erkennen ist. Falls nicht, so können allerdings die in den Vorjahren »unter Vorbehalt« anerkannten Steuerminderungen nachgefordert werden!

Horst weiß, was er will. Derzeit ist er zwar noch als kaufmännischer Angestellter tätig, aber seine Zukunft sieht er woanders. Horst will astrologischer Lebensberater werden. Als erstes eröffnet er seine Beratungspraxis, allerdings nur auf dem Papier und gegenüber dem Finanzamt. Er ist jetzt als selbstständig tätiger Berater beim Finanzamt gemeldet. Damit seine Praxis laufen kann, muss er zunächst investieren. Aber nicht in Maschinen, sondern in sich selbst.

Deshalb beginnt er die Ausbildung zum astrologischen Lebensberater auch erst nach der finanzamtlichen Anmeldung. Denn so sind alle Ausgaben (ähnlich wie unter »Ausbildung als Fortbildung«, siehe weiter oben) für Horst Betriebsausgaben, die er gegenüber dem Finanzamt geltend machen kann. Neben seiner Ausbildung sorgt er für die nötige Werbung und sucht geeignete Räume, so dass er nach drei Jahren gleich »loslegen« kann. Und damit erbringt er den besten Beweis für sein »Gewinnstreben« gegenüber dem Finanzamt: Er betreibt Werbung für seine Tätigkeit, hat eigene Räume angemietet und erzielt in der Folge daraus auch Einnahmen.

Beitrag Berufsverband

Ihre Beiträge für einen oder mehrere Berufs- oder Fachverbände sind bei selbstständiger Tätigkeit voll abziehbare Betriebsausgaben.

Ebenso sind alle sonstigen Aufwendungen für einen Berufsverband als Betriebsausgaben steuerlich absetzbar. Dazu gehören also auch die Fahrtkosten, zum Beispiel zu einem Kongress oder zur Mitgliederversammlung einschließlich der Pauschbeträge für Verpflegung und gegebenenfalls die Übernachtungskosten (in voller Höhe mit Beleg).
Das hat der BFH festgestellt im Urteil VI R 51/92.

Bewirtung

Wenn Sie geschäftlich unterwegs sind und »der kleine Hunger kommt«, so können Sie diese Ausgaben nicht betrieblich geltend machen. Nur sehr eingeschränkt gelten die Pauschalen für den so genannten Verpflegungsmehraufwand (siehe Seite 108).
Laden Sie doch stattdessen bei einem Seminarbesuch Ihre KollegInnen zum Essen ein. Oder den Veranstalter Ihrer Seminare. Denn im Gegensatz zum Essen alleine können Sie eine geschäftlich veranlasste Bewirtung sehr wohl als Betriebsausgabe geltend machen (§ 4,5,1 Nr. 2 EstG).
Damit aber alles mit rechten Dingen zugeht, haben die Finanzbehörden mittlerweile einige Anforderungen eingeführt, die Sie beachten sollten.

Bei Bewirtung außer Haus in einem Restaurant oder Gasthaus werden nur maschinell erstellte Bewirtungsquittungen mit genauer Auflistung von Speisen und Getränken akzeptiert. Es müssen zusätzlich die Namen aller bewirteten Personen und der Anlass notiert werden. Sie als EinladendeR müssen ebenfalls als BewirteteR aufgeführt sein und zusätzlich mit Angabe von Ort und Datum eigenhändig diesen Beleg unterschreiben. Dann können 70 Prozent des Rechnungsbetrages (vorsteuerabzugsfähig) als Betriebsausgaben abgesetzt werden.

Der Bundesfinanzhof (BFH) hat unterstrichen, dass die Angaben auf dem Bewirtungsbeleg konkret sein müssen! In seinem Beschluss vom 10. September 1996 hat der BFH einem Finanzamt zugestimmt, das Kosten für Bewirtung nicht anerkannt hatte, weil die Angaben zum Anlass zu unkonkret waren (BFH- Beschluss IV B 76/94).

Konsequenz: »Kundenpflege« oder »Seminaranbahnung« sind zu unkonkret. Also genau angeben: »Seminarplanung Autogenes Training im Betrieb im Herbst 2003« oder »Besprechung, Ziel: Beginn/Wiederholung der Beratung/ Fortbildung im nächsten Jahr«.
Entsprechend gilt diese Vorschrift bei Bewirtung in eigenen Räumen. Die Belege der Einkäufe für die Bewirtung sammeln Sie und ergänzen alles wieder mit den genannten Angaben.
Eine Vorlage zur Abrechnung von Bewirtungskosten finden Sie im Anhang auf Seite 152.

Die wiederkehrenden Ausgaben für Kaffee, Tee, Filter, Gebäck etc. für Ihre »Büroküche« können Sie direkt in voller Höhe unter »Bewirtungskosten« verbuchen, ohne dass es eines Nachweises der bewirteten Personen bedarf. Voraussetzung ist nur, dass Sie – wenn auch nur gelegentlich – tatsächlich KundInnen in Ihren Geschäftsräumen haben.

Fachliteratur/Fachpresse

Bücher, die Sie für die Ausübung Ihrer selbstständigen Tätigkeit kaufen, gehören uneingeschränkt zu den Betriebsausgaben. Die Angabe auf der Quittung der Buchhandlung »Fachbuch« ist allerdings nicht ausreichend! Anzugeben sind zwingend Vor- und Zuname von Autor oder Autorin und der Titel.
Zur Fachliteratur gehören auch Ihre Fachzeitschriften, die ebenfalls zu den Betriebsausgaben zählen.
Aber ebenso können eine Publikumszeitschrift oder eine Tageszeitung, die Sie wegen eines bestimmten Artikels kaufen, betriebliche Ausgaben sein. Sind Sie aus fachlichen Gründen am Artikel interessiert oder wird vielleicht Ihre Technik vorgestellt, beispielsweise in der »Cosmopolitan«: »Fit mit Qigong« oder »Yoga macht schlank« in der »Brigitte«, ist das ein hinreichender Kaufgrund für Sie.

Lassen Sie sich beim Kauf eine Quittung geben und ergänzen Sie hier den Beleg mit dem Namen der Zeitschrift und mit dem Titel des Artikels. Hilfreich kann es auch sein, die Titelseite (oder die Inhaltsangabe) des Magazins zu kopieren, dann haben Sie Preis und Thema auf einem Blatt und können diese zu Ihren Buchungsunterlagen geben.

Nutzung eines eigenen Fahrzeugs für geschäftliche Fahrten (siehe auch Fahrtkosten)

Die meisten nutzen einen privaten PKW, um damit zu den Kursorten und Fortbildungsseminaren zu fahren. Wenn Sie auch dazu gehören und es sich ganz einfach machen wollen, so nutzen Sie die Kilometerpauschale für die gesamten tatsächlich gefahrenen Kilometer.
Das heißt, Sie notieren bei jeder Fahrt zu einem Kurstermin oder einer Fortbildung (auch einer, die Sie selbst besuchen) Datum, Anlass (zum Beispiel »Kurs VHS Güpfing«) und die Gesamtsumme der gefahrenen Kilometer. Für jeden gefahrenen Kilometer können Sie 30 Cent pauschal als Betriebsausgabe geltend machen. Darin sind alle Kostenanteile für ein KFZ enthalten – Versicherung, Steuer, Reparatur, Kraftstoff usw.

Auch durch geschäftlich veranlasste Fahrten mit dem eigenen Mofa oder Fahrrad können Betriebsausgaben anfallen. Entsprechend der derzeit geltenden Kilometersätze können Sie für die Benutzung eines Motorrades oder Motorrollers 13 Cent, für ein Moped oder Mofa 8 Cent und für ein Fahrrad 5 Cent je gefahrenen Kilometer geltend machen.

Peters Volvo mit Baujahr 1995 hat am 1. Januar einen Kilometerstand von 84.000. Am 31. Dezember zeigt der Tacho 100.000 Kilometer an. Peter war also insgesamt mit seinem Auto 16.000 Kilometer unterwegs. Aus seinen Aufzeichnungen über die Fahrten zu seinen Kursveranstaltungen entnimmt er die dafür zurückgelegten Kilometer und summiert diese. Er kommt auf 4.000 »betrieblich veranlasste Kilometer«. Das sind deutlich weniger als 50 Prozent der Gesamtkilometer. Peter rechnet die gefahrenen 4.000 km mit 30 Cent je Kilometer als Betriebsausgabe unter dem Posten »Nutzung privater PKW« ab.

Wollen Sie es ganz genau haben, wird es etwas aufwändiger. Benutzen Sie Ihren PKW hauptsächlich privat, so können Sie anteilig alle Kosten, die Ihnen durch Haltung und Gebrauch des Fahrzeuges entstehen, nur dann geltend machen, wenn Sie ein Fahrtenbuch führen. Das lohnt allerdings nur bei relativ teuren und neuen Fahrzeugen.

Nutzen Sie Ihren PKW für Ihre »betrieblich bedingten Fahrten« in Relation zur jährlichen Gesamtfahrleistung zu mehr als fünfzig Prozent, so gehört Ihr PKW zum »Betriebsvermögen« und gilt als betrieblich genutztes Fahrzeug!

Betrieblich genutzte Fahrzeuge

Wenn mehr als 50 Prozent der gefahrenen Kilometer geschäftlich bedingt sind, dreht sich die Rechnung um, denn jetzt gilt es den privaten Nutzungsanteil am betrieblich genutzten PKW zu ermitteln. Wenn mehr als die Hälfte der Fahrten durch die selbstständige Tätigkeit bedingt sind, geht das Finanzamt von einer so genannten »betrieblichen Nutzung« eines PKW aus. Privat veranlasste Fahrten mit einem solchen PKW gehören zur persönlichen Lebensführung und sind, weil nicht betriebsbedingt, auch nicht als Betriebsausgaben abziehbar.

Zur vorgeschriebenen Ermittlung dieses Anteils am Gesamtfahraufkommen gibt es zwei Möglichkeiten, eine Pauschalberechnung mit einem Prozent vom Listenpreis oder das Führen eines Fahrtenbuchs.

»Ein Prozent vom Listenpreis«

Die normale Privatnutzung des betrieblichen PKW wird mit monatlich einem Prozent vom Listenpreis (voraussichtlich ab 2003: 1,5 %) einschließlich Kosten für Sonderausstattungen und Umsatzsteuer zum Zeitpunkt der Erstzulassung angenommen. Auch wenn ein Gebrauchtwagen angeschafft wird, wird der Listenpreis bei Erstzulassung zugrunde gelegt!

Ein VW Golf kostet in der Version GL laut Liste 17.500 Euro. Dazu werden zur Lieferung ein CD-Wechsler zu 250 Euro und ein Schiebedach zu 750 Euro eingebaut. Diese beiden Teile sind im Fahrzeug zwar zusätzlich eingebaut, aber bei Kauf bereits vorhanden, weshalb sie zum Listenpreis hinzugezählt werden müssen. Somit erhöht sich der Basiswert für die »Ein Prozent«-Berechnung von 17.500 + 250 + 750 auf insgesamt 18.500 Euro. Davon ein Prozent entspricht 185 Euro. Dieser Betrag wird vom Finanzamt angenommen als der Anteil privater Fahrten am Gesamtfahraufkommen.

Wenn der Betrag für Privatfahrten und die insgesamt nicht abziehbaren Betriebsausgaben für den PKW höher sind als die tatsächlich entstandenen Kosten, die für das Fahrzeug angefallen sind, so können die pauschalen »Wertansätze« auf die Gesamtkosten »gedeckelt« werden.

Hierzu ein Beispiel:
Helmut fährt einen alten Lancia, den er fast ausschließlich betrieblich nutzt. Der Listenpreis betrug dereinst 20.000 Euro. Rechnet Helmut jetzt nach der »Ein-Prozent-Berechnung« seinen Privatanteil aus, so ergibt sich für ihn: Ein Prozent = 200 Euro x 12 Monate = 2.400 Euro nicht abziehbare Betriebsausgaben im Jahr. Das ist aber mehr, als Helmut für seinen Lancia tatsächlich ausgegeben hat für Steuer, Versicherung, Reparaturen, Kraft- und Schmierstoffe! Insgesamt waren es nur 2.000 Euro. Damit das Finanzamt nicht höhere nichtabziehbare Ausgaben berechnet, als ihn das Auto tatsächlich gekostet hat, wird »gedeckelt«. Das heißt, dass Helmut an privatem Nutzungsanteil nicht 2.400 Euro ausweisen muss, sondern nur die tatsächlichen 2.000 Euro.

»Fahrtenbuch«

Die einzige Alternative zur dargestellten »Ein-Prozent-Berechnung« ist das Führen eines Fahrtenbuches, an das die Finanzbehörden jedoch bestimmte Anforderungen stellen. Für den Nachweis betrieblich bedingter Fahrten sind folgende Angaben unbedingt erforderlich:

- Datum und Kilometerstand zu Beginn und Ende der betrieblichen Fahrt,
- Reiseziel und Reiseroute,
- Anlass der Reise und aufgesuchte GeschäftspartnerInnen (namentlich zu nennen).

Bei Privatfahrten genügt der Eintrag von Datum, Anfangs- und Endkilometer.

Das Fahrtenbuch darf nicht repräsentativ geführt werden, also nur über einen bestimmten Zeitraum, sondern muss wenn, dann kontinuierlich und »zeitnah« geführt werden.

Ein Urteil zum Führen eines Fahrtenbuches vom Finanzgericht Baden-Württemberg vom 17. September 1997 (Az.: 7 K 188/94) führt aus: Aus der Verwendung des gleichen Füllers, aus der stets gleichbleibenden Schrift, der Aufzeichnung allein von Dienstreisen und aus Kilometerangaben, die nicht nachvollziehbar sind, zog das Gericht den Schluss, dass das Fahrtenbuch nachträglich an einem Stück geschrieben wurde. Die Richter kamen zum Ergebnis, dass das Buch nicht zeitnah geführt wurde und versagten die steuerliche Anerkennung.

Am besten besorgen Sie sich ein Fahrtenbuch mit entsprechenden Spaltenaufteilungen im Schreibwaren- oder Bürobedarfshandel.

Fahrtkosten mit fremdem Fahrzeug oder öffentlichen Verkehrsmitteln

Wenn Sie ein »fremdes Fahrzeug« für eine geschäftliche Fahrt nutzen, also ein Auto, das nicht Ihnen gehört, so können Sie regelmäßig die vollen Kosten als Betriebsausgaben absetzen, die Ihnen dadurch entstanden sind. Bei Mietwagen oder Carsharing entsprechend laut Rechnung der jeweiligen Unternehmen. Bei Fahrzeugnutzung von Privatleuten (FreundInnen, Verwandten) lassen Sie sich per Quittung die Höhe Ihrer Aufwendungen bestätigen.

Fahrten mit der Bahn oder mit dem Flugzeug aus geschäftlichem Anlass sind in voller Höhe als Betriebsausgaben absetzbar. Als VielfahrerIn nutzen Sie vielleicht die Vorteile der Bahncard? Auch deren Preis ist eine Betriebsausgabe.

Fahrten mit Bussen und Bahnen im so genannten öffentlichen Personennahverkehr aus geschäftlichem Anlass sind ebenfalls Betriebsausgaben. Auch Mehrfahrkarten gelten als Beleg.

Benutzen Sie für die regelmäßige Fahrt zwischen Wohnung und »Betriebsstätte«, also Praxis, Büro oder Schule, öffentliche Verkehrsmittel und besitzen aus diesem Grund eine Monats- oder Jahreskarte, so sind diese Ausgaben in voller Höhe als Betriebsausgaben absetzbar (unter dem Posten »Reisekosten«)!
Ebenfalls in voller Höhe absetzbar sind geschäftlich veranlasste Taxifahrten. Achten Sie darauf, dass die Quittung von den FahrerInnen vollständig ausgefüllt wird.

Für Umsatzsteuerpflichtige:
Die Fahrkarten und Zuschläge der Deutschen Bahn im Fernverkehr haben einen Umsatzsteuersatz von 16 Prozent. Bei Fahrten in Verkehrsverbünden und im Nahverkehr gilt jedoch ebenso wie für die Fahrkarten für Bus, U-Bahn und Straßenbahn nur der »halbe« Steuersatz von sieben Prozent!

Fortbildung

Alle Aufwendungen für Fortbildungen im Inland, die im Zusammenhang mit der selbstständigen Tätigkeit stehen, sind als Betriebsausgaben absetzbar. Dazu gehören die Kosten für die Veranstaltung selbst ebenso wie die Fahrtkosten, Unterbringung, Verpflegungsmehraufwendungen und eventuell zusätzliche Kosten für Seminarunterlagen.

Fortbildung im Ausland

Aufwendungen für einen Kurs, ein Seminar oder einen Lehrgang im Ausland sind nur dann als Betriebsausgaben abziehbar, wenn dabei ausschließlich berufsbezogene Inhalte vermittelt werden. Private Interessen dürfen für die Teilnahme keine Rolle spielen. Ein Lehrgangsteilnehmer muss dies gegebenenfalls nachweisen, indem er das Kursprogramm vorlegt und die Inhalte des Kurses in geeigneter Weise vorträgt.

Lehrmaterial in einer Fremdsprache wird nur dann als Beweismittel anerkannt, wenn auch eine deutsche Übersetzung vorliegt (!). Mit dieser Begründung hat das Finanzgericht Baden-Württemberg (Az.: 6 K 185/96) einem Kläger die Möglichkeit verweigert, einen Kurs in Florida abzusetzen. Er konnte die Inhalte des Kurses nur in Schlagworten umschreiben und legte ausschließlich Fachbücher in englischer Sprache vor.

Geschenke

Kleine Geschenke erhalten die Freundschaft und das gilt auch für die geschäftliche Beziehung. Dafür können Sie pro Person und Jahr insgesamt 35 Euro ausgeben. Bitte beachten Sie, dass die Ausgaben für Geschenke gesondert in Ihrer Aufstellung der Betriebsausgaben gelistet sein müssen. Erhielten die gleichen Personen mehrmals Geschenke im Jahr, bitte zur eigenen Sicherheit und für den Nachweis eine separate Aufstellung anfertigen. Denn beim Überschreiten der Freigrenze von 40 Euro gelten die Geschenke als betriebliche Einnahme (Sachwert) und müssen eventuell nachversteuert werden.

Ein Berater, den ich kannte, kam ziemlich aufgelöst zu mir mit einem nachträglichen Steuerbescheid und Zahlungsaufforderung in Höhe mehrerer hundert Mark. Er hatte als besonderes »Dankeschön« von einem Unternehmen eine Reise geschenkt bekommen im Gesamtwert von fast 5.000 Mark. Das war dem Finanzamt zuviel – und das schenkende Unternehmen wollte diese Steuernachforderung auch nicht übernehmen ...

Geschenke von geringem Wert und so genannte Streuartikel fallen übrigens nicht unter die Aufzeichnungspflicht, also beispielsweise Kugelschreiber, Notizblocks, einfache Kalender, Igelbälle etc. Alle diese Artikel sind vielmehr dem Posten »Werbung« zuzuordnen.

Machen Sie aus Ihrem Geschenk ein steuerlich absetzbares Werbemittel. Jeder Gegenstand, der zum Beispiel durch ein Etikett oder einen Aufdruck auf Sie und ihre berufliche Tätigkeit hinweist, gilt als Werbemittel und fällt damit nicht unter die Kategorie Geschenke. Ausgaben für Werbemittel sind im Übrigen unbegrenzt als Betriebsausgaben absetzbar.

Kleidung

Kann die für den Unterricht oder für die therapeutische Tätigkeit angeschaffte Kleidung eine Betriebsausgabe sein? Suchen wir mit normalem Verständnis die Antwort, sind wir schnell bei einer Bejahung. Tatsächlich ist es nicht so einfach. Die heikle Frage lautet: »Wann ist die Kleidung, die ich nur zum Yoga-/Taiji-/Meditations-Unterricht anziehe, steuerlich abzugsfähige Berufskleidung?« Scheinbar herrscht eine gewisse Willkür bei den Finanzämtern, was die Anerkennung anbelangt. Tatsächlich sorgen die zugrunde liegenden Paragraphen des Einkommensteuergesetzes für unterschiedliche Entscheidungen.

Zuallererst wichtig für die Anerkennung eines Kleidungsstücks als Berufskleidung: Es muss eine fast ausschließliche berufliche Nutzung gegeben sein. Es darf also vor allem nicht die Möglichkeit bestehen, dass man die Yoga- (oder sonstige Kurs-) Kleidung auch privat anziehen könnte.

Besonderer Schnitt der Kleidung und Erwerb im Fachhandel ist nach einem Urteil des Bundesfinanzhofes (BFH) vom 6. Dezember 1990 ein wichtiges Indiz für die Anerkennung als Berufskleidung (Az.: III R 65/90, im Bundessteuerblatt II 1991, 348).

Liegt also die Benutzung als »normale bürgerliche Kleidung« im Rahmen des Möglichen, so sind die Aufwendungen für Kleidung nicht abzugsfähig.

Kann dagegen nachgewiesen werden, dass die Kleidungsstücke so gut wie ausschließlich beruflich genutzt werden, ist die Abzugsfähigkeit gesichert.

Telefonkosten

Manchmal fängt man halt einfach an mit der selbstständigen Tätigkeit und plötzlich kommen Anrufe herein oder es müssen Termine geklärt, Räume organisiert werden usw. Dafür werden Sie noch kein Büro mit eigenem Telefonanschluss eingerichtet haben. Sie nutzen vielmehr Ihr privates Telefon auch geschäftlich. Aber immer, wenn private und geschäftliche Nutzung zusammenfallen, wird das Finanzamt ganz besonders misstrauisch!
Für die private Telefonnutzung bei nur einem Anschluss ist es aber mittels heutiger Technik einfach möglich, das Problem zu lösen. Beantragen Sie bei Ihrem Telefonunternehmen einen (immer kostenlosen) Einzelverbindungsnachweis, der dann mit der Telefonrechnung zugeschickt wird. So können Sie die geschäftlichen von den privaten Gesprächen trennen und entsprechend summieren. Die Anschluss- oder Grundgebühren können Sie entsprechend der prozentualen Nutzung des Telefons ebenfalls geltend machen.

Till startet seine Kurstätigkeit von zu Hause aus. Bei seiner Telefongesellschaft hat er einen Einzelverbindungsnachweis beantragt. Daneben notiert er sich bei jedem Anruf, den er vom privaten Telefon aus für seine selbstständige Tätigkeit macht, Datum und Uhrzeit. So kann er die Gespräche auf dem Verbindungsnachweis später einfacher zuordnen.
Im letzten Monat hat er Gespräche geführt für insgesamt 30 Euro. Davon waren 15 Euro für geschäftliche Gespräche, also 50 Prozent. Dementsprechend macht er nicht nur diese 15 Euro geltend, sondern auch noch 50 Prozent der Anschlussgebühr für diesen Monat. Diese liegt bei 12 Euro, also kann Till zusätzlich 6 Euro als Ausgabe geltend machen.

Eine andere Möglichkeit besteht derzeit noch darin, dass über einen »repräsentativen Zeitraum« von drei Monaten alle geführten, aber auch alle eingehenden (!) Gespräche genau aufgelistet werden, um so einen prozentualen Durchschnitt ausrechnen zu können. Dieser Prozentsatz kann danach ohne weitere Kontrolle für jeden Monat gleich angesetzt werden.

Telefonrechnung Monat März:
Gesprächsanteil für selbstständige Tätigkeit: 40 Prozent
Rechnung April: Gesprächsanteil 30 Prozent
Rechnung Mai: Gesprächsanteil 50 Prozent
Der Durchschnitt beträgt (40 + 30 + 50 = 120 : 3 =) 40 Prozent.
Dieser Anteil von 40 Prozent kann nun jeweils für die Gesamtrechnung inklusive der Anschlussgebühr etc. angesetzt werden.

Empfehlung:
Wenn Sie auch noch einen Internetanschluss benötigen, so sollten Sie auf jeden Fall die Installation eines ISDN-Anschlusses erwägen. Mit wenigen Handgriffen und relativ geringen Kosten haben Sie auf diese Weise drei Nummern zur Verfügung, die Sie entsprechend Ihrer Nutzung zuordnen können. Nummer 1 dient Ihren geschäftlichen Telefonaten, Nummer 2 für Fax und Internet und nur die Nummer 3 für private Telefonate. Von der Rechnung für den ISDN-Anschluss ziehen Sie dann nur noch den Betrag für die (ausschließlich privat genutzte) Nummer 3 ab und machen die übrigen Kosten als Betriebsausgabe geltend.

Verlustvortrag

Verluste, die im Rahmen der Ausbildung (lesen Sie dazu auch S. 99) entstehen, dürfen durchaus über mehrere Jahre Steuer sparend mit anderen Einkünften (Gehalt, Miete, Zinsen) verrechnet werden. Das Gleiche gilt, wenn Ihr Geschäft nicht so richtig in Gang kommt und Sie statt dem geplanten Gewinn nur Verlust machen. Voraussetzung ist, dass Sie belegen können, dass Sie auf Dauer Gewinn anstreben. So entschied der Bundesfinanzhof (Aktenzeichen X R 33/03). In diesem Fall ging es um insgesamt immerhin rund drei Millionen Euro Verlust in zwölf Jahren. Vor Gericht zählte schließlich, dass der Unternehmer alles getan hatte, was aus damaliger Sicht jeweils geeignet erschien, um den Betrieb gewinnbringend zu führen. Dazu gehörten zum Beispiel Investitionen in Marketing und Vertrieb, Sortimentsbereinigung, striktes Kostenmanagement, Kostenplanung und Controlling.
Zusammengefasst heißt das: Wenn Sie nachweisen können, dass Sie zum Beispiel Werbung gemacht haben (wenn auch erfolglos) oder zu jeder Zeit zumindest die Möglichkeit bestand, dass Sie Ihr Geschäft gewinnbringend hätten veräußern können, muss das Finanzamt von einem Gewinnstreben ausgehen und Verluste anerkennen.

Verpflegungsmehraufwendungen

Wenn Sie geschäftlich bedingt nicht zu Hause, in Ihrem Büro oder Ihrer Praxis arbeiten, so können Sie die Kosten für Ihre Verpflegung während dieser Zeit nach vorgegebenen Pauschalsätzen geltend machen. Diese Reisekostenpauschalen bei geschäftlich bedingter Abwesenheit von zu Hause gelten unabhängig von der Entfernung. Also, egal wie weit Sie von daheim oder der regelmäßigen Tätigkeitsstätte (Büro, Unterrichts- oder Therapieraum) entfernt sind, es zählt nur die betrieblich/geschäftlich bedingte zeitliche Abwesenheit von Büro oder Wohnung. Zu beachten ist aber der Zeitfaktor. Sie müssen mindestens acht Stunden »am Stück« abwesend sein. Allerdings können Sie mehreren, auch unterschiedlichen geschäftlichen Aktivitäten während dieser Zeit nachgehen.

Geschäftsfahrt/reise mit Abwesenheit von zu Hause/Büro von	Pauschale
mehr als 8 Stunden	6 Euro
mehr als 14 Stunden	12 Euro
mehr als 24 Stunden	24 Euro

Sie verlassen die Wohnung um 10 Uhr am Vormittag und beginnen um 10.30 Uhr einen Kurs im Bildungszentrum, der bis 12 Uhr dauert. Danach geben Sie Einzelunterricht in einem Unternehmen bis 14 Uhr. Ohne nach Hause oder ins eigene Büro zu fahren, treffen Sie sich um 15 Uhr mit Ihrer Steuerberaterin und starten dann einen Nachmittagskurs in einer VHS, der bis 17.30 Uhr dauert. Um 18.10 Uhr sind Sie wieder zu Hause.
Gesamtzeit der Abwesenheit von 10 bis 18.10 Uhr, also mehr als acht Stunden. Für diese Abwesenheit können Sie sechs Euro pauschal als Verpflegungsmehraufwand ansetzen.

Sie verlassen wieder die Wohnung um 10 Uhr am Vormittag und beginnen um 10.30 Uhr einen Kurs, aber diesmal in Ihren eigenen Räumen. Dann »läuft« die Uhr zur Berechung Ihrer Abwesenheit erst, wenn Sie Ihre eigenen Kursräume verlassen!

Jutta veranstaltet ein Wochenendseminar in der Eifel. Dafür verlässt sie ihre Wohnung in Kassel am Freitag um 9 Uhr. Am Nachmittag erreicht sie den Tagungsort, verbringt dort den ganzen Samstag und verlässt ihn am Sonntag nach dem Mittagessen. Um 23 Uhr schließt sie ihre Wohnungstür in Kassel auf.
Sie kann an Zeiten der Abwesenheit für die »Verpflegungsmehraufwendungen« geltend machen: für den Freitag 15 Stunden, für den Samstag 24 Stunden und für den Sonntag 23 Stunden, entsprechend den Pauschalen also für den Freitag 12 Euro, für den Samstag 24 Euro und für den Sonntag nochmals 12 Euro.
Hätte Jutta noch einen »Absacker« in der Kneipe an der Ecke genommen, hätte sie bei Heimkehr um Mitternacht oder ein wenig später nochmals den vollen Tagessatz von 24 Euro geltend machen können.

Die genannten Pauschalen gelten übrigens nur für Geschäftsreisen innerhalb der Bundesrepublik. Bei Auslandsaufenthalten können zum Teil wesentlich höhere Pauschbeträge geltend gemacht werden.

Auskünfte zu den aktuellen, jährlich neu festgesetzten Pauschalen für Auslandsaufenthalte finden Sie auf der Internetseite www.bundesfinanzministerium.de, bei der örtlichen IHK oder über Ihren Steuerberater beziehungsweise Ihre Steuerberaterin.

Unterbringung

Die Kosten für die Unterbringung bei betrieblich bedingter Abwesenheit über Nacht sind natürlich auch Betriebsausgaben. Es können aber bei Hotel-, Gasthof- oder Seminarhaus-Übernachtungen keine Pauschalbeträge abgerechnet werden, sondern nur durch entsprechende Belege nachgewiesene Aufwendungen. (Zur Privatunterkunft siehe weiter unten)
Allerdings sind Quittungen, die die pauschale Höhe des Betrages mit »Unterkunft und Verpflegung« begründen, nicht anerkennungsfähig! Achten Sie darauf, wenn Sie die Quittung oder Rechnung erhalten und verlangen Sie gegebenenfalls einen entsprechenden Beleg.

Beachten Sie, dass das in deutschen Hotels und Pensionen üblicherweise gereichte Frühstück nicht Teil der Übernachtungskosten sein darf. Wenn aus dem Beleg des Hotels nicht eindeutig eine Unterscheidung hervorgeht, so setzt die Finanzbehörde immer einen pauschalen Abzug von 15 Euro für das Frühstück an!

Das Bundesfinanzministerium hat unter dem Aktenzeichen IV B 7 – S 7303a– 20/01 festgelegt: Umsatzsteuerbeträge aus Hotelrechnungen und Bewirtungsbelegen, die auf den Namen des Unternehmers lauten, können als Vorsteuer angesetzt werden.

Privatunterkunft
Wenn Sie auf einer Geschäftsreise bei Bekannten übernachten, können Sie keine Kosten geltend machen für die Übernachtung.
Aber: Ein Geschenk für die private Übernachtung muss das Finanzamt bis 35 Euro je Person als steuermindernde Betriebsausgabe anerkennen.
Siehe unter »Geschenke« auf Seite 105 f.

Kurzurlaub

Verbinden Sie das Angenehme mit dem Nützlichen und kombinieren eine Geschäftsreise beispielsweise zu einem Seminar oder Kongress mit einem Kurzurlaub, so werden müde Prüfer des Finanzamtes ganz besonders munter. Aber: Werden private und geschäftliche Ausgaben strikt getrennt, bleiben sämtliche Kosten während des geschäftlichen Teils der Reise (An- und Abreise, Übernachtung, Verpflegung) absetzbare Ausgaben, sprach der Bundesfinanzhof in seinem Urteil mit dem Aktenzeichen IV R 27/91.

Reisebegleitung

Wenn der Betriebsprüfer oder ein eifriger Finanzbeamter entdecken, dass bei einer Geschäftsreise der Ehegatte oder Kinder dabei waren, führt das schnell zum Ergebnis, dass der Betriebskostenabzug der Reisekosten versagt wird. Abhilfe schafft hier ein bereits vor der Reise angefertigter schriftlicher Arbeitsvertrag für die begleitende Person, der auch die

Tätigkeit während der Reise benennt, zum Beispiel Dolmetscherdienste, Fahrtätigkeit, Seminarhilfe, Organisation oder Ähnliches. Dann können alle durch die Reisebegleitung entstandenen Kosten für Fahrt, Unterbringung und Verpflegung abgesetzt werden – wie es üblicherweise bei einer »dritten« (also nicht verwandten/verschwägerten) Person der Fall wäre.

Was ist zu tun, abhängig von der Höhe des erzielten Gewinns?

Einnahmen bis 1.848 Euro p. a. und nur bei VHS und/oder Sportverein

Wenn Sie Kurse nebenberuflich und nur für Volkshochschulen oder/und Sportvereine geben und Ihr Jahreshonorar dafür nicht über 1.848 Euro liegt, so können Sie für sich die so genannte »Übungsleiterpauschale« in Anspruch nehmen.

Die »Übungsleiter-Pauschale« ist geregelt im Paragraph 3, Nr. 26 des Einkommensteuergesetzes (EStG).

Das bedeutet für Sie:
Ihre Honorare müssen Sie bei der Steuererklärung nicht angeben. Allerdings können Sie diesen Honorareinnahmen auch keine betrieblichen Ausgaben gegenüberstellen. Sie bekommen also Ihr Honorar »brutto für netto«, müssen aber davon auch Ihre Ausgaben tragen.

Einnahmen höher als 1.848 Euro p. a. ausschließlich durch VHS- oder Sportvereinkurse

Liegen Sie mit Ihren Honorareinnahmen über der jährlichen Freigrenze von 1.848 Euro, so müssen Sie die über die Freigrenze erzielten Einnahmen bei der Steuererklärung angeben. Sie können dann auch Ihre Betriebsausgaben dagegen rechnen. Allerdings nur um den Betrag, der über 1.848 Euro liegt. Alles klar? Also, noch ein Beispiel dazu:

Helga erzielt aus nebenberuflicher Kurstätigkeit bei einer VHS im Jahr 2.248 Euro an Honorareinnahmen. Das sind 400 Euro mehr als die Freigrenze von 1.848 Euro. Nur diese 400 Euro muss sie bei der Steuererklärung als Einnahmen aus selbstständiger Tätigkeit angeben.
Liegen Helgas Ausgaben im Zusammenhang mit diesen VHS-Kursen über 1.848 Euro, so kann sie diese als Betriebsausgaben geltend machen. Liegen sie darunter nicht.
In Fortführung des Beispieles:
Helgas Ausgaben durch die Kurstätigkeit betragen 1.900 Euro. Das sind 52

Euro über der Freigrenze. Diese 52 Euro kann sie nun als Betriebsausgabe von den 400 Euro erzielten Honorareinnahmen über der Freigrenze abziehen. 400 - 52 = 348 Euro, die als Gewinn in der Steuererklärung aufzuführen sind.

Einnahmen höher als 1.848 Euro p. a. durch VHS- oder Sportvereinkurse und/oder durch selbst organisierte Kurse beziehungsweise Einnahmen aus selbst organisierter Tätigkeit

Wenn Sie Einnahmen erzielen, weil Sie selbst Kurse organisieren, so können Sie für diese nicht die Übungsleiterpauschale in Anspruch nehmen! Sie dürfen auch nicht für »gleiche Tätigkeiten« (zum Beispiel hier bei der VHS, dort im Sportverein und noch in eigenen Kursen) erzielte Honorare zusammenzählen. Hier sind Sie gezwungen, auch bei sehr geringen Umsätzen mit einer Gewinn- und Verlustrechnung Ihre betrieblichen Einnahmen und Ausgaben anzugeben.

Sie dürfen nicht von sich aus die Übungsleiterpauschale mit 1.848 Euro von Ihren Honorareinnahmen abziehen, wenn diese Einnahmen nicht nur aus den im Paragraph 3, 26 EStG genannten Quellen stammen, sondern zum Beispiel auch aus eigenen Kursen.

Umsatz größer als 17.500 Euro p. a.

Wenn Sie selbstständig sind und Ihre Tätigkeit gut aufgebaut haben, werden Sie irgendwann an eine neue »steuerliche Grenze« stoßen. Denn wenn Ihr Jahresumsatz, also die Summe aller Einnahmen, über 17.500 Euro liegt, so werden Sie gesetzlich zur Umsatzsteuerpflicht herangezogen.

Umsatzsteuer

Diese Steuer wird auf den Umsatz berechnet, weshalb sie Umsatzsteuer genannt wird. Sie ist eine so genannte durchlaufende Steuer, das heißt, Selbstständige müssen beim Kauf Umsatzsteuer zahlen und erheben beim Verkauf selbst wieder Umsatzsteuer. Es braucht also nur die Differenz von dem, was an Steuern beim Verkauf eingenommen wurde (Mehrwertsteuer), und dem, was beim Kauf ausgegeben wurde (Vorsteuer), an das Finanzamt abgeführt zu werden (Zahllast).

Ein Beispiel soll dies deutlich machen:
Xaver kauft für 1.000 eine Anlage. Diese verkauft er für 2.000 weiter. Beim Kauf werden 16 % Umsatzsteuer zusätzlich berechnet, das heißt, Xaver zahlt insgesamt
1.000 + 160 = 1.160.
Beim Verkauf erhebt Xaver einen Preis von 2.000, auf den er wieder zusätzlich 16 % Mehrwertsteuer berechnet, das heißt, der Käufer zahlt an Xaver:
2.000 + 320 = 2.320

Xaver hat also 160 an Vorsteuer verauslagt und 320 als Mehrwertsteuer von seinem Kunden eingenommen. Zahllast an das Finanzamt ist also: 320 - 160 = 160.

Die Zahllast ist selbst auszurechnen und seit 2005 nur noch auf elektronischem Wege (!) dem Finanzamt regelmäßig mitzuteilen. Die Beträge müssen unaufgefordert innerhalb bestimmter Fristen abgeführt werden.

Grundsätzlich ist jeder durch selbstständige Tätigkeit eingenommene Euro umsatzsteuerpflichtig. Allerdings hat der Gesetzgeber die Möglichkeit geschaffen, dass so genannte Kleinunternehmer nicht unter die Umsatzsteuerpflicht fallen. Diese Grenze liegt seit dem 1. Januar 2003 bei einem Jahresumsatz von 17.500 Euro. Wer also weniger als diese Summe einnimmt pro Jahr, ist umsatzsteuerbefreit. Allerdings darf dann auch keine Umsatzsteuer berechnet und Vorsteuer kann natürlich auch nicht abgezogen werden.
Wer in diesem Jahr mehr als 17.500 Euro, aber weniger als 50.000 Euro Einnahmen hat, wird erst zum nächsten Jahr umsatzsteuerpflichtig.
Der Mehrwertsteuersatz für Kurse, Therapie und Beratung liegt bei 16 Prozent auf den Umsatz. Um eigene Einbußen bei den Einnahmen zu vermeiden, sollte dieser Mehrwertsteuersatz auf das eigentliche Honorar beziehungsweise die Kursgebühr aufgeschlagen werden.
Von dieser Umsatzsteuer auf umsatzsteuerpflichtige Einnahmen sind wiederum alle Mehrwertsteuerbeträge der mit Umsatzsteuer belegten Ausgaben als so genannte »Vorsteuer« abziehbar, so dass sich die Zahllast an das Finanzamt deutlich verringern kann.

Praxistipp:
Wer eine eigene Schule eröffnet, noch nicht umsatzsteuerpflichtig ist und mit relativ hohen und/oder regelmäßigen Ausgaben rechnen muss, die umsatzsteuerpflichtig sind, sollte auf die Umsatzsteuerbefreiung gleich verzichten und die Umsatzbesteuerung beantragen (schriftlich beim Finanzamt).
Eine genaue Gegenüberstellung der zu erwartenden Einnahmen und der Ausgaben lohnt, denn wer beispielsweise einen eigenen Raum einrichtet mit Matten etc. für die KursteilnehmerInnen, Teppichboden, Lampen, gegebenenfalls Musikanlage hat schnell hohe Vorsteuerbeträge zusammen. Bei anfangs wahrscheinlich noch geringen Einnahmen kann das sogar dazu führen, dass die Vorsteuerbeträge über den erzielten Mehrwertsteuersummen liegen. Das wiederum bedeutet, dass das Finanzamt Geld zurückzahlt!

Wer allerdings einmal die Umsatzbesteuerung beantragt hat, kann nicht einfach wieder »zurück in die Steuerbefreiung«, für fünf Jahre gilt sie dann in der Regel. Genaues Rechnen lohnt also!

Sind Lehrende, die »gesundheitsfördernde Techniken« unterrichten, nicht grundsätzlich umsatzsteuerbefreit?

Zwar gibt es eine Reihe von Berufsgruppen, die von der Umsatzsteuer grundsätzlich befreit sind, aber diese beschränken sich auf so genannte »heilberufliche Tätigkeiten«. Dazu zählen aber nur solche Tätigkeiten, die im Katalog der Heilberufe im UStG § 4 Nr. 14 aufgeführt sind oder die durch eine Berufsregelung eine Ähnlichkeit mit diesen haben.

In einer Verfügung der Oberfinanzdirektion Hannover vom 13. November 1996 (S-7170 – 62 – StO 351/ S-7170 – 168 -StH 532) werden von diesem Komplex eindeutig und unter Benennung ausgeschlossen unter anderem »... Gymnastiklehrer (auch mit staatlicher Prüfung), ..., Yogalehrer ...«! Andere Lehrende wurden nicht genannt, aber es ist davon auszugehen, dass Taiji-, Qigong-, Autogenes-Training-, Feldenkrais- und andere Lehrende den Yoga-Lehrenden gleichgestellt werden nach dieser Verfügung. Diese gilt im Übrigen zunächst nur für die OFD Hannover, ist aber mittlerweile in allen anderen OFD-Bereichen »angekommen« und wird gerne genutzt.

Sie sind HeilpraktikerIn, Ärztin oder Arzt oder gehören einem anderen »Katalogberuf« des UStG an?

Tatsächlich ist es für solche Lehrenden, die gleichzeitig beispielsweise Arzt/Ärztin oder HeilpraktikerIn sind – und dadurch zu den so genannten Katalogberufen des § 4 Nr. 14 Umsatzsteuergesetz (UStG) zählen –, möglich, Yoga- oder anderen Unterricht umsatzsteuerfrei durchzuführen, wenn dies Bestandteil einer heilpraktischen Therapie ist. Geben sie jedoch Unterricht im Rahmen eines offenen Kursangebotes, so sind die Einnahmen hieraus, wenn ihr Gesamtumsatz aus allen Tätigkeiten (!) über 17.500 Euro im Jahr liegt, umsatzsteuerpflichtig wie bei allen anderen auch!

Wenn Freiberufler und/oder Heilpraktiker Waren verkaufen

Vorsicht ist immer dann geboten, wenn die freiberufliche Tätigkeit (Unterricht, Beratung, Therapie) kombiniert wird mit dem Verkauf von Waren wie Büchern, CDs, Hilfsmittel und Ähnlichem. Denn ein solcher Verkauf stellt eine gewerbliche Tätigkeit dar. Wird aber nicht unterschieden zwischen den betrieblichen Einnahmen aus freiberuflicher Tätigkeit und dem (gewerblichen) Verkauf von Waren, so wird das Finanzamt kurzerhand alle Einnahmen als gewerblich einstufen. Das könnte bei einem Gewinn über 24.500 Euro im Jahr dann sogar dazu führen, dass Gewerbesteuer zu zahlen wäre.

Bei der Weitergabe beziehungsweise dem Verkauf von Waren sollten Sie deshalb als freiberuflich tätigeR DozentIn, BeraterIn oder TherapeutIn folgende drei Möglichkeiten unterscheiden:

1. Sammelbestellung

TeilnehmerInnen an Ihrem Kurs möchten als Beispiel »auch so eine schöne Übungsmatte« haben oder ein Sitzbänkchen. Sie bestellen für diese also bei einem Hersteller oder Versandhandel eine entsprechende Anzahl. Selbst wenn Sie für diese Bestellung durch den Händler einen (zusätzlichen) Rabatt erhalten, ist dadurch Ihr Status als FreiberuflerIn nicht gefährdet, wenn Sie die Ware ohne »Gewinnaufschlag« zum normalen Listenpreis weitergeben. Sie treten dann nämlich nur als so genannteR »SammelbestellerIn« auf.

2. Ansichtssachen

Ähnlich wie unter Ziffer 1. ist der Fall gelagert, wenn Sie nicht nur auf Anfrage Waren bestellen und weitergeben, sondern in Ihrer Praxis oder Ihrem Studio Muster auslegen haben. Interessante Bücher, CDs oder Hilfsmittel für das Üben können Ihre KlientInnen oder TeilnehmerInnen bei Ihnen anschauen oder ausprobieren. Gefällt ihnen etwas, so wenden sie sich wieder wie unter Ziffer 1. an Sie für eine Bestellung. Die Muster sind unverkäuflich. Zur Sicherheit sollten Sie diese auch als solche kennzeichnen: »Muster, nicht zum Verkauf bestimmt«. Dieser Text kann mit einem Etikett auf dem Artikel selbst angebracht sein oder Sie stellen ein kleines Schild dazu.

3. Bevorratung zum Verkauf

Eindeutig gewerblich wird der Verkauf dann eingestuft, wenn Sie nicht nur auf Bestellung verkaufen, sondern zum Verkauf bestimmte Waren bevorraten. Das heißt, Sie haben einen mehr oder minder großen Vorrat an Büchern, Duftölen, Tee oder anderen Waren, damit Ihre Kundschaft gleich nach oder schon vor der Beratung oder Therapie diese bei Ihnen kaufen und mitnehmen kann.

Haben Sie sich bewusst für den zusätzlichen Verkauf von Waren neben Ihrer freiberuflichen (und gegebenenfalls heilpraktischen) Tätigkeit entschieden, dann trennen Sie sowohl die betrieblichen Einnahmen wie Ausgaben voneinander – soweit möglich. Bei den Einnahmen fällt diese Trennung ja leicht: Eine neue Spalte ins »Amerikanische Journal« einfügen reicht. Bei den Ausgaben ist der Wareneinkauf eindeutig der gewerblichen Tätigkeit zuzuordnen. Wie aber steht es mit dem Telefon, dem Computer, dem Auto, den Mietkosten für die Räume und all den anderen Dingen, die Sie »gemeinsam nutzen« für beide Tätigkeiten. Diese Posten müssen Sie aufteilen. Am einfachsten und auch für das Finanzamt leicht nachvollziehbar, machen Sie das nach der Höhe des Umsatzes.

Mit ihrem Studio erzielt Anna jährlich einen Umsatz von 30.000 Euro durch Beratung und Therapie. Mit dem Verkauf von Büchern, Tees und Ölen kommen 3.000 Euro zusammen. Im Umsatzvergleich der beiden Einnahmequellen ergibt sich ein Verhältnis von 10 : 1 oder anders ausgedrückt: Der gewerbliche Anteil an Annas Betriebsausgaben beträgt nach dieser Verteilung zehn Prozent.

Sie ermittelt wie oben beschrieben zunächst die gesamten Betriebsausgaben. Diesen Betrag teilt sie dann entsprechend auf zu 90 Prozent zu den Einnahmen aus freiberuflicher Tätigkeit und zu zehn Prozent zu den Einnahmen aus gewerblicher Tätigkeit.

Geschäftsbelege und Aufbewahrungspflicht

Gemäß dem ehernen Grundsatz der Buchführung: »Keine Buchung ohne Beleg« ist stets darauf zu achten, dass nicht nur alle Ausgaben, sondern auch alle Einnahmen vollständig durch Belege nachgewiesen werden können. Ohne Belege stehen Sie bei einer möglichen Steuerprüfung ziemlich schlecht da. Das Finanzamt wird nämlich vieles nicht anerkennen. Das führt dazu, dass Schätzungen vorgenommen werden und deren Ergebnis übertrifft meist die schlimmsten Befürchtungen.
Belege sind alle Rechnungen, Quittungen und sonstigen Auszüge, aber auch Kursteilnehmerlisten! Die Belege sind stets nach Vorfall getrennt gesammelt und sollen folgende Daten enthalten:
Name und Anschrift des Verkäufers beziehungsweise Dienstleisters, also zum Beispiel des Lehrenden, Unterschrift des Verkäufers/Dienstleisters, Datum, Bezeichnung des Kaufgegenstandes/der Dienstleistung (Kurs, Beratung etc.), Art des Schriftstücks (Rechnung, Quittung), Mehrwertsteuersatz (in der Regel 16 Prozent), Name des Empfängers/der Empfängerin.

Geht ein Beleg verloren, so sollte ein Ersatzbeleg angefertigt werden. Wo dies nicht möglich ist beziehungsweise gar keine Belege ausgegeben werden (Münztelefon, Imbiss, Parkuhren etc.), können Eigenbelege angefertigt werden. Diese sollen die aufgeführten Angaben enthalten und als »Eigenbeleg« gekennzeichnet sein. Deren Glaubhaftigkeit muss dem Finanzamt gegebenenfalls klar gemacht werden können.

Für alle Geschäftsunterlagen gibt es Aufbewahrungsfristen, die unbedingt einzuhalten sind! Dies gilt für alle haupt- oder nebenberuflich selbstständigen Tätigkeiten. Geschäftsbücher, Inventurlisten und Bilanzen sind zehn Jahre, Geschäftspapiere, Belege, Kurslisten usw. sind sechs Jahre lang geordnet aufzubewahren. Buchungsbelege und Geschäftsbücher können auch auf Computer-Diskette aufbewahrt werden. Dies setzt allerdings voraus, dass die Daten jederzeit über Bildschirm oder Ausdruck zur Verfügung gestellt werden können. Die entsprechenden Programmversionen müssen ebenfalls für die gleiche Dauer wie die EDV-erfassten Belege aufbewahrt und vorgehalten werden. Bedenken Sie bei System-Updates, dass die alten Programme möglicherweise nicht mehr lauffähig sind!

Praxistipp für selbst organisierte Kurse:
Führen Sie eine Kursliste für jeden einzelnen Kurs, auf der Name und Vorname der einzelnen TeilnehmerInnen, Veranstaltungsort, Dauer des Kurses und die einzelnen Termine aufgeführt sind. Vermerken Sie zusätzlich die Anwesenheit beim jeweiligen Kurstermin.

Diese Kursliste bewahren Sie zusammen mit den Nachweisen über geleistete Zahlungen der TeilnehmerInnen für die nächsten sechs Jahre auf.

Vorsicht bei Thermobelegen!

Viele Kassenbelege an Tankstellen, Computerkassen und bei Kreditkartenkauf sind so genannte »Thermobelege«, das heißt, der Text beziehungsweise die Zahlbeträge werden nicht mit Tinte auf Papier gedruckt, sondern ein spezielles Papier reagiert auf die Wärme des Druckerkopfes und verfärbt sich entsprechend schwarz. Dies ist vorteilhaft für die Geschäfte, aber von großem Nachteil für die Archivierung. Dieses Thermopapier reagiert nämlich auf Klebstoff, hohe Temperaturen und Plastikfolien und verliert die Schrift. Wird anlässlich einer Prüfung ein solcher Beleg gefunden, der nicht mehr oder nicht mehr vollständig seine Zahlen offenbart, wird er nicht anerkannt, was zur Minderung der geltend gemachten Betriebsausgaben führt und letztlich zur Steuernachzahlung.
Deshalb diese Belege am bestens sofort auf Normalpapier kopieren und nur zusammen mit den Kopien abheften. Dabei können Sie gleiche Ausgaben zusammenfassen: alle Tankbelege eines Monats oder alle Belege einer Geschäftsreise etc.

Zusatztipp:
Gleiches gilt übrigens für das Faxpapier von der Rolle: Machen Sie unbedingt eine Kopie auf Normalpapier bei wichtiger Geschäftspost, die Sie per Fax erhalten, denn auch hier kann Sie nach einiger Zeit das blanke Papier »angrinsen« und die wichtigen Unterlagen sind unvollständig oder ganz unbrauchbar.

Das muss auf eine Rechnung drauf ...

Damit eine Rechnung vom Finanzamt auch als »ordentlicher« Beleg anerkannt wird, müssen folgende Angaben unbedingt enthalten sein:
Rechnungssteller mit voller Anschrift, Rechnungsempfänger mit Vor- und Zuname, eine »individuelle« Rechnungsnummer, Zeitpunkt der Lieferung beziehungsweise der Dienstleistung (zum Beispiel »Therapiesitzung am 20.7.2005« oder »Kurs Herbst 2005«), Netto-Rechnungsbetrag, Umsatzsteuersatz, Umsatzsteuerbetrag und Brutto-Rechnungsbetrag. Außerdem muss der Rechnungssteller seine Steuernummer, die vom Finanzamt für die selbstständige Tätigkeit zugeteilt wurde, angeben. Wurde für die Umsatzsteuer eine weitere Steuernummer vergeben, so ist auch diese auf jeder Rechnung anzugeben.
Die Angabe zum Umsatzsteuersatz, der Höhe des Umsatzsteuerbetrages und die Angabe der Steuernummer entfallen, wenn Sie nicht mit Umsatzsteuer arbeiten (müssen). Stattdessen ergänzen Sie bitte in der Rechnung: »umsatzsteuerbefreit nach § 19,1 UStG«.
Eine »individuelle« Rechnungsnummer ist Pflicht seit 2004. Sie soll dazu dienen, dass bei Prüfvorgängen des Finanzamtes (gedacht ist vor allem an

so genannte »Geldwäsche«) schneller Geldströme nachzuvollziehen sind. Bilden Sie der Einfachheit halber die individuelle Rechnungsnummer mit einer fortlaufenden Zahl und dem aktuellen Datum. Beispiel: Sie erstellen die erste Rechnung am 24. August 2005 mit der individuellen Rechnungsnummer: »01-24.08.2005«.

Ab einem Betrag von mehr als 100 Euro ist immer eine Rechnung erforderlich, da eine Quittung dann nicht mehr anerkannt wird. Und: Auch eine Quittung muss außer dem Empfänger, Steuernummer und einer Rechnungsnummer alle oben genannten Angaben enthalten!

Eine Musterrechnung finden Sie im Anhang auf Seite 153.

Und wenn Rechnungen nicht bezahlt werden?

Eigentlich gehen wir davon aus, dass wir es mit ehrlichen Menschen zu tun haben, die ihre Unterlagen gut sortieren und deshalb immer pünktlich die Rechnungen bezahlen, die wir ihnen geschickt oder mitgegeben haben. Aber was, wenn es jemand vergessen hat? Oder vielleicht mit Vorsatz nicht bezahlen will oder kann?

Dann steht uns seit dem Jahr 2000 das »Gesetz zur Beschleunigung fälliger Zahlungen« hilfreich zur Seite (veröffentlicht im BGBl I, S. 330 ff.). Durch diese gesetzliche Neuregelung wurde eine generelle Zahlungsfrist von 30 Tagen eingeführt. Diese darf bei Verbrauchern (also unseren Teilnehmerinnen/Klienten/Patientinnen) nicht unterschritten werden. Im Geschäftsverkehr kann allerdings weiterhin eine von den 30 Tagen abweichende Zahlungsfrist angegeben werden. Im Gegensatz zu früher bedarf es nun keiner gesonderten Mahnung mehr, um den Zahlungsverzug festzustellen (so genannte »automatische Mahnung«, § 284, Absatz 3 BGB).

Das heißt, dass bereits mit dem Überschreiten des mit der Rechnung vereinbarten Zahlungsziels (oder der gesetzlichen 30 Tage) eine kostenpflichtige Mahnung verschickt werden kann.
Die Mahnkosten, die tatsächlich entstanden sind (Zeit für das Erstellen der Mahnung, Porto, Zinsen) können in einem ersten Mahnschreiben bereits geltend gemacht werden. Jedes Mahnschreiben sollte eine mit genauem Datum versehene (neue) Zahlungsfrist enthalten. In aller Regel können Sie den Zeitraum selbst bestimmen, wobei 14 Tage als Frist bei Mahnungen üblich sind.
Wird auf das erste Mahnschreiben nicht reagiert, so folgt ein zweites Mahnschreiben, in dem bereits angekündigt werden sollte, dass nach einer dritten Mahnung das gerichtliche Mahnverfahren eröffnet werden kann beziehungsweise ein Inkasso-Unternehmen beauftragt wird. Und wird auch auf dieses zweite Mahnschreiben nicht reagiert, so sollte die dritte Mahnung bereits als »letzte Mahnung« bezeichnet werden. Wollen Sie tatsächlich das gerichtliche Mahnverfahren beschreiten, so müssen Sie mit

dem Beginn dieses (nicht ganz einfachen und zunächst für den Gläubiger!) kostenpflichtigen Verfahrens den Schuldner darüber informieren. So unterbinden Sie in einem eventuellen Rechtsstreit, dass der Schuldner geltend machen kann, dass die Mahnung »plötzlich und überraschend« kam, was zum Nachteil des Gläubigers gereichen kann.

Das gerichtliche Mahnverfahren müssen Sie bei Ihrem zuständigen Amtsgericht beantragen.

Zwei-Konten-Modell

Besonders für haupt- oder nebenberuflich Selbstständige ist dieses »Modell« interessant, da so anfallende Kreditzinsen als Betriebsausgaben steuerlich geltend gemacht werden können.

Das »Zwei-Konten-Modell« funktioniert so, dass auf einem Konto 1 alle Betriebseinnahmen und die Privatausgaben verbucht werden (Konto ist dabei meist im Plus) und über ein Konto 2 nur die Betriebsausgaben laufen (Konto ständig im Minus).

Die Kreditzinsen für dieses Konto 2 dürfen als Betriebsausgaben geltend gemacht werden. Dies klärte abschließend das Finanzgericht Düsseldorf in seinem Urteil vom 9. November 1994, Aktenzeichen: 2 K 1140/93 E.

Durch konsequente Anwendung dieses Modells werden private Zinsen zu Betriebsausgaben.

Allerdings sollte, wer auf »Nummer Sicher« gehen will, das so genannte »Drei-Konten-Modell« installieren, indem ein Konto nur für die Betriebseinnahmen, eines nur für die Betriebsausgaben und eines für die Privatausgaben genutzt wird. Bei diesem Modell wird das Privatkonto entweder vom Einnahmenkonto gefüllt oder vom Ausgabenkonto des Betriebes, so dass die Kreditzinsen wieder nur auf einem Geschäftskonto anfallen.

Kontrollmitteilungen

Öffentliche Auftraggeber sind per Verordnung dazu verpflichtet, bei (Honorar-)Zahlungen eine Kontrollmitteilung an das jeweils zuständige Finanzamt über die Höhe der geleisteten Honorarzahlungen zu machen. Das betrifft Mieteinkünfte ebenso wie Zahlungen für Bauleistungen, aber auch die Honorarzahlungen aller Volkshochschulen in Deutschland gehören dazu. Mehrere Kontrollmeldungen aus unterschiedlichen Anlässen (Zahlungen einer Volkshochschule, Umsatzsteuererstattung, beschäftigte Honorarkräfte und anderes) können zu einer Betriebsprüfung führen. Mehr dazu weiter unten.

»Liebhaberei«

Was passiert, wenn im steuerrechtlichen Sinne Unternehmen erfolglos sind? In der nachfolgend genannten Entscheidung ging es zwar um den Vorsteuerabzug, aber sie gibt uns auch wichtige Hinweise, auf was das

Finanzamt achtet, um Ausbildung und Unterricht der Lebenskünste als Betriebsausgabe von Liebhaberei zu unterscheiden.

Der Europäische Gerichtshof hat entschieden, dass die Unternehmereigenschaft grundsätzlich nicht rückwirkend mit der Begründung aberkannt werden kann, dass es nicht zur Ausführung entgeltlicher Leistungen gekommen ist. Urteil vom 29. Februar 1996 Rs C-110/94 (BStBl 1996 II S. 665).

Die Finanzverwaltung hat zum Vorsteuerabzug bei so genannten »erfolglosen Unternehmen« Stellung bezogen: Bundesministerium der Finanzen, BMF, Schreiben vom 2. Dezember 1996 – IV C 3 – S 7104 – 95/96 (BStBl 1996 I S. 1461). Danach muss die unternehmerische Tätigkeit auf die Erzielung von Einnahmen gerichtet sein. Die Ausführung »entgeltlicher Leistungen« muss also ernsthaft beabsichtigt sein und die Ernsthaftigkeit dieser Absicht ist durch objektive Merkmale nachzuweisen beziehungsweise glaubhaft zu machen.

Dieser Nachweis gilt unter anderem dann als erbracht, wenn so genannte »unternehmensbezogene Vorbereitungshandlungen« durchgeführt werden, wie zum Beispiel die Anmietung oder Errichtung von Büro- oder Übungsräumen, der Erwerb umfangreichen Inventars, Wareneinkauf vor Betriebseröffnung, Anforderung einer Rentabilitätsstudie, Durchführung einer größeren Anzeigen- oder sonstigen Werbekampagne.
Entscheidend ist immer das Gesamtbild der Verhältnisse, um die Unternehmereigenschaft zu bejahen.
Wenn die Vorbereitungshandlungen ihrer Art nach sowohl zur unternehmerischen als auch zur nichtunternehmerischen Verwendung bestimmt sein können, was etwa beim Erwerb eines Autos oder eines Computers der Fall ist, so ist der Finanzverwaltung eine abschließende Beurteilung der Unternehmereigenschaft nicht möglich. Sie kann deshalb Entscheidungen unter dem Vorbehalt der Nachprüfung beziehungsweise »vorläufig« treffen.

Bei Vorbereitungshandlungen, die ihrer Art nach typischerweise zur privaten Nutzung bestimmt sind, zum Beispiel der Erwerb eines Wohnmobils, auch wenn damit die Übernachtungskosten bei (Ausbildungs-)Seminaren gespart werden können, oder anderer so genannter Freizeitgegenstände, so ist die Unternehmereigenschaft davon abhängig, dass tatsächlich entgeltliche Leistungen ausgeführt werden.

Entgegen früherer Verwaltungspraxis gelten diese Grundsätze übrigens auch, wenn die Aufnahme einer neuen Tätigkeit im Rahmen eines bestehenden Unternehmens erfolgt und die neue mit der bisherigen unternehmerischen Betätigung in keinem sachlichen Zusammenhang steht.

Wenn der Betriebsprüfer kommt ...

Auch so genannte »Kleinbetriebe« und Selbstständige mit nur geringen Jahresumsätzen werden von den »Betriebsprüfern« der Finanzbehörden nicht verschont. Deshalb sei hier zusammengefasst, was zu tun ist, wenn »es passiert«.

Der Beginn einer Außenprüfung wird durch eine Prüfungsanordnung schriftlich bekannt gegeben. Als Grund muss kein Verdacht auf Steuerhinterziehung vorliegen, vielmehr werden die allermeisten Außenprüfungen der Finanzbehörden nach der Länge des Zeitraums angesetzt, in dem keine Prüfung stattgefunden hat.
Einer (von vielen möglichen) Hinweisen auf eine kommende Außenprüfung kann die Mitteilung im Steuerbescheid sein, dass dieser »vorläufig« sei unter »dem Vorbehalt einer Nachprüfung«.
Besonders gerne schauen die Betriebsprüfer übrigens vorbei, wenn betriebliche oder/und private Baumaßnahmen durchgeführt wurden, wenn »Auslandssachverhalte« (beispielsweise Kurstätigkeit oder Fortbildungen im Ausland) vorliegen oder auf die Umsatzsteuerbefreiung (bei Umsatz unter 16.620 Euro im Jahr) verzichtet wurde und es dadurch zu Umsatzsteuerrückzahlungen seitens des Finanzamtes gekommen ist aufgrund von hohen Vorsteuerabzügen.
In der Prüfungsanordnung wird mitgeteilt, was geprüft werden soll, unterteilt nach Steuerarten (Einkommensteuer, Umsatzsteuer usw.), der so genannte Prüfungszeitraum, also die Jahre, die geprüft werden sollen, der Name des Prüfers und der Ort der Prüfung.
Grundsätzlich dürfen ohne weitere Begründung nur die drei zurückliegenden Jahre nach Abgabe der letzten Steuererklärung geprüft werden. Ist die Steuererklärung für 2001 abgegeben, können also zusätzlich zum Jahr 2001 nur noch 2000 und 1999 geprüft werden.
Sollen weiter zurückliegende Jahre geprüft werden, muss das Finanzamt eine Begründung mitliefern.

Regelmäßig vollzieht sich die Außenprüfung dann wie folgt: Einem Einführungsgespräch folgt die Betriebsbesichtigung, die bei den meisten von uns wohl recht kurz ausfällt. Dann beginnen die eigentlichen Prüfungshandlungen, je nach getroffener Vereinbarung im Büro beziehungsweise Haus des zu Prüfenden oder auf dem Amt. Es folgt am Ende der Prüfung die Schlussbesprechung, in der vor allem die beanstandeten Punkte besprochen und – im wahren Sinne des Wortes! – verhandelt werden. Danach wird ein Prüfbericht angefertigt und zugesandt, der auch vom zuständigen Finanzamt ausgewertet wird sowie gegebenenfalls noch von der Bußgeld- und Strafsachenstelle.
Die Betriebs- oder Außenprüfung ist durch die Staatsmacht abgesichert. Dem Prüfer stehen weitgehende Rechte zu: Einsichtsrechte, Vorlagerechte, Besichtigungsrecht usw. Alle Steuerpflichtigen sind gut beraten, sich dem nicht zu widersetzen! Sie sind darüber hinaus auch zur Mitwirkung ver-

pflichtet: Sie müssen zur Auskunft und zur Herausgabe von Unterlagen zur Verfügung stehen.

Es ist sicher hilfreich, für ein »gutes Prüfungsklima« zu sorgen, doch darf der Prüfer noch lange nicht alles. Die »Geprüften« sollten jederzeit und besonders bei scheinbaren »Privatgesprächen« zwischen ihnen und dem Prüfer daran denken, dass er kein neuer Kunde beziehungsweise Kursinteressent ist – selbst wenn er das sagt. Betriebsprüfer sind aus beruflichen Gründen misstrauisch und zudem darin geschult, durch geschicktes Fragen so genannte »verdeckte Steuerumstände« zu erfahren!

Wie über den Erfahrungsaustausch von Vätern über den Windeleinkauf ein verstecktes Abfragen über die Nutzung der geschäftlich genutzten Fahrzeuge wurde, durfte der Autor selbst bei einer Außenprüfung erleben.

In den folgenden sechs Punkten möchte ich kurz zusammenfassen, wie eine Betriebsprüfung einigermaßen reibungslos vonstatten gehen kann:

1. Grundvoraussetzung ist natürlich eine ordnungsgemäße und nachvollziehbare Buchführung, die vollständig ist.

2. Alle Verträge, die steuerrelevant sein könnten, sollten vorhanden sein, damit sie auf Verlangen vorgezeigt werden können. Es empfiehlt sich, aufgrund stetiger Änderungen der Gesetzeslage, von Zeit zu Zeit insbesondere bestehende Verträge zu überprüfen.

3. Ist die Prüfungsanordnung eingegangen, wird es ernst und die folgenden zwei Fragen sollten umgehend geklärt werden:
Kann die Betriebsprüfung durch die Anfechtung einer (fehlerhaften) Anordnung verschoben oder ganz verhindert werden?
Soll noch eine Selbstanzeige abgegeben werden?
Beide Möglichkeiten sind jedoch riskant. Im ersten Fall hätte dies nur aufschiebende Wirkung. Im zweiten Fall kann es sein, dass die Selbstanzeige nicht mehr »schonend« wirkt, weil sie zu spät kommt.

4. Vor Beginn der Prüfung sollten folgende Fragen geklärt sein:
Sind alle steuerlich erheblichen Unterlagen und Verträge vorhanden?
Ist die Auskunftsperson für den Prüfer richtig gewählt beziehungsweise dauernd anwesend?
Sind gegebenenfalls Arbeitnehmer, aber auch Familienangehörige (!) auf ihr Auskunftsverbot hingewiesen worden?
Liegt der Arbeitsplatz für den Prüfer fest?
Hat ein zu Überprüfender keinen genügend großen oder sonst geeigneten Raum zur Verfügung, zum Beispiel weil das Büro in der Wohnung liegt, eine sehr kleine Fläche und nur einen Schreibtisch hat, so könnte der Prüfer bewegt werden, die Außenprüfung im Amt durchzuführen. Das bedeutet, dass alle Unterlagen dem Prüfer ins Finanzamt gebracht werden müssen – mit dem Vorteil, dass fehlende Unterlagen von ihm gezielt angefordert werden müssten.

5. Kopien sollten nur von der Auskunftsperson angefertigt werden – und diese fertigt gleich ein Doppel für den steuerlichen Beistand, damit der Prüfungsverlauf nachvollziehbar bleibt.

6. Ein freundlicher Umgang mit dem Betriebsprüfer schadet nicht, denn er ist vor allem ein Mensch, der seiner Aufgabe nachgeht. Ein entspanntes Prüfungsklima ist für alle gut!

Besonders, wenn Sie (noch) keinen Steuerberater haben, sollten Sie sich bei Zustellung der Prüfungsanordnung überlegen, ob Sie nicht doch – zumindest für die Prüfung – einen steuerlichen Beistand hinzuziehen. Gerade in der Schlussbesprechung kann ein Steuerberater so manches aushandeln, was einem Laien vielleicht gar nicht einfiele.

Sicher ist die Betriebsprüfung die »Feuerprobe« für die eigene Buchhaltung und die gesamte Geschäftsführung. Gleichwohl kann jedeR diesem Akt der Finanzbehörde gelassen entgegensehen, wenn stets alles sauber und nachvollziehbar verbucht wurde und keine – selbst kleine – Beträge »vergessen« wurden.

Vor allem sollte der Prüfer nicht als Feind gesehen werden, der im privaten Bereich herumschnüffelt. Das darf er nämlich nicht und wird es in der Regel auch nicht versuchen. Sollte das Frage- oder Prüfverhalten dennoch Anlass zur kritischen Betrachtung geben, sollte man sich nicht scheuen, einen steuerlichen Beistand hinzuzuziehen (JuristIn, BeraterIn).

Steuerberatung

Immer wieder werde ich gefragt, ob sich denn einE SteuerberaterIn lohne, ab wann ihre Arbeit sinnvoll sei und vor allem: Wie man denn eine gute Steuerberatung finde. Tja, so antworte ich meistens, das ist sehr vom Einzelfall abhängig. Trotzdem ein paar Gedanken zu Ihrer Orientierung:
Wenn Sie eine einfache steuerliche Einkunftssituation haben, dann brauchen Sie nicht zwingend eine Steuerberatung. Wenn Sie sich nicht sicher sind, in was für einer steuerlichen Situation Sie sich befinden, ob Sie eventuell zuviel Steuern zahlen und Ähnliches, dann sollten Sie eineN SteuerberaterIn aufsuchen.

Vereinbaren Sie zunächst ein unverbindliches Gespräch. Bringen Sie Ihre Fragen mit und achten Sie darauf, ob Sie Antworten bekommen, mit denen Sie tatsächlich auch etwas anfangen können. Fragen Sie nach, ob er oder sie noch weitere MandantInnen mit ähnlicher oder gleicher Erwerbs- beziehungsweise Steuersituation betreut. Auch für die Steuerberaterzunft ist das deutsche Steuerrecht ein zerklüftetes Gebiet, in dem sich nicht jedeR überall gut auskennen kann. Fragen Sie nach den Spezialgebieten beziehungsweise hauptsächlichen Branchen der Steuerberaterin beziehungsweise des Steuerberaters.

LEITFADEN

Fragen Sie in Ihrem Umfeld nach SteuerberaterInnen. Wo gehen Ihre KollegInnen hin und was sagen die zu ihrer Steuerberatung. Ich setze gerne die Steuerberatung in eine Reihe mit Zahnärztin, Frauenärztin und Friseur. Wie finden Sie den/die für Sie passenden Menschen im jeweiligen Beruf? Genau, Sie fragen Ihre Freundin, Ihren Nachbarn, Kollegen usw. Gehen Sie bei der Steuerberatersuche ebenso vor.

Hilfe gibt aber auch der Suchservice der Deutschen Steuerberaterkammer im Internet unter www.steuerberater-suchservice.de.

Grundsätzlich empfehle ich die Zusammenarbeit mit einer professionellen Steuerberatung. In den allermeisten Fällen werden Sie mehr an Steuern sparen als die Beratung kostet. Da diese Kosten nach einer gesetzlich vorgeschriebenen Gebührenordnung festgelegt werden, können Sie stets vorher erfragen, was an Kosten auf Sie zukommt.

Sie können außerdem zusammen mit Ihrem Steuerberater oder Ihrer Steuerberaterin festlegen, welchen Umfang die Beratung und Betreuung haben soll. So steuern Sie selbst die Kosten und den zeitlichen Aufwand, wenn Sie zum Beispiel die Belege selbst erfassen oder bestimmte sonstige Arbeiten in Absprache selbst erledigen oder vorbereiten.

SteuerberaterInnen haben meist einen »guten Draht« in das zuständige Finanzamt und können so schon gute Dienste leisten. Viele BeraterInnen geben regelmäßig Informationen über Änderungen, Fristen usw. heraus.

Und falls es mal wirklich schief gelaufen ist: SteuerberaterInnen sind verpflichtet, ihre MandantInnen auf alle legalen Steuersparmöglichkeiten lückenlos hinzuweisen. Erleidet ein Steuerpflichtiger durch fehlende Informationen des Steuerberaters einen Vermögensschaden, so haftet der zuständige Steuerberater. Dies wurde zuletzt wieder so entschieden vom Oberlandesgericht Hamm (Aktenzeichen 25 U 167/99).

Weitere Informationen

»Gewinnermittlung für Selbstständige und Existenzgründer« von Ralf Bombita und Bernhard Köstler, Beck-Wirtschaftsberater im dtv, München

Offizieller Download der Formulare für die elektronische Erklärung der Umsatz- und Lohnsteuer: www.elster.de
Informationen über Gesetze, Durchführungsverordnungen und deren Änderungen: www.bundesfinanzministerium.de
Informationen mit großer Datenbank zu allen Steuerfragen: www.steuern.de vom Haufe-Verlag, Freiburg
(dessen Website: http://haufe.de)

Notizen:

Versicherungen

Außer Glück und Liebe gibt es nichts, was sich nicht versichern ließe gegen Verlust, Diebstahl oder Ersatz. Medienaufmerksamkeit erzeugen regelmäßig die Spezialversicherer wie Lloyds in London, wenn dort die Hände eines begnadeten Geigers oder die Nase eines Filmstars versichert werden. Dem Wunsch des Menschen nach größtmöglicher Sicherheit im irdischen Leben kommen die Versicherungsgesellschaften gerne entgegen und bieten Policen für und gegen so ziemlich alle denkbaren und undenkbaren »Schicksalsschläge« an. Dabei ist die Basis des Versicherungsgeschäftes die urmenschliche Angst vor der Zukunft, die nicht vorherbestimmbar ist. Allerdings sollten auch angstfreie Menschen über einige Versicherungen nachdenken, denn das Prinzip des Versicherungswesens beruht auf der Gegenseitigkeit. Das bedeutet, dass alle in eine gemeinsame Kasse zahlen, aus der dann diejenigen Geld erhalten, denen ein Schaden zugestoßen ist.

Rentenversicherung und private Altersvorsorge

Rentenversicherungspflicht für selbstständig Lehrende

Selbstständig Lehrende sind nach Paragraph 2 des sechsten Sozialgesetzbuches (seit dem 1.1.1913, zuletzt geändert 1923!) bei der Rentenversicherung für Angestellte, also der Bundesversicherungsanstalt für Angestellte, BfA, versicherungspflichtig.
»Selbstständig« sind hier alle, die nicht angestellt unterrichten, und diejenigen, die neben einer – auch angestellten – Tätigkeit irgendwo Kurse geben oder Beratungen anbieten. »Lehrende« sind nach der sehr weit gefassten Definition der BfA grundsätzlich alle, die in irgendeiner Form »Wissen, Können und/oder Fertigkeiten vermitteln«. Oder wie es mir ein BfA-Berater am Telefon erläuterte: »Auch der Taekwondo-Lehrer im Altersheim ist rentenversicherungspflichtig.«

Aber natürlich gilt auch hier: keine Regel ohne Ausnahme. Fünf davon seien hier aufgeführt:

1. Wenn Sie nur nebenberuflich tätig sind, sind Sie zwar auch rentenversicherungspflichtig, aber weder melde- noch zahlpflichtig gegenüber der BfA, soweit Sie im Jahr einen Gewinn erzielen, der unter zwölfmal 400 Euro, also unter 4.800 Euro liegt. Das ist die Summe, die so genannte »geringfügig Beschäftigte« verdienen dürfen. Wie Sie Ihren Gewinn ermitteln, lesen Sie auf Seite 89.

Sie organisieren selbst zwei Kurse in der Woche für einen festen Teilnehmerkreis. Im Jahr erzielen Sie dadurch Einnahmen in Höhe von 5.200 Euro. Für Miete, Organisation, eigene Fortbildung und Fachbücher usw. geben Sie 1.500 Euro im Jahr aus.
5.200 - 1.500 = 3.700 Euro Jahresgewinn
Damit liegen Sie deutlich unter der Freigrenze von 4.800 Euro und wären nicht meldepflichtig.

2. Ebenfalls nicht melde- und zahlungspflichtig sind Sie, wenn Sie nebenberuflich für eine Körperschaft des öffentlichen Rechts tätig sind (Universität, Behörde, Krankenkasse, Volkshochschule etc.) oder für eine als gemeinnützig, mildtätig oder kirchlichen Zwecken dienend anerkannte Organisation tätig sind und jährlich nicht mehr als 1.848 Euro als Honorar erhalten. Dies ist die so genannte Übungsleiterpauschale, mehr dazu ab Seite 111.

Sie geben an der Volkshochschule (VHS) Ihrer Gemeinde viermal im Jahr Kurse oder Seminare. Dafür erhalten Sie jeweils ein Honorar von 375 Euro.
4 x 375 = 1.500 Euro Honorar im Jahr
Damit liegen Sie unter der Freigrenze der so genannten Übungsleiterpauschale und wären nicht meldepflichtig.

3. Und auch die Kombination ist möglich, aber nur (!) bei der Rentenversicherungspflicht: Wenn Sie nebenberuflich tätig sind und bis maximal 4.800 Euro Gewinn im Jahr erzielen und daneben noch eine vorgenannte Tätigkeit bei einer Körperschaft des öffentlichen Rechts (VHS, Sportverein und Ähnliche) ausüben, für die Sie im Jahr nicht mehr als 1.848 Euro erhalten, so bleiben Sie von der Melde- und Versicherungspflicht befreit.
Allerdings: Für die Gewinnermittlung dürfen Sie dann Ihre nachweisbaren Betriebsausgaben nur noch in der Höhe geltend machen, die den Betrag der Übungsleiterpauschale übersteigen.

Sie geben wie in den oben genannten Beispielen eigene Kurse und Kurse an der VHS oder bei einem Sportverein. Durch die eigenen Kurse erzielen Sie eine Jahreseinnahme von 4.200 Euro. Die Betriebsausgaben können Sie nicht abziehen, denn Sie erhalten ein Honorar von der VHS von 1.500 Euro, zusammen also 5.700 Euro. Die Freigrenze bei dieser Kombination errechnet sich aus dem Jahresgewinn mit maximal 4.800 Euro und der Höchstsumme bei der Übungsleiterpauschale von maximal 1.848 Euro, also insgesamt 6.648 Euro.

Da wir im Beispiel (6.648 - 5.700 = 948 Euro Differenz) darunter liegen, blieben wir auch in dieser Kombination von der Meldepflicht befreit.

Diese Kombinationsrechnung gilt nur für die Berechnung der Rentenversicherungsfreigrenze!

4. RentnerInnen, die eine volle Altersrente (ab 63 bzw. 65 Jahren) beziehen, sind für selbstständige Tätigkeiten auch über 4.800 Euro im Jahr/400 Euro im Monat hinaus nicht rentenversicherungspflichtig.
RentnerInnen mit so genannter Teilrente – vorzeitige Rente oder Berufsunfähigkeitsrente – sind bei selbstständiger Tätigkeit mit Gewinn über 4.800 Euro im Jahr hinaus rentenversicherungspflichtig.
RentnerInnen mit einer Erwerbsunfähigkeitsrente dürfen generell nicht selbstständig tätig sein, auch nicht unter 400 Euro im Monat!

5. BeamtInnen und kirchliche Angestellte sind für selbstständige Tätigkeiten über 4.800 Euro im Jahr rentenversicherungspflichtig.

Und was passiert, wenn ich neben- oder hauptberuflich mit meinem erzielten Gewinn über den Freigrenzen liege?

Dann müssen Sie diesen Umstand von sich aus der Bundesversicherungsanstalt für Angestellte in Berlin oder bei einer ihrer Zweigstellen melden.

Für selbstständig Lehrende entfällt die Rentenversicherungspflicht, wenn sie jemanden sozialversicherungspflichtig einstellen. Diese Person muss allerdings für eine Tätigkeit eingestellt werden, die im direkten Zusammenhang zur selbstständigen Tätigkeit steht. Das kann zum Beispiel eine Bürokraft sein, eine regelmäßige Vertretung, aber auch jemand zur Kinderbetreuung während der eigenen selbstständigen Arbeit.

Bundesversicherungsanstalt für Angestellte (BfA)
Ruhrstraße 2
10704 Berlin
http://www.bfa-berlin.de

Die BfA betreibt eine gebührenfreie telefonische Auskunft zu allen Rentenfragen, die erreichbar ist unter 0800/ 333 19 19. Diese Telefonauskunft wird anonym betrieben, so dass Sie sich hier über Einzelheiten Ihrer individuellen Situation erkundigen können.

Trotzdem sei davor gewarnt, dass einzelne MitarbeiterInnen angeben, dass eine genaue Auskunft nur unter Angabe persönlicher Daten möglich sei. Bestehen Sie dann auf einer unverbindlichen und anonymen Auskunft beziehungsweise Information.

Die BfA hat zwei recht übersichtliche Broschüren zum Thema herausgegeben:
»BfA-Information 1, Versicherungspflicht und Beitragszahlung« und
»Selbstständige in der Rentenversicherung«.
Diese können im Internet direkt bestellt werden:
http://www.bfa-berlin.de, weiter mit Link zu «Broschüren» oder
telefonisch unter 030 / 865-1 oder per Fax 030 / 865-272 40 oder
per Post: BfA, 10704 Berlin.

Private Altersvorsorge

Selbst wenn Sie vierzig Jahre in die gesetzliche Rentenversicherung einbezahlt haben, können Sie nicht unbedingt viel an monatlicher Leistung nach Eintritt ins Rentenalter erwarten. Das ist bekannt und deshalb gilt es, sich zusätzlich zur gesetzlichen Rente um eine private Altersvorsorge zu kümmern.
Welche Möglichkeiten gibt es dazu? Die Antwort ist abhängig von Ihren persönlichen Lebensumständen: Sind Sie ledig oder verheiratet, mit oder ohne Kinder? Haben Sie bereits eine ausreichende Grundversorgung? Haben Sie durch geleistete Einzahlungen in die gesetzliche Rentenversicherung einen Rentenanspruch an die gesetzlichen Rentenversicherer oder haben Sie noch gar nichts gemacht in dieser Hinsicht?
Einige der verschiedenen Möglichkeiten der privaten Altersvorsorge möchte ich Ihnen im Einzelnen vorstellen:

Risiko-Lebensversicherung
Für Familien mit Kindern und zur Absicherung bei größeren Finanzierungen ist eine Risiko-Lebensversicherung bedingt empfehlenswert. Denn was ist, wenn ein Elternteil plötzlich stirbt? Die Hinterbliebenen müssen meist mit unzureichender Rente auskommen und besonders bei kleinen Kindern wird das »Hinzuverdienen« des nun alleinigen Elternteils schwierig oder ist wiederum mit zusätzlichen Kosten für Kinderbetreuung usw. verbunden. In diesem Fall zahlt die Risiko-Lebensversicherung einen vorher vereinbarten Kapitalbetrag aus, die so genannte Risikosumme.
Für einen 30-jährigen Mann kosten 100.000 Euro Versicherungssumme bei einer vertraglichen Laufzeit von 30 Jahren bei einer günstigen Gesellschaft etwa 20 bis 25 Euro, für eine gleichaltrige Frau 15 bis 20 Euro.
Es können sich Mann und Frau sowohl einzeln versichern lassen wie auch gemeinsam mit einer Police, die dann an den/die HinterbliebeneN die Versicherungssumme auszahlt. Allerdings erlischt hierbei auch der Risikoschutz für die/den ÜberlebendeN. Soll die Versicherung weiter bestehen bleiben, so muss ein erneuter Abschluss getätigt werden. Die Prämie bei dieser Form beträgt allerdings nur drei viertel gegenüber zwei Einzelverträgen.
Die Höhe der Risikosumme ermitteln Sie durch die Faustformel:
monatlicher Bedarf der Hinterbliebenen x 200 = Versicherungssumme für den Todesfall. Das ergibt ohne Berücksichtigung von Zins und Zinseszins

und eventueller Wiederanlage eine Zahlungsdauer von 200 Monaten, also knapp 17 Jahre.

Kapital-Lebensversicherung
Zahlt die Risiko-Lebensversicherung nur im Todesfall des oder der Versicherten und läuft beim »Erleben« des vereinbarten Endes der Vertrag einfach aus, so bietet die Kapital-Lebensversicherung neben dem »Risiko-Schutz« die Möglichkeit, beim Erleben des Versicherungsendes über eine je nach Vereinbarung auch hohe Summe zu verfügen. Die Höhe der zu erwartenden Auszahlung beruht auf einem komplizierten Schlüssel, der sich zusammensetzt aus den geleisteten Einzahlungen und der davon durch die Versicherungsgesellschaft erzielten Rendite. Die tatsächlich erreichte Rendite ist schlecht zu schätzen, da es auf den Finanzmärkten immer Höhen und Tiefen geben kann. Die gesetzlich garantierte Mindestrendite liegt bei 3,25 Prozent. Die zu erwartende Rendite nach Ablauf meist zwischen 5 und 6,5 Prozent.
Im »Erlebensfall« am Ende der Versicherungslaufzeit steht dann die Summe aus Einzahlung plus Rendite dem Versicherten frei zur Verfügung. Lief die Lebensversicherung mindestens zwölf Jahre sogar steuerfrei.

Was ist, wenn man vor Ablauf der Versicherung dringend Geld braucht? Dann ist es zwar möglich, die Kapital-Lebensversicherung »zurückzukaufen«, wie das heißt. Dies ist aber meist erst nach fünf- bis sechsjähriger Laufzeit möglich. Und da die Versicherungsgesellschaft ihre Ausgaben dagegenrechnen darf, gibt es nicht den tatsächlich bis dahin eingezahlten Betrag zurück, sondern immer deutlich weniger.
Besser ist es im Falle von »akuter Geldnot«, betriebswirtschaftlich spricht man elegant vom »Liquiditätsengpass«, die Kapital-Lebensversicherung ruhen zu lassen. Das bedeutet, dass die Versicherungsgesellschaft gebeten wird, die Beitragszahlung freizustellen. So wird zwar in dieser Zeit das Kapital nicht erhöht, aber die bis dahin eingezahlten Beiträge werden weiter verzinst und man kann später die Zahlungen wieder aufnehmen, wenn der Engpass überwunden ist.

Unterschied von Risiko- und Kapital-Lebensversicherung
Gemeinsam ist beiden Versicherungen, dass »das Leben« des Versicherten »versichert« ist. Das bedeutet, dass im Fall des Ablebens des Versicherten, diejenige oder derjenige die vereinbarte Versicherungssumme erhält, die als so genannte »Begünstigte« im Vertrag eingetragen sind.
Die Risiko-Lebensversicherung ist relativ kostengünstig bei den zu zahlenden Versicherungsprämien. Dafür gibt es die oben genannte »Versicherungsleistung«, die eben darin besteht, dass beim Tod der oder des Versicherten gezahlt wird. Die Versicherung endet zum vereinbarten Datum – und das war's.
Die Kapital-Lebensversicherung zahlt ebenfalls wie oben beim Tod der oder des Versicherten. Zusätzlich aber erhält der oder die Versicherte selbst, wenn er oder sie den Tag des Ablaufes seiner Kapital-Lebensversicherung

»erlebt«, eine vorab vereinbarte Versicherungssumme ausgezahlt. Es wird also nicht nur das »Risiko Tod« versichert, sondern gleichzeitig Kapital angespart, das dem/der Versicherten nach Ablauf zur Verfügung steht. Lief die Kapital-Lebensversicherung die letzten zwölf Jahre vor Auszahlung unverändert, so ist dieser Betrag steuerfrei.

Private Rentenversicherung
Nach dem Prinzip der Kapital-Lebensversicherung arbeitet auch die private Rentenversicherung, das heißt, durch jahrelanges Einzahlen entsteht ein Anspruch auf eine Mindestrente. Je nach Vertrag und Anbieter wird die monatliche Rentenhöhe vorab festgelegt oder es wird erst im Erlebensfall entschieden, ob die Gesamtsumme ausbezahlt werden soll oder eine monatliche Rente »mit Verbrauch« oder »ohne Verbrauch« ausbezahlt werden soll.

Bei der Auszahlung mit Verbrauch wird für einen vereinbarten Zeitraum, meist zehn bis fünfzehn Jahre, die Höhe der monatlichen Rentenauszahlung so bemessen, dass am Ende alles ausbezahlt wurde. Bei einer Auszahlung ohne Verbrauch wird ein Betrag ausgezahlt, der etwas geringer ausfällt als in der Variante »mit Verbrauch«, dafür aber auf jeden Fall solange wie der/die Versicherte lebt.

Fonds-Sparen
Die Banken und Sparkassen bieten eine große Palette von Aktien-, Immobilien- oder gemischten Fonds, die über einen längeren Zeitraum ziemlich sicher eine solide Rendite abwerfen. Viele dieser Fonds bieten Ihnen sogar die Möglichkeit, jederzeit unbegrenzt innerhalb von wenigen Werktagen an Ihr Geld zu kommen. Spezielle Fonds-Sparpläne für den Aufbau einer privaten Altersvorsorge bieten ebenfalls die meisten Geldinstitute.
Wer nicht gerade Aktien von Bayer, BASF oder Krauss-Maffei in seinem Depot haben möchte: Es gibt eine ganze Reihe (auch renditemäßig) guter Fonds, die sich ökologischen Projekten oder Firmen verschrieben haben, die auf die Achtung von Umwelt und Ressourcen besonderen Wert legen.
Bei langfristigen Sparverträgen locken die Institute damit, dass nach einer mehrjährigen Ansparphase ein Bonus von der Bank gezahlt wird und nach einem einzahlungsfreien Jahr dann ein »hübsches Sümmchen« (Dresdner Bank) zur Verfügung steht. Aber hier ist unbedingt abzuwägen zwischen der Sicherheit der vereinbarten Rendite und deren Höhe.

Hierzu ein Rechenbeispiel im Vergleich für eine Kapital-Lebensversicherung. Es wird von einem so genannten »Anlagezeitraum«, also der Zeit, in der nur eingezahlt wird, von 30 Jahren ausgegangen.

Frau P. legt 100 Euro monatlich 30 Jahre lang zu 6 % an. Sie erzielt damit eine so genannte »Ablaufleistung« von circa 98.000 Euro. Frau S. hat ihr Geld zu 8 % angelegt. Ihre Ablaufleistung beträgt schon circa 142.000 Euro.

Die kleinen Prozentzahlen summieren sich über einen langen Zeitraum plötzlich zu erstaunlich großen Beträgen.

Aber bitte immer vorsichtig bis skeptisch sein bei Renditeversprechen jenseits der zehn Prozent. Ab 18 Prozent wird es grundsätzlich anrüchig, wenn nicht gar kriminell! Tragen Sie Ihr Geld unbedingt nur zu seriösen Anbietern wie Banken, Sparkassen oder den bekannten Versicherungs- oder Fonds-Unternehmen.

Für die Altersversorgung zwei grobe Faustformeln:
Faustformel 1:
Für jede 2.000 Euro, die Sie im Alter monatlich zur Verfügung haben wollen, müssen Sie spätestens bis zu einem Alter von 40 Jahren angefangen haben, monatlich die Hälfte, also 1.000 Euro »beiseite« zu legen.

Je früher Sie mit dem Einzahlen beginnen umso besser. Denn die Höhe der Zahlungen errechnet sich auch nach dem Alter. Jüngere zahlen weniger über einen längeren Zeitraum. Ältere (ab etwa 45 Jahre) zahlen umgekehrt mehr über einen kürzeren Zeitraum.

Faustformel 2:
Für jede 100 Euro monatliche Rente mehr benötigen sie ungefähr 14.000 Euro Kapital bei Rentenbeginn.

Strategie der eigenen Altersvorsorge

Ratschläge erhalten Sie zu diesem Thema überall, von Ihrem Banker ebenso wie vom Versicherungsmakler, ganz zu schweigen von Büchern, Fernsehsendungen und Zeitschriften, wovon eine ganz passend titelte: »Altervorsorge fängt mit Alter an und hört mit Sorge auf – beides nicht unbedingt prickelnd ...« Ich möchte hier ein paar Überlegungen und Erfahrungen aus meinen Beratungen einfließen lassen.
Die private Altersvorsorge ist vor allem eine Frage der Geldanlage, der Strategie und der persönlichen Wünsche für den eigenen Lebensstandard im Alter. Beginnen Sie mit der Frage: Wie und wo möchte ich im Alter leben? Dazu fällt Ihnen jetzt so spontan nichts ein? Das glaube ich Ihnen, denn mir ging es in dieser Situation ähnlich. Ein Bekannter gab mir dann den befreienden Hinweis: »Es ist nicht wichtig, dass du heute weißt, was du mit 65 machen willst und wo. Wichtig ist doch nur, dass du mit 65 oder 60 Jahren frei bist, um dich dann entscheiden zu können, was du wo und wie tun und lassen willst.« Also Vorsorge mehr im Sinne von: Schaffen von (nicht nur finanziellen) Möglichkeiten in der Zukunft.
Zur Geldanlage kann natürlich auch das eigene Haus gehören; denn es kann mietfreies Wohnen im Alter ermöglichen. Aber auch die Erbschaft eines Hauses oder Vermögens können Sie in Ihre Vorsorgestrategie mit einbauen.

Wichtig ist aber vor allem eines:
Warten Sie nicht mit dem Beginn einer eigenen Altersvorsorge, sondern starten Sie frühzeitig. Und das gerade dann, wenn Sie nur mit kleinen Beträgen ansparen können. Aber – es ist nie zu spät, denn auch mit fünfzig und älter können Sie Ihre finanzielle Perspektive für die Zeit nach dem Erwerbsleben immer noch durch spezielle Kapitallebensversicherungen und Anlagen verbessern.

Legen Sie sich nicht nur auf eine Form der Vorsorge fest, sondern bauen Sie besser auf mehrere »Säulen«. Beginnen Sie so früh wie möglich und als erstes mit einer Kapital-Lebensversicherung. Der kann dann eine private Rentenversicherung folgen, die vielleicht fondsgestützt ist und dadurch in aller Regel langfristig mehr Rendite verspricht.
Bauen Sie Ihr eigenes Wertpapier-Depot auf. Dafür müssen Sie nicht täglich die Kurszahlen analysieren. Setzen Sie auf bewährte Fonds, die das Kursrisiko durch breite Anlage abfedern und nehmen Sie nur maximal 30 Prozent an spezialisierten Branchen-Fonds in Ihr Depot. Beteiligen Sie sich durch Aktienkauf bei ausgewählten Unternehmen, deren Geschäftspolitik und Produkte Sie sinnvoll und gut finden. Der Anteil an Einzelaktien in Ihrem Depot sollte in der Regel bei höchstens 25 bis 35 Prozent liegen.
Lassen Sie sich zu Ihrer persönlichen Altersvorsorge beraten und holen Sie unbedingt immer mehrere voneinander unabhängige Angebote zu Fonds, Versicherungen etc. ein. Unter anderem bieten die Verbraucherzentralen unabhängige Beratungen und Informationen zum Thema an.

Krankenversicherung

Sie ist generell der wichtigste Schutz, denn schon ein einziger Tag im Krankenhausbett kostet so viel wie ein durchschnittlicher Monatsbeitrag. Wer angestellt ist und nicht mehr als 3.900 Euro im Monat verdient, ist automatisch pflichtversichert. Wer mehr verdient oder selbstständig ist, kann sich als freiwilliges Mitglied bei einer gesetzlichen oder Ersatzkasse versichern oder auch eine private Krankenversicherung abschließen.

Privat oder gesetzlich krankenversichert?

Das ist eine Frage der Lebens- und Familienplanung, denn die tendenziell günstigeren Tarife der Privatversicherer für junge Ledige können plötzlich sehr teuer werden, wenn eine ganze Familie zu versichern ist oder der Bedarf im Alter steigt – und damit auch die Beitragsforderungen der Versicherer. Die gesetzlichen und Ersatzkassen legen das Einkommen beziehungsweise den ermittelten Gewinn bei Selbstständigen als Beitragsbemessungswert zugrunde und versichern dafür auch eine ganze Familie ohne Aufpreis gleich mit. Der Beitrag für eine private Krankenversicherung errechnet sich nach dem Alter und dem vereinbarten Leistungsumfang – und wird stets für jede einzelne Person berechnet, also auch für Ehegatte und jedes Kind.

Wer sich also für einen Wechsel zur privaten Krankenversicherung interessiert, sollte
- wissen, dass eine Rückkehr zur gesetzlichen Kasse nicht so einfach möglich ist (bzw. nur über den Weg eines sozialversicherungspflichtigen Arbeitsverhältnisses),
- sich die Prämie nicht nur für das Eintrittsalter, sondern auch für die Zeit nach dem 60. Geburtstag ausrechnen lassen,
- stets Angebote von mehreren Versicherern einholen und die Tarife der gesetzlichen Kassen zum Vergleich hinzunehmen.

Aber: Als SelbstständigeR in Deutschland völlig auf einen Krankenversicherungsschutz mit ambulanter und Krankenhausversorgung zu verzichten wäre leichtsinnig.

Krankentagegeld

Für freiwillig gesetzlich oder privat Versicherte kommt noch das so genannte Krankentagegeld dazu, denn nur für pflichtversicherte Angestellte gibt es vom ersten Krankentag an eine Lohnfortzahlung, die erst vom Arbeitgeber und ab dem 43. Krankheitstag von der gesetzlichen Krankenkasse übernommen wird. Bevor Sie als Selbstständige jedoch einen Krankengeldanspruch ab dem ersten Tag durch Ihre Krankenversicherung absichern lassen, sollten Sie die sehr teuren Tarife durchrechnen. Statt monatlich hohe Beiträge zu zahlen, können Sie vielleicht die ersten drei Wochen einer Krankheit – und eventuell einen damit verbundenen Einkommensausfall – günstiger durch Erspartes überbrücken.

Auslandsreise-Krankenversicherung

Da die gesetzlichen Kassen nur bei Krankheitsfällen in Ländern Leistungen übernehmen, mit denen ein Sozialversicherungsabkommen besteht, sollten alle, die viel oder regelmäßig im Ausland unterwegs sind, eine Auslandsreise-Krankenversicherung abschließen. Bei günstigen Anbietern kostet eine Jahrespolice circa 8 Euro, die sich bereits ab einem Auslandsaufenthalt von 14 Tagen im Jahr rechnet.

Auch hier gilt es, das Kleingedruckte zu lesen. Einige Gesellschaften versichern nur privat veranlasste Reisen, was also nicht einen Urlaubskurs wie »Yoga in der Toskana« einschließen würde. Andere zahlen nur für die ersten zehn Tage eines Auslandsaufenthaltes und fast alle nur für eine Maximaldauer je Reise von vier bis sechs Wochen. Wer für eine längere Zeit zum Beispiel nach Asien gehen möchte, sollte sich bei den Gesellschaften entsprechende Angebote vorher einholen.

Meiden sollten Sie Angebote, die Erkrankungen nicht versichern, die bereits vor Reiseantritt bestanden, oder solche, die erst nach »Vorleistung« der gesetzlichen Kassen zahlen.

Berufsunfähigkeitsversicherung

Bei lang andauernden Krankheiten zahlt die gesetzliche Krankenkasse höchstens anderthalb Jahre Krankentagegeld, die private meist unbegrenzt. Beide stellen aber die Zahlungen ein, sobald die Berufsunfähigkeit festgestellt wird. Wer als SelbstständigeR durch Unfall oder Krankheit die Arbeitskraft verliert, kann kein Geld mehr verdienen. In all diesen Fällen zahlt die Berufsunfähigkeitsversicherung eine Rente, deren Höhe bei Vertragsabschluss vereinbart wird. Für hauptberuflich Selbstständige ist diese Versicherung unbedingt empfehlenswert.

Als Faustformel sollten diejenigen, die keine Ansprüche aus der gesetzlichen Rentenversicherung haben, mindestens eine monatliche Rente von 1.200 Euro vereinbaren. Die anderen sollten ein Drittel des Monatsverdienstes als Rentenleistung vereinbaren.
Zu bedenken ist, dass die Versicherung der Berufsunfähigkeit mit jedem Lebensjahr teurer wird, da sich der Beitrag nach dem Eintrittsalter richtet. Zwar sind Prämien günstiger, wenn die Dauer der Versicherungszeit begrenzt wird (zum Beispiel auf zwölf Jahre Laufzeit oder bis zum Erreichen des 55. Lebensjahres), aber besonders im Alter steigt die Wahrscheinlichkeit der Unfähigkeit zur Berufsausübung!

Vorsicht ist geboten vor dem »Vertretertrick«, die Berufsunfähigkeit mit einer Kapital-Lebensversicherung zu kombinieren. Dann gibt es zwar am Ende der Laufzeit Geld zurück, aber diese Kombination kostet meist mehr im Vergleich zu Abschlüssen von Einzelversicherungen.
Da die Versicherungsunternehmen ihre Risiken unterschiedlich bewerten, geht es für uns »Außenstehende« nicht immer »logisch« zu. So kann der Abschluss einer Risiko-Lebensversicherung mit Berufsunfähigkeitsrente (paradoxerweise) oft billiger sein als eine (eher selten angebotene) selbstständige Berufsunfähigkeitsversicherung ohne Risiko-Lebensversicherung.

Wenn Sie sich später noch anders entscheiden wollen, beantragen sie bei Vertragsabschluss die Möglichkeit, die Risiko-Lebensversicherung in eine Kapital-Lebensversicherung »umwandeln« zu können. Der Vorteil liegt darin, dass dann immer noch (der meist günstigere) Tarif des Eintrittsalters zugrunde gelegt wird.

Für eine monatliche Rente von 1.200 Euro, die ab 50 % Berufsunfähigkeit bis zum 60. Lebensjahr gezahlt wird, beträgt der monatliche Beitrag für Männer etwa 35 bis 50 Euro, für Frauen 40 bis 60 Euro bei jeweiligem Eintrittsalter von 35 Jahren.

Unfallversicherung

Diese Versicherung rundet m. E. die nötige Grundsicherung ab, obwohl vieles, was durch einen Unfall passieren kann, zum Teil durch andere Stellen wie Arbeitgeber, gesetzliche Unfallversicherung oder andere Versicherungen wie KFZ-Versicherung oder Berufsunfähigkeitsversicherung abgedeckt wird. Diese genannten Versicherungen decken aber eben oftmals nur einen Teil ab. Schnell laufen große Summen zusammen, wenn unfallbedingt eine schwere Behinderung entsteht oder hohe Rehabilitationskosten anfallen.
Hierbei tritt die Unfallversicherung ein, die es bei günstigen Versicherern bereits ab circa 8 bis 10 Euro Monatsbeitrag gibt. Ein kaum spürbarer Betrag, der vom Konto geht, aber »im Ernstfall« allemal lohnt.
Wichtig ist bei der Unfallversicherung die Vereinbarung einer hohen Versicherungssumme für den Invaliditätsfall. Als Faustformel für die Ermittlung der richtigen Versicherungssumme gilt:
Monatlicher Bedarf x 200 = Vollinvaliditätsentschädigung.

Bedarf bei Invalidität: 1.500 Euro monatlich
1.500 Euro x 200 = 300.000 Euro Invaliditätsentschädigung
Werden diese 300.000 Euro zu 6 % Zinsen bei der Bank angelegt, bringen sie ohne Berücksichtigung von Steuern 18.000 Euro Zinsen im Jahr, also entsprechend 1.500 Euro pro Monat.

Empfehlenswert ist es für die meisten, eine Berufsunfähigkeits- und eine Unfallversicherung aufeinander abgestimmt abzuschließen.

Teuer und nicht empfehlenswert ist die zusätzliche Versicherung von Unfallkrankentage- und Unfallkrankenhaustagegeld, Genesungsgeld, Kurkostenbeihilfe und Kosten für kosmetische Operationen. Die letzten beiden werden durch die Krankenkassen übernommen, die ersten beiden stehen meist in keinem Verhältnis von Beitrag zu Leistungshöhe. Bergungskosten sind meistens bis 4.000 Euro beitragsfrei mitversichert.
Außerdem dringend abzuraten ist von Unfallversicherungen, bei denen der Versicherer erst ab einem bestimmten Prozentsatz der Invalidität (manche tatsächlich erst ab 50 Prozent!) zahlt oder von so genannten Mehrleistungstarifen oder Tarifen mit Progression, die erst ab einem bestimmten Invaliditätsgrad bezahlt werden (manche erst ab 70 Prozent Invalidität).

Berufs-Haftpflichtversicherung

Diese Versicherung deckt für freiberuflich, aber auch für angestellt Tätige Haftungsschäden ab, die beispielsweise durch TeilnehmerInnen gegen sie gestellt werden. Denken Sie dabei vielleicht an das ausgerenkte Gelenk durch starkes Überdehnen in der Körperarbeit? Ja, ein solcher Haftungsfall würde auch übernommen. Viel unspektakulärer sind aber meist die Schäden, die in Kursen vorkommen. Da tritt eine Meditationslehrerin zur

Korrektur einer Teilnehmerin auf deren Matte und – zertritt die unter der Matte abgelegte Brille!
Bei Beratenden ist bei Abschluss darauf zu achten, dass die jeweiligen Beratungsbereiche genau benannt sind. Ist nämlich im Vertrag nur die »Einzelberatung« oder »persönliche Beratung« aufgeführt, es entsteht aber ein Haftungsfall durch eine Beratung für eine Firma oder einen Verein, so kann die Versicherungsgesellschaft eventuell die Schadensübernahme verweigern.
Für HeilpraktikerInnen ist die Berufs-Haftpflichtversicherung vorgeschrieben durch die Berufsordnung, die Teil der Satzung ihres Verbandes ist. Ähnliches kann für manche TherapeutInnen gelten. Wenn Sie sich nicht sicher sind, so fragen Sie bitte bei Ihrem Berufsverband nach.

Für alle gilt: Melden Sie auch unberechtigt erscheinende Haftungsansprüche umgehend der Berufs-Haftpflichtversicherung, denn die Gesellschaften prüfen vor jeder Zahlung und gewähren Ihnen bei unberechtigten Ansprüchen »Rechtsschutz«, das heißt, die Haftpflichtversicherung übernimmt für Sie die Anwalts- und gegebenenfalls Gerichtskosten.
Die Beiträge für eine Berufs-Haftpflichtversicherung können bei den einzelnen Versicherungsgesellschaften sehr unterschiedlich ausfallen. Günstig sind immer Gruppentarife, wie sie Berufsverbände mit einzelnen Versicherern aushandeln können. Wenn es das für Sie und Ihren Bereich nicht gibt, so bitten Sie Ihren Versicherer der privaten Haftpflicht um ein erweitertes Angebot. Denn die Kombination von privater und beruflicher Haftpflichtversicherung kostet bei den lehrenden und den meisten beratenden Tätigkeiten im Schnitt nur doppelt soviel wie die private Police gekostet hat. Rechnen Sie in dieser Kombination mit einem Jahresbeitrag von 85 bis 100 Euro.

Durch einen Haftungsausschluss klären Sie bereits ohne Berufs-Haftpflichtversicherung die Sachlage, wenn Sie in Ihrem Programm, Kurszettel oder in Ihrer Imagebroschüre folgenden Hinweis anführen:
»Für alle Erfahrungen der Teilnehmerinnen und Teilnehmer in meinen Veranstaltungen und Kursen sind diese selbst verantwortlich. Ich übernehme keinerlei Haftung.« Die manchmal geäußerte Befürchtung, dass dadurch potentielle TeilnehmerInnen abgeschreckt würden, halte ich aufgrund jahrelanger Beobachtung für unbegründet.
Der bekannte Veranstalter »frankfurter ring e. V.« schreibt unter der Überschrift »Haftungsausschluss« in seinem Programmheft wörtlich: »Jede/r Teilnehmer/in entscheidet, inwieweit er/sie sich auf die angebotenen Prozesse einlässt und ist für sich selbst verantwortlich. Für Schäden an Eigentum und Gesundheit haftet der Veranstalter nicht. Mit Ihrer Anmeldung erkennen Sie oben genannte Bedingungen an und verpflichten sich zur Einhaltung ...«

Betriebs-Haftpflichtversicherung

Mit der so genannten Betriebs-Haftpflichtversicherung ergibt sich der nächste Baustein zu einer »Rundum-Absicherung« für die selbstständige Tätigkeit. Denn durch die Berufs-Haftpflichtversicherung wird nur der Haftungsfall durch das Ausüben der Tätigkeit selbst abgesichert. Wer jedoch in eigenen Räumen (gleich ob Eigentum oder gemietet) Unterricht, Beratung oder Therapie durchführt, kann Haftungsansprüche im Zusammenhang mit der Nutzung der Räume nur durch die Betriebs-Haftpflichtversicherung abdecken lassen. Typische Beispiele für mögliche Haftungsfälle sind etwa der Sturz einer Teilnehmerin durch unsachgemäß verlegten Teppichboden oder herumliegende Kabel, aber auch der »Ausrutscher« auf der Treppe.

Insbesondere ist die Betriebs-Haftpflichtversicherung dann zu empfehlen, wenn Sie Ihre Räume regelmäßig untervermieten oder Sie dort mit mehreren anderen KollegInnen arbeiten. Ist die Haftungsfrage nämlich unklar, kann aufgrund der so genannten »Durchgreifhaftung« bis zur endgültigen Klärung der Sachlage die Eigentümerin beziehungsweise der Hauptmieter in die Haftpflicht genommen werden.

Betriebsversicherung

Wer für die Ausübung der selbstständigen Tätigkeit ein eigenes Büro oder/und einen Übungsraum, Praxis oder Studio unterhält, beachte bitte, dass die aus dem privaten Bereich bekannte Hausratversicherung Sachwerte in geschäftlich genutzten Räumen nicht einschließt. Dies gilt auch, wenn Sie im eigenen oder gemieteten Haus Ihre geschäftlich genutzten Räume haben und Sie eine private Hausratversicherung abgeschlossen haben.
Für die geschäftlich genutzten Räume empfiehlt es sich, das Risiko durch Feuer, Diebstahl, Sturm und Leitungswasser abzuschätzen. Denn die Betriebsversicherung ist die »geschäftliche Variante« der Hausratversicherung. Sie kann aber neben dem finanziellen Ersatz im Schadensfall für die geschädigten oder gestohlenen Sachen auch Arbeitsentgelt »zur Wiederherstellung des vorhergehenden Standes« mit einschließen. Denn was nutzt es zum Beispiel, wenn Sie den Computer nebst Software ersetzt bekämen, aber die Texte, Adressen etc. selbst neu eingeben müssten. Hier »greift« die Betriebsversicherung, indem sie den Arbeitslohn für eine Kraft übernimmt, die Ihnen diese Arbeit erledigt. Viele Variationen sind möglich, so dass diese Versicherung genau auf die individuellen Bedürfnisse im Baukastensystem abgestimmt werden kann.

Zum Beispiel für eine Geschäftsausstattung bis 15.000 Euro mit einem Büro inklusive Kopierer, Computer, Telefonanlage und den sonstigen üblichen elektrischen und elektronischen Geräten kostet diese Versicherung etwa 180 Euro im Jahr.

Rechtsschutzversicherung

Die Werbung der Rechtsschutzversicherer stellt immer ab auf die Prozesskosten in Deutschland. Diese sind zwar unbestritten hoch, aber dennoch trifft eine gerichtliche Verhandlung meist nicht plötzlich ein. Das heißt, entstehende Kosten sind großenteils vorhersehbar und können durch einen kostenbewussten Anwalt auch noch gering gehalten werden. Deshalb empfehle ich diese Versicherung nur, wenn Sie wirklich viel mit dem Auto unterwegs sind – und dann auch nur den Verkehrsrechtsschutz abschließen – oder wenn Sie schon öfter wegen Mietrecht, Sozial- oder Verwaltungsangelegenheiten klagen wollten.

Bei einer Jahresprämie für eine Rechtsschutzversicherung für Selbstständige mit Familie von 400 Euro könnten Sie aber auch einmal durchrechnen, was Sie mit diesem Betrag, gut verzinst angelegt, zusammensparen könnten über einen Zeitraum von zum Beispiel zehn Jahren.
Außerdem zahlt die Rechtsschutzversicherung gerade dann nicht, wenn es wirklich teuer wird, zum Beispiel bei Scheidung und anderen Zivilprozessen. Auch bei Rechtsstreitigkeiten in Vertragsangelegenheiten bei Selbstständigen und Mahnklagen gegen säumige Zahler übernehmen deutsche Rechtsschutzversicherer keine Kosten.

Tipp für angemeldete TeilnehmerInnen:

Ein Hinweis auf die Reiserücktrittsversicherung
Diese Versicherung wird Ihnen sicher auch schon mal im Reisebüro oder am Fahrkartenschalter der Bahn angeboten worden sein. Was wird damit versichert? Wenn Sie den Preis für die Reise bereits ganz oder teilweise gezahlt haben und müssen aus persönlichen Gründen vorher zurücktreten, so zahlt diese Versicherung Ihre entstehenden und die entstandenen Kosten. Heißt im Klartext: Sie bekommen das bereits gezahlte Geld von der Versicherung, die auch eventuelle Stornokosten übernimmt.

Für die Reiserücktrittsversicherungen ist es von nachrangiger Bedeutung, wohin die Reise gehen soll und ob jemand am Zielort ein Seminar oder irgendeine andere Veranstaltung besucht. Eine »Reise« findet immer dann statt, wenn jemand den Wohnort verlässt, um an einen anderen Ort zu gelangen und sich dort aufzuhalten. So können sich also Ihre TeilnehmerInnen mit einer Reiserücktrittsversicherung davor schützen, dass von ihnen bereits gezahlte Gebühren, Fahrtkosten und Stornokosten verloren gehen. Und Sie können als VeranstalterIn Ihre Fürsorge für die Teilnehmenden ganz praktisch zeigen, indem Sie auf diese Minderung des finanziellen Risikos hinweisen. Eine Reiserücktrittsversicherung kann in jedem Reisebüro, an den Schaltern der Deutschen Bahn und bei Sparkassen und Volksbanken abgeschlossen werden.

LEITFADEN

Verbraucherzentralen
Die lokalen Büros der Verbraucherzentrale halten Infobroschüren zu verschiedenen Versicherungen bereit und führen zum Teil Infoveranstaltungen durch. Das komplette Informationsangebot erhalten Sie über:
vzbv Verbraucherzentrale Bundesverband e. V.
Besuchereingang: Kochstraße 22, 10969 Berlin
Fon 030/ 258 00-0, Fax 030/ 258 00-518, Mail info@vzbv.de

Bundesaufsichtsamt für das Versicherungswesen
Wer Ärger mit seiner Versicherungsgesellschaft hat, kann sich hier beschweren. Das Amt (dem Bundesministerium der Finanzen unterstellt) holt dann eine Stellungnahme des Versicherungsunternehmens ein, wird aber selbst nur aktiv, wenn der Versicherer gegen gesetzliche oder aufsichtsrechtliche Vorschriften verstoßen hat. Bei Streitigkeiten im Schadensfall hilft es nicht.
Bundesaufsichtsamt für das Versicherungswesen (BAV)
Ludwigkirchplatz 3-4, 10719 Berlin
Fon 030/ 88 93-0, Fax 030/ 88 93-494
und Graurheindorfer Straße 108, 53117 Bonn
Fon 0228/ 422-80
Web www.bav.bund.de

... und zu guter Letzt noch:
Gesamtverband der Deutschen Versicherungswirtschaft, GDV
Friedrichstraße 191, 10117 Berlin
Fon 030/ 20 20 50 00, Fax 030/ 20 20 60 00, Mail berlin@gdv.org

Der GDV unterhält auch das »Informationszentrum der deutschen Versicherungen« mit einem kostenlosen Beratungstelefon für »Verbraucher« zu allen Versicherungen außer privaten Krankenversicherungen unter der Nummer 0800/ 339 93 99.
Ein umfangreiches Informations- und Broschürenangebot kann im Internet abgerufen werden unter www.klipp-und-klar.de.

Notizen:

Frankfurter Gespräche

von Wolfgang Schmidt-Reinecke

Qualität und Transparenz – Einladung zur Beteiligung

Lebensberatung und Gesundheitsförderung brauchen Interessenvertretung

Die Vielfalt der heutigen Möglichkeiten zur Lebensberatung und Gesundheitsförderung ist Ausdruck des in den letzten Jahrzehnten gewachsenen Interesses an diesen Angeboten. Immer mehr Menschen möchten die Sorge um ihre Gesundheit nicht länger ausschließlich herkömmlichen Heilinstitutionen überlassen. Sie sehen sich stattdessen nach Ratgebern und Methoden um, die ihnen helfen können, ihre Gesundheit nachhaltig zu fördern und langfristig zu erhalten. In den Blick kommen dabei beratende und gesundheitsfördernde Angebote wie Yoga, Körperarbeit, NLP, Atemschulung, Kinesiologie, Taijiquan, Shiatsu, Aufstellungen und viele weitere traditionelle und neue Methoden und Verfahren. Deren Beitrag zur Verbesserung der allgemeinen Gesundheitsversorgung wie auch zur individuellen und selbstbestimmten Lebensgestaltung ist heute kaum mehr wegzudenken.
Mitentscheidend für das rasante Wachstum des informellen gesundheitsfördernden und beratenden Sektors ist die hohe Zufriedenheit mit dessen Angeboten. Nach einer Untersuchung des renommierten psychologischen Sachverständigen Dr. Walter Andritzky liegt die subjektive Zufriedenheit nach der Teilnahme an freien gesundheitsbezogenen Kursen/Seminaren mit über 90 Prozent besonders hoch. Dieses Ergebnis gilt sowohl in Hinsicht auf den Beratungs-/Übungserfolg als auch auf das Preis-Leistungsverhältnis (siehe: »Transpersonale Perspektiven« 7/2001, Fachzeitschrift der DTG e. V.).
Woran es heute jedoch noch fehlt, ist eine stärkere politische, institutionelle und gesellschaftliche Anerkennung und Wahrnehmung dieser Leistungen. Und damit einhergehend die Verfügbarkeit von übergreifenden Unterscheidungs- und Qualitätsmerkmalen, die es Rat suchenden VerbraucherInnen und KlientInnen leichter machen, die für sie geeignete Wahl zu treffen.
Bereits 1998 hatte sich in dem Zusammenhang eine Reihe unterschiedlicher Anbieterverbände zu den »Frankfurter Gesprächen« zusammengefunden. TeilnehmerInnen dieses Forums gründeten Anfang 2002 den »Frankfurter Gespräche (FG) – Dachverband für freie beratende und gesundheitsfördernde Berufe e. V.«

Eine wichtige Unterscheidung

Heilen ist in Deutschland ein geschützter Begriff. Er beschreibt die Hilfe bei der Überwindung von Krankheiten. Diese Ausübung ist ausschließlich ÄrztInnen, HeilpraktikerInnen und einem definierten Feld von PsychologInnen vorbehalten.
Gesundheitsförderung und Lebensberatung unterstützen den Menschen darin, mit physischen und psychischen »Störfaktoren« (Krankheitsursachen wie z. B. Viren oder Stress) besser umgehen zu lernen. Sie stärken Körper und Psyche, noch bevor Krankheit entsteht. Beratende und gesundheitsfördernde Angebote bewegen sich damit nicht im Bereich des Heilungsprozesses, sondern in dessen Vor- bzw. Umfeld.

Ziele der Frankfurter Gespräche

Durch den Dachverband sollen gemeinsame Inhalte und Interessen der freien Anbieterverbände im Bereich Lebensberatung und Gesundheitsförderung vertreten werden. Eine wesentliche Gemeinsamkeit der Anbieter ist ihr ganzheitlicher Entwicklungs- und Gesundheitsbegriff, der sowohl körperliche, seelische, geistige und soziale als auch spirituelle und ökologische Aspekte des Menschen anerkennt und integriert. Die Frankfurter Gespräche entsprechen damit der Definition der Weltgesundheitsorganisation (WHO, Ottawa, 1986):
»Gesundheitsförderung unterstützt die Entwicklung von Persönlichkeit und sozialen Fähigkeiten durch Information, gesundheitsbezogene Bildung sowie die Verbesserung sozialer Kompetenzen und lebenspraktischer Fertigkeiten. Sie will dadurch den Menschen helfen, mehr Einfluss auf ihre eigene Gesundheit und ihre Lebenswelt auszuüben ... Ziel dieser Bemühungen soll ein Wandel der Einstellungen und der Organisationsformen sein, die eine Orientierung auf die Bedürfnisse des Menschen als ganzheitliche Persönlichkeit ermöglichen.«
Diese gemeinsame Ausrichtung will der Dachverband in beruflich relevanten Bereichen und in der breiten Öffentlichkeit verdeutlichen.

Qualitäts- und Ethikrichtlinien der Frankfurter Gespräche

Die meisten Anbieterverbände verfügen bereits über sorgfältig ausgearbeitete Ethik-, Ausbildungs- und Qualitätsrichtlinien. Der Dachverband hat – auf ihnen basierend – methodenübergreifende Qualitäts- und Ethikkriterien entwickelt. Mit den Richtlinien soll zum einen im gesellschaftlichen Zusammenhang verdeutlicht werden, dass Qualitätssicherung im hohen Maße einen festen Bestandteil gesundheitsfördernder und lebensberatender Leistungen darstellt. VerbraucherInnen erhalten damit zum anderen eine übergreifende Orientierungshilfe bei der Auswahl der jeweils für sie in Frage kommenden bzw. interessanten Angebote.

LEITFADEN

Die Qualitätsrichtlinien der Frankfurter Gespräche lassen sich grundsätzlich auf alle gesundheitsfördernden und lebensberatenden Methoden übertragen. Die FG bieten interessierten Anbieterverbänden und -institutionen Hilfestellung bei der eventuellen Anpassung ihrer bestehenden Qualitätsmaßstäbe. Der Dachverband will darüber hinaus Forschungsprojekte fördern, die sich mit den allgemeinen Bedingungen und Wirkungen freier Lebensberatung und Gesundheitsförderung befassen. Nicht zuletzt wollen die FG die Zusammenarbeit zwischen freien BeraterInnen und GesundheitsförderInnen sowie anderen in helfenden und pädagogischen Berufen tätigen Personen verbessern.

Zeit zum Handeln!

Wir sehen uns heute mehr denn je dazu aufgefordert, den Wert lebensberatender und gesundheitsfördernder Angebote für den Einzelnen und die Gesellschaft deutlich zu machen. An Verbände, Vereine, Institutionen und Gesellschaften auf dem Gebiet der freien Lebensberatung und Gesundheitsförderung richtet sich deshalb das Angebot, Mitglied der Frankfurter Gespräche zu werden. Unter bestimmten Umständen können auch Einzelpersonen die Mitgliedschaft beantragen. Infos zur Mitgliedschaft sind auf der Website der FG unter »Mitmachen« zu finden.

Darüber hinaus wenden sich die Frankfurter Gespräche mit der Bitte an alle Interessierten, durch Förderspenden und Zuwendungen zur Arbeit des Dachverbandes beizutragen. Unterstützung benötigen die FG vor allem dafür, die aktuellen positiven Argumente und Ergebnisse aus dem Bereich der freien Lebensberatung und Gesundheitsförderung in Politik und Medien einzubringen.

Wir freuen uns über Ihre/Eure Kontaktaufnahme!

Anmeldung und Information

Frankfurter Gespräche – Dachverband für freie beratende
und gesundheitsfördernde Berufe e. V.
Danziger Str. 121
10407 Berlin
Fon 030/ 92 09 13-77, Fax -76
Mail info@frankfurter-gespraeche.de
Web www.frankfurter-gespraeche.de

Methodenübergreifende Qualitätsrichtlinien der Frankfurter Gespräche – Dachverband für freie beratende und gesundheitsfördernde Berufe e. V.

Die Qualitätsrichtlinien der Frankfurter Gespräche für BeraterInnen, GesundheitspraktikerInnen und KursleiterInnen berücksichtigen alle diejenigen freien KursleiterInnen, TrainerInnen, LehrerInnen u. a. (im Folgenden KursleiterInnen genannt) und Lebens-/GesundheitsberaterInnen, MediatorInnen, KonfliktmanagerInnen u. a. (im Folgenden BeraterInnen bzw. GesundheitspraktikerInnen genannt), die ihren Beruf in selbstständiger oder angestellter bzw. gewerblicher Tätigkeit im Bereich der ganzheitlich orientierten Gesundheitsförderung und/oder Lebensberatung ausüben.
Anmerkung: Im nachfolgenden Text wird da, wo die teilweise differierenden Aufgaben und Tätigkeitsfelder von BeraterInnen, GesundheitspraktikerInnen und KursleiterInnen unterschiedliche Richtlinien erfordern, ausdrücklich nur die betreffende Gruppe genannt.

Ziele

Ziel dieser Qualitätsrichtlinien ist es:
- denjenigen Menschen, die Beratung, Gesundheitsförderung und Kurse aufsuchen, Kriterien an die Hand zu geben, um aufgrund von Unterscheidungsmöglichkeiten eine passende Entscheidung für die richtige Förderung bezogen auf das persönliche Anliegen treffen zu können.
- die Berufsbilder derjenigen freien BeraterInnen, GesundheitspraktikerInnen und KursleiterInnen zu schützen, die qualifizierte professionelle Beratung und Gesundheitsförderung anbieten.

1. Qualifizierung: Ausbildung – Fähigkeiten

In der Regel gelten die folgenden Mindeststandards für eine qualifizierte Ausbildung zur BeraterIn/GesundheitspraktikerIn/KursleiterIn:
a. Insgesamt umfasst eine qualifizierende Ausbildung mindestens 400 Stunden für Personen ohne grundständige Ausbildung in einem sozialen, therapeutischen, medizinischen Beruf bzw. Lehrberuf. Die Ausbildungsinhalte werden durch Theorie, Methodik und Praxis vermittelt.
b. Aus einem qualifizierenden Ausbildungsnachweis (in der Regel Zertifikat nach Prüfung) geht eindeutig die erworbene berufliche Qualifikation hervor sowie der Tätigkeitsbereich, zu dem der Ausbildungsabschluss befähigt.

2. Fachliche Kompetenz und Zuständigkeit

a. BeraterInnen, GesundheitspraktikerInnen und KursleiterInnen kennen die Wirkungen ihrer Methoden und wenden sie dementsprechend an.

b. Ihre Zuständigkeit liegt in einem oder mehreren der Bereiche: Lebensverbesserung, Konfliktberatung, Selbsterfahrung, Begleitung in Wandlungs- und Übergangsphasen, Unterstützung und Orientierung bei Lebensveränderungen, Sinn- und Lebenszielorientierung, Vermittlung von Methoden zur Selbstentwicklung.

c. Die Zielsetzungen liegen in einem oder mehreren der folgenden Bereiche: Selbstmanagement und Handlungskompetenz, Anleitung zur Selbstheilung, Entscheidungsfähigkeit, Gesundheitspflege, Prävention von Krankheit bzw. Vorsorge, Konfliktkompetenz und kreative Lösungsstrategien, Stabilisierung und Aktivierung der Selbstorganisation von Leib und Seele sowie Stärkung des Kohärenzgefühls.

3. Setting (Kosten, Zeitraum etc.)

a. Erstes Gebot ist Transparenz des Angebotes, ausgehend davon, dass in Beratung, Gesundheitsförderung und Kurse Menschen kommen, die selbstverantwortlich für sich entscheiden können. Die Bestätigung der selbstverantwortlichen Teilnahme ist ausdrücklich vorausgesetzt (siehe auch Punkt 6, Vereinbarung).

b. BeraterInnen und GesundheitspraktikerInnen ermöglichen eine kostenlose Erstberatung (auch telefonisch), die dazu dient, das Anliegen des Klienten und das Angebot sowie die Methoden der Beratung zu besprechen und aufeinander abzustimmen, um zu entscheiden, ob eine Beratung mit diesem Angebot zum angestrebten Ziel des Klienten führen kann. Diesbezügliche Fragen sind: Was ist das Anliegen des Klienten? Wie kann der Berater mit seinen Methoden dieses Anliegen zielorientiert unterstützen? Wann ist das Ziel erreicht? Was sind die Zielkriterien?

c. KursteilnehmerInnen sollte ein Probeangebot zur Verfügung stehen, soweit der Kurs dies organisatorisch zulässt. Geringfügige Probeangebote sind kostenlos.

d. Falls das Beratungs-/Gesundheitsförder- bzw. Kursangebot sich als unpassend oder nicht ausreichend für den Bedarf von KlientInnen/KursteilnehmerInnen erweist, werden alternative gesundheitsfördernde Einrichtungen, Beratungs- oder Kurseinrichtungen empfohlen.

e. Auf Wunsch von KlientInnen/TeilnehmerInnen kann eine Kooperation und Absprache mit weiteren TherapeutInnen/BeraterInnen der KlientInnen vereinbart werden.

f. Bei bestehenden psychischen oder physischen Krankheiten/Problemen werden die KlientInnen/KursteilnehmerInnen zur Rücksprache mit ÄrztIn oder TherapeutIn aufgefordert. Im Zweifelsfall weisen BeraterInnen/GesundheitspraktikerInnen/KursleiterInnen in geeigneter Weise darauf hin, dass vor Beginn der Beratung/der Gesundheitsförderung/des Kurses eine ärztliche oder psychologische Unbedenklichkeitserklärung vorliegen muss. Gegebenenfalls holen sich BeraterInnen/GesundheitspraktikerInnen/KursleiterInnen Fachberatung ein.

g. BeraterInnen machen ihre KlientInnen ausdrücklich darauf aufmerksam, dass sie nicht heilend arbeiten, sondern dass sie entwicklungs-, lösungs- und lernorientiert sowie gesundheitsfördernd unterstützen.
h. Dauer und Kosten der Beratung/der Gesundheitsförderung/des Kurses werden zu Beginn festgelegt. Eine Änderung (oder Erweiterung) dieser Absprache erfordert beidseitiges Einverständnis.

4. Methoden
a. Die geplanten Methoden werden in der Angebotsbeschreibung offengelegt und transparent gemacht. Diese Offenlegung kann inhaltlich auch dadurch erfolgen, dass auf die Lehre und Werke anerkannter Fachleute bzw. auf entsprechende Literatur hingewiesen wird.
b. Das Angebot und die Zielsetzungen der freien BeraterInnen/GesundheitspraktikerInnen/KursleiterInnen sind definiert. Die angewendeten Methoden führen nachvollziehbar (Empirie, logische Stimmigkeit und rationale Kongruenz) zu diesen Zielen.
c. Die Mitgliedsverbände der Frankfurter Gespräche und deren Einzelmitglieder müssen ihre Arbeitsweisen methodisch darlegen können, das heißt zum Beispiel:
Die konkreten Schritte in der Klienten-/gesundheitsfördernden bzw. Bildungsarbeit lassen sich dokumentieren bezüglich der Zielsetzung, erwarteten Wirkung und Durchführung.
Bei Beratung/Gesundheitsförderung/Kursen sind die zugrundegelegten Theorien und Vorannahmen kohärent zu den praktischen Anweisungen.
Im Vordergrund steht eine Empirie erwünschter Erfolge, deren Bewertung gemeinsam mit den KlientInnen erfolgt. Übereinstimmung des KlientInnenfeedbacks mit den methodischen Überlegungen der BeraterInnen/GesundheitspraktikerInnen/KursleiterInnen kann Merkmal für eine methodisch kohärente Arbeitsweise sein.
Ziel der Beratung/Gesundheitsförderung/Kursleitung ist es, die Selbstverantwortung und Unabhängigkeit der KlientInnen zu stärken. BeraterInnen und KursleiterInnen setzen ihre Methoden kontrolliert so ein, dass sie der Selbstverfügbarkeit und dem Ziel der KlientInnen/KursteilnehmerInnen dienen. Dies geschieht durch offenes und transparentes Arbeiten.

5. Fortbildung – Supervision
BeraterInnen verpflichten sich dazu, ihre Arbeit durch Supervision zu reflektieren und durch Fortbildung zu optimieren.

6. Vereinbarung
Eine Vereinbarung sichert die gegenseitigen Interessen zwischen KlientInnen/KursteilnehmerInnen einerseits und BeraterInnen/GesundheitspraktikerInnen/KursleiterInnen andererseits. Die Vereinbarung ist den Ethikrichtlinien und den Qualitätsrichtlinien untergeordnet.
Bestandteile einer Vereinbarung sollen sein:
a. Angebot der BeraterInnen/GesundheitspraktikerInnen/KursleiterInnen
b. Kostenvereinbarung

LEITFADEN

c. Absenzvereinbarung
d. Selbstverantwortung von KlientInnen/KursteilnehmerInnen
e. Ausschluss des Heilungsanspruches an BeraterInnen/GesundheitspraktikerInnen/KursleiterInnen
f. Im Fall von Beratung eine Zeitvereinbarung bezogen auf den gesamten Beratungsprozess und auf die einzelnen Beratungssitzungen (eventuell Probezeit, kurze Sequenzen, die vertraglich verlängert werden können).

7. Selbstdarstellung

BeraterInnen/GesundheitspraktikerInnen/KursleiterInnen wahren in ihrer Selbstdarstellung und Werbung den Respekt und die Achtung vor der leiblichen, psychischen und geistigen Integrität des Menschen und der Natur. Insbesondere verpflichten sie sich dazu, in Wort und Bild

a. die Prinzipien des lauteren Wettbewerbs einzuhalten
b. KonkurrentInnen und Andersdenkende nicht zu diskriminieren
c. Negativ- und Feindbildwerbung zu unterlassen
d. Gewalt und kompromittierende Nacktheit als Werbeparameter nicht einzusetzen
e. keine unhaltbaren Versprechen über die Wirkung der angebotenen Methoden zu verbreiten: keine Wirkungsgarantien, keine Heilsversprechen, kein Absolutheitsanspruch.

Adresseinträge:

Kundalini Yoga wurde 1968 durch Yogi Bhajan in den Westen gebracht. Es ist ein System, das neben Körper- und Meditationsübunge Heiltechniken wie Sat Nam Rasayan, Weißes Tantra, Ernährungslehren des Ayurveda sowie yogische Lebensweise umfasst.
Yoga für Schwangere und Geburtsvorbereitung bilden einen besonderen Schwerpunkt. 3HO bietet Arbeitsgruppen und LehrerInnenausbildung in vielen Städten an.

3H Organisation Deutschland e. V.

Breitenfelder Str. 8
20251 Hamburg

Fon 040- 47 90 99
Fax 040- 46 77 76 32
info@3ho.de
www.3ho.de

Die **AFA** hat zur Zeit rd. 730 Mitglieder im In- und Ausland. Zu den Aufgaben der **AFA** gehört u.a. die Förderung/Koordination der Forschung, die Förderung der Ausbildung und Fortbildung ihrer Mitglieder sowie der Austausch mit VertreterInnen aus Medizin und Psychologie.
Jedes **AFA**-Mitglied ist ebenfalls Mitglied im Berufsverband für Atempädagogik und Atemtherapie (BVA).

AFA Arbeits- und Forschungsgemeinschaft für Atempflege e. V.

Wartburgstr. 41
10823 Berlin

Fon 030- 395 38 60
Fax 030- 395 38 23
AFA.eV@t-online.de
www.afa.de

Yoga Vidya ist ein gemeinnütziger, nicht kommerzieller Verein und lehrt in 2 Seminarhäusern, 5 vereinseigenen und über 25 Kooperationszentren den seit Jahrhunderten bewährten ganzheitlichen Yoga nach Swami Sivananda.

- **Bund der Yoga Vidya Lehrer (BYV)**
- **Berufsverband der Yoga Vidya Gesundheitsberater (BYVG)**
- **Berufsverband Deutscher Yoga und Ayurveda Therapeuten (BYAT)**

Wällenweg 42
32805 Horn-Bad Meinberg
Fon 05234- 870
Fax 05234- 18 75
info@yoga-vidya.de
www.yoga-vidya.de

Die **DQGG** bietet kompetente Ausbildung in der traditionellen chinesischen Übungs- und Selbstheilungsmethode Qigong. Die Anwendungsgebiete erstrecken sich über Arbeit, Sport, Freizeit und therapeutische Bereiche. Qigong ist für jedes Alter und jede Konstitution geeignet und in alle Berufe integrierbar. Die Ausbildung dient zur eigenen Stärkung, Entwicklung und zur Weitergabe als Kursleiter oder Lehrer.

Deutsche Qigong Gesellschaft e. V.
Geschäftsstelle
Guttenbrunnweg 9
89165 Dietenheim
Fon 07347- 34 39
Fax 07347- 92 18 06
contact@qigong-gesellschaft.de
www.qigong-gesellschaft.de

Kolibri Seminare
Berufsbegleitende Fachseminare zu Taiji und Qigong – Ferien-Akademien mit LehrerInnen aus China – China-Studienreisen zu den Quellen von Taijiquan und TCM.
www.kolibri-seminare.de

Kolibri Versand
Der Spezialversand für Taijiquan, Qigong und TCM: Bücher, Übungswaffen, Kleidung und manches mehr.
www.kolibriversand.de

Fordern Sie unsere Kataloge an!

Kolibri Seminare
F. Tjoeng Lie

Gründgenstr. 16
D-22309 Hamburg
Versand: Fon 040- 220 22 58
Seminare: Fon 040- 227 63 54
Fax 040- 227 63 68
kontakt@kolibriversand.de
info@kolibri-seminare.de

Der Verein ist ein Berufsverband und bezweckt u. a. die Interessensvertretung ausgebildeter begleitender und medizinisch-therapeutischer Kinesiologen.
- Weiterleitung von Adressen qualifizierter Kinesiologieanwender und Ausbildungsinstitute.
- Förderung von Informationsaustausch zwischen Mitgliedern, Wissenschaft, Öffentlichkeit, staatlichen Organen
- Qualitätssicherung, Berufsbild, ethische Grundlagen

Deutsche Gesellschaft für Angewandte Kinesiologie e. V.
Dietenbacher Str. 22
D-79299 Kirchzarten
Fon 07661- 98 07 56
Fax 07661- 983 18 27
info@dgak.de
www.dgak.de

Das **Taijiquan und Qigong Netzwerk Deutschland e. V.** ist ein Zusammenschluss von Taijiquan- und Qigong-Praktizierenden aus ganz Deutschland. Es fördert stil- und schulübergreifend die Vielfalt und Verbreitung des Taijiquan und des Qigong als gesundheitsfördernde und persönlichkeitsbildende Wege. Ein weiteres Anliegen ist die Unterstützung der gesellschaftlichen Anerkennung des Taijiquan und des Qigong.

Taijiquan & Qigong Netzwerk Deutschland e. V.

Oberkleener Str. 23
35510 Ebergöns
Fon 06447- 88 59 37
info@taijiquan-qigong.de
www.taijiquan-qigong.de

Anhang
Literatur und Adressen zu den Kapiteln des Leitfadens

zu: Wie starte ich eine selbstständige Tätigkeit?

Hans Emge: »**Wie werde ich Unternehmer**«, rororo, Hamburg
Broschüren bei Banken und Sparkassen
Die Broschüre »**Das Finanzamt und die Unternehmensgründer**« wird von den jeweiligen Länderfinanzministerien herausgegeben, erhältlich im örtlichen Finanzamt.

»**www.existenzgruender-netzwerk.de**« bietet eine Börse für Geschäftspartner, die sich ebenfalls selbstständig machen wollen.
»**www.impulse.de**« bietet unter dem Link »Gründerzeit« laufend aktuelle Informationen und »alles Wissenswerte für den Start«.
»**www.ifb-gruendung.de**« bietet eine Übersicht der Freien Berufe.
»**www.bmwa.bund.de/Navigation/Unternehmer/foerderdatenbank.html**« ist die Förderdatenbank des Bundesministeriums für Wirtschaft und Arbeit (bmwa) mit allen Programmen für Gründung, Sicherung und Erweiterung. Finanzierungs-Hotline des bmwa: 01888/ 615-8000 (mo. – fr., 9 – 16 Uhr)
»**www.kfw-mittelstandsbank.de**« führt über den Link »Gründerzentrum« zu allem, was wichtig ist und interessant sein könnte, von Finanzierung über Recht, Steuern, Controlling bis zu Kontaktbörse und Specials.

zu: Marketing und Werbung

Peter Sawtschenko und Andreas Herden: »**Rasierte Stachelbeeren – so werden Sie die Nr. 1 im Kopf Ihrer Zielgruppe**«, Gabal, Offenbach 2000
Pepels: »**Praxiswissen Marketing**«, Beck im dtv, München
Pauli: »**Leitfaden für die Pressearbeit**«, Beck im dtv, München
»**www.guerilla-marketing-portal.de**« Geschichte, Hintergründe und die neuesten Trends zum Thema – speziell für kleine Unternehmen sehr interessante Infos
»**www.rnz.de/Kontakt/mailleitfaden.htm**« Leitfaden einer Zeitungsredaktion zur Erstellung von Pressemitteilungen
»**www.hach.de**« Hach AG, Versand für Werbemittel (Kugelschreiber, Feuerzeuge etc.)
»**www.memo.de**« memo AG, Versand mit ökologischem Anspruch für Bürobedarf und Werbemittel, 97259 Greußenheim

zu: Grundkenntnisse für Selbstständige

»**Wichtige Wirtschaftsgesetze**«, Verlag Neue Wirtschafts-Briefe, Herne/ Berlin 2002
»**www.business-wissen.de**« – interessante Linkseite
»**www.unternehmertipps.de**« – mit sehr vielen kommentierten Links zu allen Bereichen, die für Selbstständige interessant sein können, auch spezielle Gründungslinks
»**www.anwaltssuchdienst.de**« ist der Deutsche Anwaltssuchdienst für die Expertensuche vor Ort, Informationen zu Anwalts- und Prozesskosten.
»**www.anwalt-suchservice.de**« ist ein Link-Verzeichnis zu Kanzlei-Websites mit differenzierter Suchmaske.
»**www.bundesjustizministerium.de**« bringt Informationen über Gesetze und die Rechtspolitik, Links zu einzelnen Gesetzen.
»**www.metalaw.de**« bietet Gerichtsurteile und juristische Aufsätze zu verschiedenen Rechtsbereichen, Linkverzeichnis.
»**www.formblitz.de**« hält Formblätter und Verträge zum (teilweise allerdings kostenpflichtig) Download bereit.
Verwaltungs-Berufsgenossenschaft, VBG, Fon 040/ 51 46-0, Anschrift: 22297 Hamburg

zu: Hilfe, ich mache Gewinn!

Otto Sauer und Franz Luger: »**Vereine und Steuern**«, Beck im dtv, München
»**Wichtige Steuergesetze**«, Verlag Neue Wirtschafts-Briefe, Herne/Berlin 2002
Ralf J. Bombita und Bernhard Köstler: »**Gewinnermittlung für Selbstständige und Existenzgründer**«, Beck im dtv, München

»**www.dstv.de/suchervice**« Link-Verzeichnis mit Suchmaske für die passende Steuerberatung
»**www.finanzamt.de**« – Portal zu allen deutschen Finanzämtern, Übersichten, Tabellen, Fristen, aktuelle Formulare zum Download
»**www.bundesfinanzhof.de**« – aktuelle Informationen aus der Steuerrechtsprechung, Urteile und mündliche Verhandlungen
»**www.bundesfinanzministerium.de**« informiert über aktuelle Gesetze und Erlasse, Tabellen zu ausgewählten Themen, Steuer-Lexikon.

zu: Versicherungen

»**Informationszentrum der deutschen Versicherungen**« – kostenloses Beratungstelefon zu allen Versicherungen (außer private Krankenversicherungen) unter der Nummer: 0800/ 339 93 99

»**www.bfa-berlin.de**« – Website der Bundesversicherungsanstalt für Angestellte in Berlin, Fon 030/ 865-1, Anschrift: 10704 Berlin

»**www.vzbv.de**« führt zum Bundesverband der Verbraucherzentralen, Links zu den Länderzentralen.

»**www.gdv.org**« – Website des Gesamtverbandes der Deutschen Versicherungswirtschaft, GDV, Berlin, Fon 030/ 20 20 50 00

»**www.klipp-und-klar.de**« – umfangreiches Informations- und Broschürenangebot des GDV

»**www.versicherung-und-verkehr.de**« bringt Gerichtsurteile rund ums Auto.

Vorlagen

Bewirtungskosten

Folgende Angaben sind neben der maschinengedruckten Rechnung nötig:

Angaben zu Bewirtungsaufwendungen

Tag der Bewirtung: ....

Ort der Bewirtung: ....

Teilnehmende der Bewirtung: ....
....
....

Anlass der Bewirtung: ....

Höhe der Gesamtaufwendungen lt. Rechnung: ....

Ort, Datum, Unterschrift: ....

Rechnung
(Angaben in Klammern optional)

Emil Rechnungssteller
Musterstr. 1 a

12345 Musterstadt

An
Fritz Rechnungsempfänger
(Meisterweg 3
12345 Musterstadt)

Rechnung (individuelle) Nummer: 01-Beispiel-31.Februar.2006

(Sehr geehrter Herr Rechnungsempfänger,

gemäß unserer Absprache berechne ich Ihnen)

für Einzelberatung in drei Sitzungen	200,00 Euro
zzgl. 16 % Mehrwertsteuer	32,00 Euro
Gesamtbetrag	232,00 Euro

(Bitte überweisen Sie den Betrag auf mein umseitig genanntes Konto.

Mit freundlichen Grüßen

Unterschrift)

Steuernummer des Finanzamtes Musterstadt für Emil Rechnungssteller: 32012/35678

Formular EÜR des Finanzamtes

Nebenan finden Sie den vollständigen Formularvordruck »EÜR« der Finanzverwaltung, der die bisherige Anlage »GSE« ersetzt.
Für »Kalenderjahre, die nach dem 31.12.2004 beginnen« (welch schöne klare Formulierung uns damit geschenkt wurde ;-) müssen Einnahmen und Ausgaben aus selbstständiger Tätigkeit darin eingetragen werden.
Das gilt jedoch nicht für Kleinunternehmer, deren Umsatz unter 17.500 Euro pro Jahr liegt. Diese dürfen weiterhin eine formlose Einnahmen-Überschuss-Rechnung einreichen. Siehe dazu auch Seite 89.

Das Formular »EÜR« liegt in Ihrem Finanzamt aus. Im Internet ist es im Download-Bereich erhältlich unter http://www.finanzamt.de. Dort gibt es ebenfalls im Download eine Ausfüllhilfe zum Formular. Weitere Hinweise finden Sie auch auf Seite 89.

Anlage 1

11	Steuernummer	77	Zeitraum	Nr. des Betriebes (lfd. Nr.)
Zuordnung Anlage EÜR zu GSE/L 105		Gewerbekennzahl 110		9915

Einnahmenüberschussrechnung – Anlage EÜR
(Gewinnermittlung nach § 4 Abs. 3 EStG) **für das Kalenderjahr/Wirtschaftsjahr**
Bitte für jeden Betrieb eine gesonderte Anlage EÜR einreichen!

Steuernummer	Name
Art des Betriebs	100

Erläuterung zu den nachfolgenden Bereichen

1. Gewinnermittlung (Zeilen 1 – 57)	Diese Gewinnermittlung ist von Gewerbetreibenden, selbstständig Tätigen, Land- und Forstwirten sowie Körperschaften, Personenvereinigungen und Vermögensmassen auszufüllen.
2. Ergänzende Angaben (Zeilen 58 – 67)	Bitte **nur** ausfüllen, wenn - Rücklagen/Ansparabschreibungen gebildet oder aufgelöst werden. - Schuldzinsen als Betriebsausgaben geltend gemacht werden.

1. Gewinnermittlung

	Betriebseinnahmen	Euro	Ct	9920
1	Betriebseinnahmen als umsatzsteuerlicher **Kleinunternehmer** *(weiter ab Zeile 8)*	111		
2	Davon aus Umsätzen, die in § 19 Abs. 3 Nr. 1 und Nr. 2 UStG bezeichnet sind	119		
3	Betriebseinnahmen als **Land- und Forstwirt**, soweit die Durchschnittssatzbesteuerung nach § 24 UStG angewandt wird	104		
4	Umsatzsteuerpflichtige Betriebseinnahmen	112		
5	Umsatzsteuerfreie, nicht umsatzsteuerbare Betriebseinnahmen sowie Betriebseinnahmen, für die der Leistungsempfänger die Umsatzsteuer nach § 13 b UStG schuldet	103		
6	Vereinnahmte Umsatzsteuer sowie Umsatzsteuer auf unentgeltliche Wertabgaben	140		
7	Vom Finanzamt erstattete und ggf. verrechnete Umsatzsteuer	141		
8	Veräußerung oder Entnahme von Anlagevermögen	102		
9	Private Kfz-Nutzung	106		
10	Sonstige Sach-, Nutzungs- und Leistungsentnahmen (z.B. private Telefonnutzung)	108		
11	Auflösung von Rücklagen und/oder Ansparabschreibungen (Übertrag von Zeile 63)			
12	**Summe Betriebseinnahmen**	159		

Steuernummer:

13	**Betriebsausgaben**	Euro	Ct	9925
14	Betriebsausgabenpauschale **für bestimmte Berufsgruppen** bzw. Freibetrag nach § 3 Nr. 26 EStG *(weiter ab Zeile 53)*	190		
15	Sachliche Bebauungskostenpauschale/Betriebsausgabenpauschale **für Land- und Forstwirte**	191		
16	Waren, Rohstoffe und Hilfsstoffe einschl. der Nebenkosten	100		
17	Bezogene Leistungen (z.B. Fremdleistungen)	110		
18	Ausgaben für eigenes Personal (z.B. Gehälter, Löhne und Versicherungsbeiträge)	120		
19	Absetzungen für Abnutzung (AfA) auf unbewegliche Wirtschaftsgüter (ohne AfA für das häusliche Arbeitszimmer)	136		
20	AfA auf immaterielle Wirtschaftsgüter (z.B. erworbene Firmen- oder Praxiswerte)	131		
21	AfA auf bewegliche Wirtschaftsgüter (z.B. Maschinen, Kfz)	130		
22	Sonderabschreibungen nach § 7g Abs. 1 und 2 EStG	134		
23	Aufwendungen für geringwertige Wirtschaftsgüter	132		
24	Restbuchwert der im Kalenderjahr/Wirtschaftsjahr ausgeschiedenen Anlagegüter	135		
25	Kraftfahrzeugkosten und andere Fahrtkosten			
26	Laufende und feste Kosten (ohne AfA und Zinsen)	140		
27	Enthaltene Kosten aus Zeilen 21, 26 und 37 für Wege zwischen Wohnung und Betriebsstätte	− 142		
28	Verbleibender Betrag →	143		
29	Abziehbare Aufwendungen für Wege zwischen Wohnung und Betriebsstätte	176		
30	Raumkosten und sonstige Grundstücksaufwendungen			
31	Abziehbare Aufwendungen für ein häusliches Arbeitszimmer (einschl. AfA und Schuldzinsen)	172		
32	Miete/Pacht für Geschäftsräume und betrieblich genutzte Grundstücke	150		
33	Aufwendungen für betrieblich genutzte Grundstücke (ohne Schuldzinsen und AfA)	151		
34	Übertrag (Summe Zeilen 14 – 33)			

Steuernummer:

		Euro	Ct
35	Übertrag aus Zeile 34:		

		nicht abziehbar		abziehbar	
		Euro	Ct	Euro	Ct
36	Schuldzinsen (§ 4 Abs. 4a EStG)				
37	Finanzierung von Anschaffungs-/Herstellungskosten von Wirtschaftsgütern des Anlagevermögens			178	
38	Übrige Schuldzinsen	167		179	
39	Übrige beschränkt abziehbare Betriebsausgaben (§ 4 Abs. 5 EStG)				
40	Geschenke	164		174	
41	Bewirtung	165		175	
42	Reisekosten, Aufwendungen für doppelte Haushaltsführung			173	
43	Sonstige (z.B. Geldbußen, Repräsentationskosten)	168		176	
44		Summe Zeilen 37 – 43 (abziehbar) →			

		Euro	Ct
45	Sonstige unbeschränkt abziehbare Betriebsausgaben für		
46	Porto, Telefon, Büromaterial	192	
47	Fortbildung, Fachliteratur	193	
48	Rechts- und Steuerberatung, Buchführung	194	
49	Übrige Betriebsausgaben	183	
50	Gezahlte Vorsteuerbeträge	185	
51	An das Finanzamt gezahlte und ggf. verrechnete Umsatzsteuer	186	
52	Bildung von Rücklagen und/oder Ansparabschreibungen (Übertrag von Zeile 63)		
53	**Summe Betriebsausgaben**	199	
54	**Ermittlung des Gewinns**		
55	Summe der Betriebseinnahmen (Übertrag aus Zeile 12)		
56	abzüglich Summe der Betriebsausgaben (Übertrag aus Zeile 53)		
57	**Gewinn/Verlust**	119	

Steuernummer:

2. Ergänzende Angaben

58	Rücklagen und Ansparabschreibungen	Bildung		Auflösung		9927
		Euro	Ct	Euro	Ct	
59	Rücklagen nach § 6c i.V.m. § 6b EStG, R 35 EStR	187		120		
60	Ansparabschreibungen nach § 7g Abs. 3 – 6 EStG	188		121		
61	Ansparabschreibungen nach § 7g Abs. 7 und 8 EStG	189		122		
62	Gewinnzuschlag nach § 6c i.V.m. § 6b Abs. 7 und 10, § 7g Abs. 5 und 6 EStG			123		
63	**Summen**	190		124		
64		Übertrag in Zeile 52		Übertrag in Zeile 11		

65	Entnahmen und Einlagen bei Schuldzinsenabzug			9929
66	Entnahmen einschl. Sach-, Leistungs- und Nutzungsentnahmen	122		
67	Einlagen einschl. Sach-, Leistungs- und Nutzungseinlagen	123		

Arbeitsvertrag

Zwischen .... (nachfolgend Arbeitgeber genannt)

und .... (nachfolgend Angestellte/r genannt)

wird folgender Arbeitsvertrag abgeschlossen:

§ 1 Beginn des Anstellungsverhältnisses und Tätigkeit
Das Arbeitsverhältnis beginnt am .... für die Tätigkeit als ....
Der Arbeitgeber ist berechtigt, der/dem Angestellten eine andere ihren/seinen Fähigkeiten entsprechende gleichwertige und gleich bezahlte Tätigkeit zuzuweisen.

§ 2 Probezeit
1. Der Anstellungsvertrag wird auf unbestimmte Zeit abgeschlossen.
2. Die ersten sechs Monate gelten als Probezeit. Während der Probezeit kann das Angestelltenverhältnis beiderseits mit einer Frist von einem Monat zum Monatsende gekündigt werden.

§ 3 Beendigung des Angestelltenverhältnisses
1. Nach Ablauf der Probezeit gelten für beide Seiten die gesetzlichen Kündigungsfristen.
2. Die Kündigung bedarf der Schriftform.
3. Ohne Kündigung endet das Angestelltenverhältnis mit dem Ablauf des 65./63. Lebensjahres.

§ 4 Gehalt
1. Die/Der Angestellte erhält für ihre Tätigkeit ein Gehalt in Höhe von ...... Euro.
2. Das monatliche Bruttogehalt wird jeweils am Ersten des folgenden Monats fällig.
3. Die Zahlung des Gehalts erfolgt bargeldlos auf ein von der/dem Angestellten einzurichtendes Bank-, Sparkassen- oder Postgirokonto.

§ 5 Gratifikation
1. Die/Der Angestellte erhält eine freiwillige, jederzeit widerrufliche Gratifikation in Höhe von ...... Euro.
2. Auf die Gratifikation besteht auch nach wiederholter Zahlung kein Rechtsanspruch.
3. Voraussetzung für die Zahlung der Gratifikation ist, dass am Auszahlungstag (1.7. oder 1.12.) ein ungekündigtes Arbeitsverhältnis auf unbestimmte Zeit besteht, es sei denn, dass das Arbeitsverhältnis aus betriebsbedingten oder aus personenbedingten, von der/dem Angestellten nicht zu vertretenden Gründen gekündigt wurde.

§ 6 Arbeitszeit
1. Die regelmäßige Arbeitszeit beträgt derzeit ...... Stunden wöchentlich. Sie richtet sich nach den gesetzlichen Bestimmungen und nach der im Betrieb für die Angestellten üblichen Arbeitszeit.
2. Beginn und Ende der tägliche Arbeitszeit richten sich nach der Übung des Betriebs.
3. Die/Der Angestellte ist verpflichtet, im gesetzlich zulässigen Rahmen Samstag-/Sonntag-/Mehr- oder Überarbeit zu leisten.
4. Über- und Mehrarbeitsstunden werden in Freizeit ausgeglichen.
5. Über- oder Mehrarbeitsstunden werden nur in Freizeit ausgeglichen, wenn sie ausdrücklich angeordnet oder vereinbart wurden oder wenn sie wegen dringlicher betrieblicher Interessen erforderlich waren und die/der Angestellte Anfang und Ende spätestens am nächsten Tag dem Arbeitgeber schriftlich mitteilt.

§ 7 Urlaub
1. Der Urlaubsanspruch beträgt *(mindestens 24 Tage bei Vollzeit)* ...... Arbeitstage. Im Kalenderjahr des Beginns und des Endes des Arbeitsverhältnisses wird für jeden Monat, in dem das Arbeitsverhältnis mindestens 15 Kalendertage bestand, 1/12 des Jahresurlaubs gewährt.
2. Der Urlaub wird in Abstimmung mit dem Arbeitgeber festgelegt.

§ 8 Arbeitsverhinderung/Krankheit
1. Jede Arbeitsverhinderung infolge Krankheit oder aus anderen Gründen ist dem Arbeitgeber unverzüglich anzuzeigen.
2. Bei Arbeitsunfähigkeit infolge Krankheit ist vor Ablauf des dritten Kalendertages nach Beginn der Arbeitsunfähigkeit eine ärztliche Bescheinigung über die Arbeitsunfähigkeit sowie deren voraussichtliche Dauer vorzulegen. Dauert die Arbeitsunfähigkeit länger als in der Bescheinigung angegeben, so ist innerhalb von drei Tagen eine neue ärztliche Bescheinigung einzureichen.

§ 9 Nebenabreden/Vertragsänderungen
1. Nebenabreden und Vertragsänderungen bedürfen zu ihrer Rechtswirksamkeit der Schriftform. Dieses Formerfordernis kann weder mündlich noch stillschweigend abbedungen werden.

Ort, Datum, Unterschriften: Arbeitgeber   Angestellte/r

Honorarvertrag

Zwischen (Vor- und Zuname, Anschrift)
– nachfolgend Auftraggeber/in genannt –
und
(Vor- und Zuname, Anschrift)
– nachfolgend freie/r Mitarbeiter/in genannt –

1. Tätigkeit der freien Mitarbeit: ....
2. Das Vertragsverhältnis beginnt am .... Das Vertragsverhältnis wird nach Abschluss der unter 1. genannten Tätigkeit beendet, ohne dass es einer besonderen Kündigung bedarf.
Ein festes Anstellungsverhältnis wollen die Vertragspartner nicht begründen.
3. Der Auftraggeber honoriert die Arbeitsstunde (45/60 Minuten) mit ...... Euro je tatsächlich geleisteter Arbeitsstunde.
4. Das oben genannte Honorar ist die Vergütung für sämtliche Kosten. Falls nichts anderes vereinbart wurde, sind Vor- und Nachbereitung, An- und Abreisezeiten und Reisekosten in dem Honorar enthalten.
5. Soweit für eine nebenberufliche Tätigkeit der/des freien Mitarbeiters/in beim Auftraggeber die Genehmigung Dritter erforderlich ist, ist die/der freie Mitarbeiter/in für die rechtzeitige und ordnungsgemäße Erledigung selbst verantwortlich.
6. Der/dem freien Mitarbeiter/in obliegt die Verpflichtung, die Einkünfte aus dem Honorarvertrag beim zuständigen Finanzamt anzumelden und die Steuern (Einkommen-, ggf. Kirchen- und Umsatzsteuer) für das ihr/ihm gezahlte Honorar selbst zu entrichten sowie bei bestehender Sozialversicherungspflicht die erforderlichen Meldungen selbst ordnungsgemäß vorzunehmen und die gesetzlichen Beiträge abzuführen.
7. Der/Die freie Mitarbeiter/in verpflichtet sich zur Geheimhaltung aller Geschäftsvorfälle.
8. Ansprüche der/des freien Mitarbeiters/in aus diesem Vertrag müssen innerhalb einer Frist von sechs Monaten seit ihrem Entstehen, im Falle einer Beendigung des Vertragsverhältnisses jedoch spätestens zwei Monate nach Vertragsablauf schriftlich geltend gemacht werden.
9. Mündliche Abreden haben neben diesem Vertrag keine Gültigkeit. Nebenabreden bestehen nicht. Änderungen des Vertrages bedürfen der Schriftform.
10. Die Honorarkraft ist bei der Auftragsvorbereitung und der Auftragsdurchführung nicht weisungsgebunden.

Ort, Datum, Unterschriften: freie/r Mitarbeiter/in   Auftraggeber/in

Teledienste-Gesetz

Auszug aus dem Gesetz über die Nutzung von Telediensten
Teledienstegesetz TDG
(Ausfertigungsdatum: 22. Juli 1997; Stand: Zuletzt geändert durch Art. 1 und 4 Abs. 1 G vom 14. Dezember 2001 I 3721, Umsetzung der EGRL 31/2000 (CELEX Nr: 300L0031) vgl. G v. 14. Dezember 2001 I 3721)

§ 1 Zweck des Gesetzes
Zweck des Gesetzes ist es, einheitliche wirtschaftliche Rahmenbedingungen für die verschiedenen Nutzungsmöglichkeiten der elektronischen Informations- und Kommunikationsdienste zu schaffen.

§ 2 Geltungsbereich
(1) Die nachfolgenden Vorschriften gelten für alle elektronischen Informations- und Kommunikationsdienste, die für eine individuelle Nutzung von kombinierbaren Daten wie Zeichen, Bilder oder Töne bestimmt sind und denen eine Übermittlung mittels Telekommunikation zugrunde liegt (Teledienste).
(2) Teledienste im Sinne des Absatzes 1 sind insbesondere
1. Angebote im Bereich der Individualkommunikation (zum Beispiel Telebanking, Datenaustausch),
2. Angebote zur Information oder Kommunikation, soweit nicht die redaktionelle Gestaltung zur Meinungsbildung für die Allgemeinheit im Vordergrund steht (Datendienste, zum Beispiel Verkehrs-, Wetter-, Umwelt- und Börsendaten, Verbreitung von Informationen über Waren und Dienstleistungsangebote),
3. Angebote zur Nutzung des Internets oder weiterer Netze,
...
5. Angebote von Waren und Dienstleistungen in elektronisch abrufbaren Datenbanken mit interaktivem Zugriff und unmittelbarer Bestellmöglichkeit.

§ 3 Begriffsbestimmungen
Im Sinne dieses Gesetzes bezeichnet der Ausdruck
1. »Diensteanbieter« jede natürliche oder juristische Person, die eigene oder fremde Teledienste zur Nutzung bereithält oder den Zugang zur Nutzung vermittelt;
2. »Nutzer« jede natürliche oder juristische Person, die zu beruflichen oder sonstigen Zwecken Teledienste in Anspruch nimmt, insbesondere um Informationen zu erlangen oder zugänglich zu machen;
...
5. »kommerzielle Kommunikation« jede Form der Kommunikation, die der unmittelbaren oder mittelbaren Förderung des Absatzes von Waren, Dienstleistungen oder des Erscheinungsbilds eines Unternehmens, einer sonstigen Organisation oder einer natürlichen Person dient, die eine Tätigkeit im Handel, Gewerbe oder Handwerk oder einen freien Beruf aus-

übt; die folgenden Angaben stellen als solche keine Form der kommerziellen Kommunikation dar:
a) Angaben, die direkten Zugang zur Tätigkeit des Unternehmens oder der Organisation oder Person ermöglichen, wie insbesondere ein Domain-Name oder eine Adresse der elektronischen Post;
b) Angaben in Bezug auf Waren und Dienstleistungen oder das Erscheinungsbild eines Unternehmens, einer Organisation oder Person, die unabhängig und insbesondere ohne finanzielle Gegenleistungen gemacht werden;
...

§ 6 Allgemeine Informationspflichten
Diensteanbieter haben für geschäftsmäßige Teledienste mindestens folgende Informationen leicht erkennbar, unmittelbar erreichbar und ständig verfügbar zu halten:
1. den Namen und die Anschrift, unter der sie niedergelassen sind, bei juristischen Personen zusätzlich den Vertretungsberechtigten,
2. Angaben, die eine schnelle elektronische Kontaktaufnahme und unmittelbare Kommunikation mit ihnen ermöglichen, einschließlich der Adresse der elektronischen Post,
3. soweit der Teledienst im Rahmen einer Tätigkeit angeboten oder erbracht wird, die der behördlichen Zulassung bedarf, Angaben zur zuständigen Aufsichtsbehörde,
4. das Handelsregister, Vereinsregister, Partnerschaftsregister oder Genossenschaftsregister, in das sie eingetragen sind, und die entsprechende Registernummer,
5. soweit der Teledienst in Ausübung eines Berufs im Sinne von Artikel 1 Buchstabe d der Richtlinie 89/48/EWG des Rates vom 21. Dezember 1988 über eine allgemeine Regelung zur Anerkennung der Hochschuldiplome, die eine mindestens dreijährige Berufsausbildung abschließen (und anderer Regelungen) Angaben über
a) die Kammer, welcher die Diensteanbieter angehören,
b) die gesetzliche Berufsbezeichnung und den Staat, in dem die Berufsbezeichnung verliehen worden ist,
c) die Bezeichnung der berufsrechtlichen Regelungen und dazu, wie diese zugänglich sind,
6. in Fällen, in denen sie eine Umsatzsteueridentifikationsnummer nach § 27 a des Umsatzsteuergesetzes besitzen, die Angabe dieser Nummer.

§ 12 Bußgeldvorschriften
1. Ordnungswidrig handelt, wer vorsätzlich oder fahrlässig entgegen § 6 Satz 1 eine Information nicht, nicht richtig oder nicht vollständig verfügbar hält.
2. Die Ordnungswidrigkeit kann mit einer Geldbuße bis zu fünfzigtausend Euro geahndet werden.

Über den Autor

Thomas Bannenberg
studierte Soziologie, Pädagogik, Psychologie, Sozialpädagogik und später Betriebswirtschaft. Er lebt und arbeitet in Heidelberg und führt zusammen mit einer Partnerin ein Institut für Qualitative Marktforschung.
1986 machte er sich als Yogalehrer und Berater selbstständig, leitete sechs Jahre eine verhaltenstherapeutische Praxis und gründete drei weitere erfolgreiche Unternehmen. Heute berät Thomas Bannenberg in allen Fragen der Betriebsführung und des Marketings. Für Verbände und Ausbildungsschulen führt er begleitende Seminare zu Marketing, Finanzplanung und Existenzgründung durch.

Kontakt zum Autor:
Fon 06221/ 80 55 05 - Fax 06221/ 80 55 06
info@bannenberg.de - www.bannenberg.de

Zum guten Schluss

Ich hoffe, dass Sie im Leitfaden passende Antworten auf Ihre Fragen finden konnten und Ihre nächsten Schritte in eine berufliche Selbstständigkeit jetzt klarer sind für Sie.
Egal ob neben einem anderen Beruf oder voll selbstständig – ich hoffe, ich konnte Ihnen Mut machen, den Schritt in die Selbstständigkeit »zu wagen«.
Die sprichwörtliche »deutsche Regulierungs-Akribie« mit unzähligen Gesetzen, Vorschriften und Gerichtsurteilen ist das eine. Sich dem auszusetzen braucht ein wenig Mut – und Gelassenheit bei mancher »Unlogik« der Vorschriften.
Aber wenn Sie auf Ihre Fähigkeiten in Unterricht, Beratung oder Therapie vertrauen können und sich »auf den Markt« begeben mit Ihrem Angebot, dann ist das positive Feedback Ihrer Teilnehmenden, GesprächspartnerInnen oder KlientInnen der schönste Lohn.
Davon wünsche ich Ihnen ganz viel – und weiterhin viel Freude bei dem, was Sie tun.

»Tu, was du liebst – und liebe, was du tust.«

Ihr Thomas Bannenberg

Die Fachzeitschrift für alle Qigong- und
Taijiquan-Praktizierenden

TAIJIQUAN & QIGONG JOURNAL

Fachartikel • Interviews • Übersetzungen
Rezensionen • Aktuelles • Kurskalender
Adressen

Erscheint 4 x im Jahr
2-Jahres-Abo: EUR 65.60 / SFR 128.-
Einzelheft: EUR 8.50 / SFR 16.-

www.tqj.de

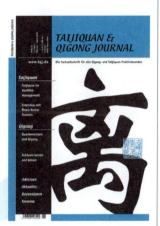

Info und Bestellungen:
Taijiquan & Qigong Journal
Klopstockstr.11 • D-22765 Hamburg
Fon +49 - 40 - 85 37 22 00 • Fax 85 37 22 01
Mail info@tqj.de

feng shui journal

Das Fachmagazin für Feng Shui
und verwandte Lebensbereiche

Bestellen Sie jetzt Ihr Probeexemplar!
Per Fax, Mail, Brief oder Telefon
Feng Shui Journal Leserservice
Am See 1, D-17440 Klein Jasedow
Tel. (03 83 74) 7 52 18, Fax 7 52 23
eMail: bl@humantouch.de

☐ **Ja**, ich möchte feng shui journal kennen lernen!
Bitte senden Sie mir ein kostenloses Probeheft.

Vorname, Name

Straße/PLZ/Ort

Datum, Unterschrift

LEITFADEN

KursKontakte
eurotopia
Leben in Gemeinschaft

- Mit Texten für den globalen Bewusstseinswandel
- Neue Wege in Selbsterfahrung und Heilkunst
- Großer KursKalender für Seminare
- Mit **eurotopia,** dem Forum für Gemeinschaften
- Professionelle Ausbildungen
- Forum für selbstbestimmtes Lernen
- Erscheint alle 2 Monate mit 55 000 Exemplaren

Jetzt überall am Kiosk!

Probeheft: KursKontakte, Am See 1, D-17440 Klein Jasedow, kurs@humantouch.de
Tel. (038374) 7 52 18, Fax (038374) 7 52 23

Auf der Suche nach einer Veranstaltung oder einem Kurs? Die nächste anthroposophisch orientierte Einrichtung in Ihrer Nähe? Einen kompetenten Partner für Ihre Anzeigen?

Zwischen Kiel und Basel in fast allen Einrichtungen vertreten.

Trigonal

Jeden Monat neu mit nahezu 3000 Kursen, Veranstaltungshinweisen und Adressen. Anzeigen bundesweit oder in Regionalausgaben in 15 verschiedenen Kombinationen möglich

Info: 06142-13200

connection

DAS MAGAZIN FÜRS WESENTLICHE

Schnupper-Abo

Testen ohne Risiko:
3x connection zum Testpreis (nicht wiederholbar) von nur 9 € statt 16,50 €. Danach entscheiden Sie, ob Sie connection weiterlesen.

Mit Widerrufsrecht:
Sie können bis 10 Tage nach Erhalt des dritten Heftes das Abo schriftlich abbestellen. Andernfalls erhalten Sie das Jahresabonnement frei Haus zum günstigen Abopreis von 26 €/Jahr.

zu bestellen bei:
Connection Medien GmbH
Hauptstraße 5
D-84494 Niedertaufkirchen
vertrieb@connection-medien.de
Zahlungsweise bitte angeben!

Fon: 0 86 39-98 34-0
Fax: 0 86 39-12 19
www.connection-medien.de
www.seminar-connection.de

www.connection-medien.de

Ein ganzheitliches Erfolgstraining mit Hugo Hasse

Wille und Bestimmung
Hast Du das Vertrauen Du selbst zu sein?

Persönlichkeit und Spiritualität in der eigenen Arbeit mit Menschen
„Vertraue auf Allah, aber binde Dein Kamel fest."

Der Therapeut als erfolgreicher Unternehmer

Info + Anmeldung
Seminare Hugo Hasse
LebensGut Nr.1
02627 Hochkirch
(03 59 39) 8 88 01
eMail: Redaktion@Magazin-Leben.de

01 internet – ebusiness   02 verlag – publishing

a & o medianetwork

Präsentieren Sie sich professionell mit ihren Werbematerialien.

Wir erstellen Ihnen ihre gesamte Geschäftsausstattung, Anzeigen und Flyer.

Auch Ihren Internetauftritt bekommen Sie von uns – von der Online-Visitenkarte bis zum Online-Shop.

damit ihre Werbemittel Wirkung zeigen!

Sprechen Sie mit uns: **a & o medianetwork**
Klopstockstr. 11 • 22765 Hamburg • Fon 040 - 85 37 22 00 • Fax 040 - 85 37 22 01
kontakt@medianetwork.de   **www.medianetwork.de**

Dr. Zuzana Sebková-Thaller
Kurse und Ausbildung in

Qigong

Kursleiter- und Lehrerausbildung
Kursleiterausbildung in Qigong mit Kindern

Deutsche Qigong Gesellschaft e.V.
www.qigong-gesellschaft.de - email: zuzanathaller@yahoo.de
Tel.: 09146-303 - Fax: 09146-9429613

Dr. Zuzana Sebková-Thaller
u. andere Ausbilder der Deutschen Qigong-Gesellschaft e.V.
und der ChanMi-Gong-Gesellschaft e.V.

ChanMi-Gong
Kurse – Wochenkurse – Ausbildung
im In-und Ausland

Tel. 09146-303 – Fax 09146-9429613
zuzanathaller@yahoo.de

LEITFADEN

Qigong Kurse bundesweit
Ausbildung zur Qigong Lehrerin/Lehrer
Fortbildungen mit chinesischen Dozenten

Deutsche Qigong Gesellschaft e.V.

contact@qigong-gesellschaft.de • www.qigong-gesellschaft.de

Geschäftsstelle: Guttenbrunnweg 9, D-89165 Dietenheim
Telefon: 07347-3439 • Telefax: 07347-921806